Fronteiras nas Américas

DORA ISABEL PAIVA DA COSTA

Fronteiras nas Américas

Povoamento e colonização no Brasil e Estados Unidos, século XIX

alameda

Grafia atualizada segundo o Acordo Ortográfico da Língua Portuguesa de 1990, que entrou em vigor no Brasil em 2009.

Edição: Joana Monteleone/Haroldo Ceravolo Sereza
Editor assistente: João Paulo Putini
Projeto gráfico, capa e diagramação: João Paulo Putini
Revisão: Bruno Martins Costa
Assistente de produção: Ana Lígia Martins

Imagem da capa: American 19th Century – A City of Fantasy – Painting. Gift of Edgar William and Bernice Chrysler Garbisch, 20.3.1967. Disponível em: <images.nga.gov>.

Este livro foi publicado com o apoio da Fapesp.

CIP-BRASIL. CATALOGAÇÃO NA PUBLICAÇÃO
SINDICATO NACIONAL DOS EDITORES DE LIVROS, RJ

C872f

Costa, Dora Isabel Paiva da
FRONTEIRAS NAS AMÉRICAS: POVOAMENTO E COLONIZAÇÃO NO BRASIL E ESTADOS UNIDOS, SÉCULO XIX
Dora Isabel Paiva da Costa - 1. ed.
São Paulo : Alameda, 2014
322p. ; 23 cm

Inclui bibliografia
ISBN 978-85-7939-251-1

1. Brasil - Relações - Estados Unidos. 2. Estados Unidos - Relações - Brasil. I. Título.

14-09164 CDD: 981.04
CDU: 94(81)'1822/1889'

ALAMEDA CASA EDITORIAL
Rua Conselheiro Ramalho, 694 – Bela Vista
CEP 01325-000 – São Paulo – SP
Tel. (11) 3012-2400
www.alamedaeditorial.com.br

Dedico este trabalho
às pessoas que ousam sonhar
e àquelas que
têm a coragem de lutar
por seus sonhos.

Sumário

Lista de tabelas e quadros

Prefácio

A professora Dora Isabel Paiva da Costa escreveu este importante estudo comparativo que apresenta as últimas pesquisas sobre as fronteiras do Brasil e dos Estados Unidos da América no século XIX. Trata-se de um tema cujo debate nunca termina e, até economistas, têm participado dele. Nos últimos anos um renovado e vigoroso debate acadêmico tem se realizado com a preocupação de responder até que ponto as instituições coloniais podem determinar mudanças econômicas e sociais de longa duração nos países que se constituíram em fronteiras. E mais, poucos estudiosos concordam com a ideia de que padrões de povoamento influenciam formas posteriores de integração social e econômica. As fronteiras constituídas por *plantations* herdariam formas antidemocráticas e conduziriam a grandes desigualdades e baixo crescimento econômico? Por outro lado, as fronteiras formadas por pequenas propriedades agrícolas, voltadas aos mercados locais e regionais, levariam tais sociedades a um desenvolvimento rápido e com maior grau de igualdade e democracia? O debate sobre estes questionamentos são apontados por cada nova geração de pesquisadores e apoiados por novas hipóteses.

A importância deste estudo está em entender o processo de povoamento em seus pormenores e detalhes com o objetivo de compreender como tais fronteiras evoluíram e influenciaram as sociedades subsequentes e, também, como se formou a base da identidade de tais nações e de seus mitos.

Este trabalho reflete a evolução recente da historiografia brasileira nas últimas três décadas, a qual tem produzido estudos significativos sobre a história da nação. Não apenas incorpora os resultados das últimas pesquisas da historiografia nacional e internacional, mas também abre possibilidades de um novo campo de história comparativa para os estudiosos brasileiros. Os pesquisadores sobre a história da escravidão no Brasil têm consciência da importância dos estudos comparativos mas, muito poucos têm se aventurado para além deste tema e tido a coragem de lidar com tais questões e mitos.

Dora permaneceu um longo período de estudo na Stanford University, lendo a mais relevante literatura sobre a América do Norte e conversando com os mais importantes estudiosos do tema. Este livro é o resultado de sua ampla e profunda pesquisa que nos brinda com uma visão coerente e bem elaborada das últimas pesquisas historiográficas norte-americanas, assim como com suas investigações a respeito da fronteira do oeste paulista. Esta obra possibilita aos leitores brasileiros contato com as mais recentes investigações e, aos estudiosos norte-americanos, uma nova visão sobre as características comuns e singulares de tais fronteiras. É muito útil sua análise comparativa sobre como o trabalho livre do nordeste dos EUA e o escravo influenciaram as novas fronteiras do sudoeste norte-americano e do Brasil, uma vez que aponta grandes diferenças entre os dois países, mesmo quando a escravidão é tomada enquanto componente central na sua análise.

Alguns pesquisadores poderão até não concordar com algumas de suas generalizações, poderão apontar explicações alternativas, mas uma coisa é indiscutível, estamos em dívida com ela por criar um novo campo de estudos cuja temática é uma das mais importantes para a historiografia das Américas, tanto no hemisfério norte quanto no sul. Este livro provará ser uma importante fonte de exploração contínua de tema tão vital.

Herbert S. Klein
Stanford University
Setembro de 2013

Introdução

Nos anos 90, do século XX, o tema fronteira ressurge no Brasil com grande ímpeto, abarcando novas pesquisas com abordagens inovadoras. Em acepção polissêmica, este tema foi enriquecido em grande medida com abordagens voltadas para a história social da cultura, desde que novos marcos políticos se impuseram, como a queda do muro de Berlim, o fim da Guerra Fria e da União Soviética. Estas novas configurações políticas no cenário internacional propiciaram um redesenho geopolítico de forças, que passaram a impor novas reflexões acadêmicas. Os conflitos interétnicos vociferam aos quatro cantos do planeta e com eles novas perguntas no âmbito acadêmico reexaminam temas como nação, nacionalismo, etnia, identidade, imaginário, direitos humanos, ética e outros.

No Brasil este debate já fora objeto de reflexão de inúmeros autores nos anos 20 e 30 do século XX. Intelectuais caudatários de tradições evolucionistas e eugenistas estavam atormentados com o problema da miscigenação e a formação da nação brasileira. Na ordem do dia impunha-se o pensar a nação bem como a proposição de projetos para o país recém formado e emancipado politicamente. As elites dirigentes e intelectuais se faziam perguntas como: que tipo de nação desejamos e podemos construir? O que propor frente à modernidade que avança no mundo ocidental? Tais perguntas também faziam parte da agenda internacional voltada para o reconhecimento externo das nações a partir de princípios políticos europeus, os quais filtravam a entrada das antigas colônias no concerto internacional dos Estados-nações.[1]

Nossos intelectuais refletiram, reelaboraram e reescreveram narrativas sobre a formação do povo brasileiro com o objetivo de romper com a compreensão pessimista que autores de outrora tiveram sobre o passado colonial multi-étnico da nação. A miscigenação formada por povos indígenas e negros recém saídos da escravidão era o principal obstáculo para se pensar um cenário positivo e grandioso. Não se pensava na implantação de um sistema de instrução pública laica e de qualidade como parte essencial à constituição da nação soberana, mas, para aqueles intelectuais o problema maior era o componente racial. Entre os principais autores de obras apologéticas estão Afonso d'Escragnolle Taunay, com a sua grandiosa *História Geral das Bandeiras Paulistas*, Paulo Prado, com *Paulística*, Alfredo Ellis Júnior, com *Raça de Gigantes*, Alcântara Machado, com *Vida e Morte de um Bandeirante*, Cassiano Ricardo com *Marcha para o Oeste.*

Os primeiros momentos da ocupação territorial e a expansão das fronteiras foram reescritos em narrativas nas quais o país e o povo puderam se ver a partir da noção de unidade nacional. Construíram vertentes de pensamento sob a égide da noção de unidade nacional, trouxeram para dentro do conhecimento acadêmico relatos que excluíram atores os quais tinham contribuído para a construção do país, enfatizaram olhares que reiteradamente segregavam parte da população brasileira. Assim, ocupação territorial, fronteira e identidade são temas que aparecem no começo do século na tentativa de se compreender o futuro da nação brasileira. Não é minha intenção

1 Cf. esta problemática de política externa em Wilma Peres Costa. "Anotações para uma reflexão sobre os relatos de viagem e a questão da identidade nacional no Brasil". In: *Anais do XIX Encontro Regional de História: Poder, Violência e Exclusão.* São Paulo: USP/ANPUH/SP, 8 a 12 de setembro de 2008. CD-ROM.

analisar aqui cada uma destas obras, mas, apontá-las como construtoras de mitos no âmbito da historiografia que trata do povoamento, ocupação, fronteira e identidade de povos formadores da nação.[2]

Na obra *Marcha para o oeste,* Cassiano Ricardo viu no bandeirante o agente formador de um tipo específico de democracia, o qual organizava uma solidariedade de grupo, engajava-se na mestiçagem com a população nativa e estabelecia uma sociedade menos hierarquizada nos sertões brasileiros do que nas áreas litorâneas, onde se plantava lavouras para exportação. Para ele, a vida social bandeirante tinha sido a primeira experiência de *self-goverment (de auto-governo),* na qual se convivia com a rudeza, a mestiçagem intensa, a solidariedade de grupo e uma certa democracia.[3] Ressaltou imagens positivas de um passado outrora visto com olhares pessimistas; traçou um caráter apologético e mitológico destes personagens na formação social brasileira, sendo considerada, por seus leitores críticos, como fazendo parte do caldo historiográfico que os colocou na condição de legendários. Nos anos recentes, inúmeras pesquisas têm tratado de questionar tipos sociais carregados de conteúdos mitológicos na história brasileira.[4]

---

2 Veja a análise sobre o papel do mito na historiografia em relação ao tema da fronteira brasileira e norte-americana em: Janaína Amado. "Frontier in Comparative Perspective: The United States and Brazil". *Working papers*, n. 188, Latin American Program, Smithsonian Institution, Washington D.C., 1990, p. 28-55. Veja também a análise comparativa entre Argentina, Brasil e EUA em: Lígia Maria Osório Silva. *Fronteira e outros mitos.* Tese (livre-docência). Campinas, IE/Unicamp, 2001. E Maria Verônica Secreto. *Fronteiras em movimento: o oeste paulista e o sudoeste bonarense na segunda metade do século XIX.* Tese (doutorado em História Comparada) – Campinas, IE/Unicamp, 2001.

3 Cassiano Ricardo. *Marcha para o oeste.* Rio de Janeiro: José Olympio, 1940.

4 Lúcia Lippi de Oliveira. *Americanos: representações da identidade nacional no Brasil e nos EUA.* Belo Horizonte: Editora UFMG, 2000. Veja também Márcia Regina Capelari Naxara. "Encantos e desencantos do Oeste: desvendar fronteiras e construir um lugar político". In: Horácio Guitérrez; Márcia Naxara; Maria A. de S. Lopes (orgs.). *Fronteiras: paisagens, personagens, identidades.* São Paulo: Olho d'Água, 2003, p. 244-245.

Na década de 1950, Clodomir Vianna Moog ao tratar das diferenças entre a colonização americana e a brasileira identificou objetivos divergentes que tiveram os pioneiros colonizadores nos Estados Unidos e os bandeirantes no Brasil. Os povoadores da América do Norte, após terem sido perseguidos por motivos religiosos na Inglaterra, promoveram uma emigração baseada no agrupamento familiar, adotaram formas estáveis de trabalho, constituíram um corpo civil e político que tinha como objetivo sua própria preservação, se tornaram pioneiros de um novo modelo social e político. Por sua vez, os portugueses chegaram como conquistadores de terras, vassalos da Coroa lusitana, emigraram de forma solitária, sem família e amigos, buscaram riquezas efêmeras, pois ansiavam o retorno rápido a Portugal. Não tinham como objetivo se fixarem sedentariamente nos territórios, uma vez que despovoaram mais do que povoaram e não possuíam o que se poderia considerar virtudes econômicas, espírito público e autodeterminação política.[5]

Trinta anos depois, Alida Metcalf, escrevendo sobre as regiões da fronteira sudoeste no Brasil, enxergou nas famílias organizadas em classes de plantadores, camponeses e escravos papéis importantes, cada um a seu modo, ao se estabelecerem nos primeiros povoados dos sertões fronteiriços do território paulista. Para ela, as formas como cada classe social percebia a fronteira era diversa, agindo e reagindo, de acordo com as suas possibilidades de acesso e apropriação dos recursos naturais, sociais e econômicos.[6] Portanto, cada grupo ou classe social teve uma relação distinta com a fronteira, se apropriava ou sucumbia à apropriação realizada por grupos poderosos em embates cotidianos ao lutarem pela posse da terra. Como veremos mais adiante, a fraca constituição burocrática e do poder político do Estado brasileiro não possibilitou sequer a organização

5 Clodomir Vianna Moog. *Bandeirantes e pioneiros: paralelo entre duas culturas*. 7ª ed. Rio de Janeiro: Civilização Brasileira, 1964.

6 Alida Metcalf. "Family, frontiers and a brazilian community". In: David Weber & Jane M. Rausch (eds.). *Where culture meets: frontiers in Latin America History*. Wilmington, Delaware: Jaguar Books, 1994, p. 131-139.

de um cadastro das unidades rurais brasileiras existentes no período do povoamento novecentista.

No clássico, *The Significance of the Frontier in American History*, sobre a fronteira norte-americana, escrito na última década do século XIX, Frederick J. Turner apontou que a presença de uma linha fronteiriça em expansão contínua ao longo de muitos anos e o avanço dos pioneiros no processo de povoamento, foram elementos fundamentais para moldar o que veio a ser denominado de "instituições americanas". Por "instituições americanas" compreendia qualidades singulares na forma de povoar o território norte-americano: trabalho árduo (leia-se não-escravista no qual exaltava a mão de obra livre), inventividade, democracia, igualdade e nacionalismo. No seu pensamento estas características se renovavam à medida que o espaço fronteiriço se expandia em direção ao oeste, onde tais traços permaneceriam numa linha de continuidade até o momento de fechamento da fronteira. Entendia que os novos contingentes de povoadores – fossem eles originados das treze colônias ou fossem alemães, irlandeses, poloneses ou italianos, professassem a fé católica ou protestante – teriam lidado com problemas continuamente semelhantes nas suas vidas cotidianas o que os levava a uma organização semelhante das primeiras comunidades estabelecidas nos EUA, de tal modo que estas características teriam se repetido continuamente geração após geração.[7] Seu artigo de vinte e nove páginas tem um caráter ensaístico-interpretativo, no qual buscou desenvolver muito mais um exercício de interpretação de sociologia histórica do que examinar suas proposições.

Sessenta anos após a publicação de Turner, Merle Curti, no ano de 1959, publicou sua investigação de quase quinhentas páginas na qual procurou testar, pela primeira vez, as hipóteses sobre a fronteira de modo exaustivo, através de uma densa e sistemática investigação

7 Frederick Jackson Turner. "The Significance of the Frontier in American History". *Annual Report of the American Historical Association for the year 1893*, p. 199-227. The Irvington Reprint Series, H – 214.

de natureza empírico-quantitativa, relativa ao então condado fronteiriço de Trempealeau, em Wisconsin, na região dos Grandes Lagos, no então chamado território do noroeste. Nesta obra o autor examina temas como o estabelecimento dos primeiros povoados e a criação dos condados, a implantação dos sistemas de transporte e comunicação, a organização da estrutura social e econômica, o estabelecimento da vida cotidiana numa fazenda típica do norte, a estrutura de posse de riqueza dos fazendeiros, a construção dos centros urbanos, da democracia nos condados e as oportunidades de acesso à educação.[8]

Poucos anos após a publicação do ensaio de Turner um debate intenso se instaurou no mundo acadêmico norte-americano e autores como Ray A. Billington e Walter P. Webb desenvolveram análises comparativas em resposta à polêmica suscitada. Estudaram a Austrália, o Canadá e a América Latina, colocando a situação de fronteira como eixo central de questionamento. Para o primeiro, o espaço físico e geográfico na Austrália e no Canadá era um componente essencial da noção de fronteira a ser examinada e este não teria dado o arranque semelhante ao caso americano, pois aqueles países tinham grandes extensões de terras semiáridas e muito frias. Já nos Estados Unidos os vales super férteis do complexo Mississipi-Missouri e seus afluentes teriam contribuído em grande medida de modo mais favorável ao progresso material do povoamento norte-americano.[9]

Ao contrapor experiências de ocupação, tais como a do México, Texas e da América do Norte na região do *Great Plains*, outrora controlada pela Nova Espanha, Webb mostrou que esta não foi povoada de forma eficiente, uma vez que o sistema colonial espanhol tinha como meta o apresamento de indígenas e a busca extrativa do ouro. Os nativos, por sua vez, também não tinham uma organização social sofisticada, ou seja, uma "civilização" que possibilitasse o ensejo

8 Merle Curti. *The making of an american community*. Stanford: Stanford University Press, 1959. Veja a discussão que o autor faz sobre as escolhas de fontes, métodos e local, p. 1-11.

9 Ray Alley Billington. "Frontiers". In: C. Vann Woodward (ed.). *The comparative approach to American History*. Nova York/Londres: Basic Book, 1968, p. 75-90.

do progresso material. Como forma eficiente de povoar entende que os indígenas, assim como os espanhóis, não possuíam uma política que desenvolvesse um sistema econômico baseado na propriedade privada, na produção agrícola e pecuária comercial, organizada pela exploração do trabalho livre, apoiados por um sistema de estradas de ferro que faria escoar produtos aos mercados compradores. Teria sido a forma singular norte-americana de povoar e utilizar racionalmente os recursos naturais que possibilitou a criação de instituições únicas norte-americanas.[10]

A igreja católica, por sua vez, teria tido um papel mais atuante no processo de colonização do mundo ibérico, pois os missionários se constituíram em agentes civilizatórios que permitiram a preservação de comunidades indígenas, ao contrário do que aconteceu na fronteira americana, onde tais comunidades foram dizimadas pela ação dos pioneiros e oficiais.

Os governos lusitano e espanhol se utilizaram do Estado como meio de induzir o processo de colonização, pondo em prática projetos mercantilistas nos quais os colonizadores teriam se comprometido muito mais com a procura de riqueza fácil, como a extração do ouro, prata, diamantes etc., do que com o efetivo povoamento, tal como ocorreu com os norte-americanos. Deste modo, valores como individualismo e a busca contínua de automelhoria (leia-se progresso material) não fizeram parte do processo de colonização no Brasil e na América espanhola, pois a motivação de enriquecimento tinha partido de governos além-mar com projetos especificamente mercantilistas. A presença do Estado teria, como afirmou Walter Webb, tutelado as ações do indivíduo de tal modo que, valores como democracia social e participação política (igualdade entre os pioneiros), não se tornaram pilares do processo de colonização.[11] No entanto, deve-se ressaltar que pesquisas recentes mostram a significativa intervenção do Estado norte-americano através da regulação governamental da

10 Walter Webb. *The Great Plains.* Nova York: Grosset & Dunlap, 1931, p. 87-108.

11 *Ibidem*, p. 77-78.

economia no período que vai de 1800 a 1830, promovida pelos estados e não pelo governo central, tendo este um papel secundário.[12]

Dois outros livros foram de referência central para a nossa pesquisa comparativa. *The Old South Frontier: Cotton Plantations and the Formation of Arkansas Society, 1819-1861,* no qual Donald P. McNeilly examina a produção social da fronteira sudoeste dos EUA, por meio do estudo de caso da formação do território de Arkansas. Este autor investiga tal fronteira desde quando ainda era habitada por indígenas, assim como o momento da imigração dos plantadores escravagistas do velho sul em direção às novas terras, a trajetória de vida e como se constituiu a classe dos plantadores e dos *yeomen*. Por fim, examina o momento no qual os escravos foram forçados a imigrarem, desta vez em território norte-americano, agora em direção à fronteira juntamente com seus proprietários. Para concluir, descreve como era a política no período anterior à guerra civil.

O livro *Sugar Creek: Life on the Illinois Prairie,* de John Mack Faragher, se tornou um clássico quando da sua publicação em 1986, pois se constituiu em espécie de contraponto às teses de Turner e Curti. Desmistificou as hipóteses do primeiro ao mostrar que não se pode generalizar sobre o significado da fronteira e propor imagem e experiência únicas sobre tal povoamento. Demonstra inúmeros casos que contrastam às hipóteses apresentadas por Turner, descrevendo as fronteiras de Illinois com uma densa narrativa baseada em laboriosa metodologia, exaustivo e sistemático levantamento de fontes para a investigação empírica do condado de Sugar Creek, o qual se localizava no território fronteiriço do Illinois no norte dos EUA, também na região dos Grandes Lagos.

O CONCEITO COLONIZAÇÃO

O termo colonização deriva-se da palavra colono e esta tem uma longa história. Na Europa, na época da formação das capitanias hereditárias, a palavra colono significava aquele que foi galardoado com

12 Lígia Maria Osório Silva, *op. cit.*, p. 74-75.

terras dos vencidos que, daí por diante, competia ao mesmo arrotear e defendê-las pelas armas. Na América portuguesa o colono passou a ter outro significado, era o branco de posses que não ia usar instrumentos de trabalho, arrotear a terra, mas subjugar povos indígenas, africanos e brancos livres despossuídos para trabalharem para ele, que tinha um papel de administrador geral.[13]

Esta pesquisa pretende focar o processo de colonização, buscando compreender o modo como foi ocupado o espaço dos países em tela e identificar os principais agentes que atuaram neste processo, e como atuaram. Para P. Leroy Beaulieu, por exemplo, a colonização poderia ser reduzida a três modelos: as colônias de comércio onde havia feitorias; as de *plantations* onde havia exportação de produtos tropicais através de sistemas de monopólio, escravidão e volumoso investimento; e, as agrícolas que dependiam de numerosa população metropolitana e se desenvolviam de modo homogêneo, apresentando tendências para a independência política e econômica.[14] Para Fernand Braudel, os processos mais importantes de colonização foram aqueles dirigidos pelos Estados nacionais em seus próprios territórios, como parte constituinte da formação da nação.[15] Para Antonio Carlos Robert Moraes as razões externas se constituiriam em fatores preponderantes sobre as motivações que levaram à expansão territorial. Seriam, pois, explicativas das formas de colonização. Vê na forma de uso do solo, na apropriação da terra e nos modos de assentamento, respostas às motivações externas das metrópoles. Nem toda expansão resultaria em colonização, pois seria necessário um assentamento humano, mesmo que transitório. A colonização expressaria

---

13 Cf. "O regime das capitanias". In: Sérgio Buarque de Holanda (org.). *História geral da civilização brasileira.* 5ª ed. São Paulo: Difel, 1982, t. 1, v. 1, p. 100.

14 Cf. P. Leroy Beaulieu. *De la colonisation chez les peuples modernes.* Paris: Guillaumi, 1874, *apud* Lígia Maria Osório Silva, *op. cit.*, p. 193-194. Veja também semelhante visão em Caio Prado Júnior no capítulo "O Sentido da Colonização" in *A formação do Brasil contemporâneo.* 18ª ed. São Paulo: Brasiliense, 1983.

15 Fernand Braudel. *Gramática das civilizações.* São Paulo: Martins Fontes, 1989, p. 419. Veja ainda as considerações sobre os diversos tipos de colonizações em Marc Ferro no livro *História das colonizações.* São Paulo: Companhia das Letras, 1999, p. 17-42.

a presença do elemento externo no novo território, resultando num processo onde haveria a oposição entre o elemento externo e interno e, finalmente, a internalização do agente externo que atuaria como organizador da nova sociedade.[16]

Muitos estudiosos ressaltaram a importância do papel desenvolvido pelos agentes externos, tais como o governo português, o hispânico, a Igreja católica, como também da ação das famílias no processo de povoamento. Busco destacar tais agentes no processo de colonização e descrever os modos pelos quais interagiram com os agentes internos e como se deu o processo de abrasileiramento dos componentes culturais e sociais presentes na fronteira.

A contribuição desta pesquisa se vincula também à forma de postular a indagação central, coligir e compilar informações de tal modo que coloca em perspectiva comparativa um olhar que interroga processos de colonização vividos em regiões de fronteira no norte e sul dos EUA e no oeste paulista brasileiro durante o século XIX.

A escolha do *modus operandi* referida às interrogações, assim como aos itinerários tracejados em busca de respostas, manifestam relações muitas vezes assimétricas, quando percorrem historiografias que, em si, apresentam trocas desiguais. É o caso da quantidade e variedade de estudos norte-americanos sobre o tema fronteira quando se compara aos brasileiros. Sendo assim, tive que lançar mão de estudos que, por vezes, não se referia, especificamente, à situação de fronteira, mas também ao povoamento realizado no nordeste do Brasil em séculos anteriores. Deste modo, pude compilar formas específicas e lançar luz com olhar comparativo.

Recolho informações sobre a América portuguesa e inglesa, sistematizo-as e reexamino-as a partir da publicação de clássicos e trabalhos historiográficos recentes produzidos nos Estados Unidos e no Brasil. Busquei trazer ao debate alguns títulos que se inscreviam na vertente da nova história social sobre o tema fronteira,

16 Antonio Carlos Robert Moraes. *Território e história no Brasil*. 2ª ed. São Paulo: Annablume, 2005, p. 61-73, especialmente, p. 63.

especialmente, a norte-americana. Estes trabalhos não buscam exaltar os antigos mitos fundadores, mas mostrar a complexidade que foi o povoamento da fronteira com a presença de colonos de diversas nacionalidades, pobres e ricos, experiências bem e mal sucedidas, bem como as dificuldades de adaptação, a existência conflituosa de se viver com inúmeras tribos indígenas, línguas, religiões e culturas diferentes, as quais disputavam a difícil sobrevivência e seu modo de vida. Enquanto uma parte da população especulava e enriquecia, a outra vivia com certa autonomia e independência e professava com liberdade novos credos religiosos e políticos.

A partir de recortes regionais enfoco povoamentos novecentistas que se constituíram nas primeiras levas de entrantes, os quais ocuparam terras outrora povoadas por populações indígenas. Com este itinerário de pesquisa pretendo colocar em perspectiva três experiências bem distintas situadas nas novas fronteiras das Américas: o povoamento da fronteira noroeste, do sudoeste dos EUA e o da fronteira paulista, buscando perspectivar aspectos semelhantes e diferentes presentes na historiografia, os quais julgo importantes para a compreensão sobre as formas de povoar e colonizar.

Este trabalho tem, em certa medida, formulação de síntese, em especial os capítulos 1 e 2, pois a partir do modo como postulei a pergunta central, cheguei a um resultado específico para o qual coligi um amplo leque de informações dispersas em diferentes obras. Não tenho a pretensão de esgotar o tema, nem a bibliografia, mas colocar em evidência processos sociais distintos e, ao mesmo tempo, semelhantes, tendo em vista que se trata de um processo geral e amplo que redundou no povoamento e na colonização das fronteiras do continente americano.

A escolha da dupla contrapartida comparativa – o norte e o sul dos Estados Unidos –, tem razão de existir. O sul foi formado por *plantations* escravistas com produção de gêneros destinados à exportação, tais como algodão e tabaco, e, neste ponto, apresenta semelhanças com o Brasil, em especial com a área focalizada neste estudo

– o oeste paulista. Por outro lado, o norte constituído por um modelo de sociedade formado por pequenas fazendas, agricultura baseada no trabalho familiar e uma economia voltada para o mercado interno, teria possibilitado a construção daquilo que alguns estudiosos da fronteira identificam como a base das instituições americanas: democracia, igualdade, iniciativa, individualismo e nacionalismo. Por sua vez, algumas regiões de povoamento recente do sudeste brasileiro apresentaram, além da tradicional *plantation* agroexportadora, unidades agrícolas de base familiar, as quais produziam também para os mercados locais e regionais.

O recorte temporal alude ao reordenamento geopolítico e econômico pelo qual atravessou o mundo ocidental no final do século dezoito e durante o dezenove, ou seja, a transição de políticas de governo de caráter mercantilista, submetidas à pressão competitiva da política liberal inglesa no âmbito internacional e à presença de potências rivais, disputando novos espaços coloniais para seus mercados emergentes.

No primeiro capítulo mostro a atuação dos governos tanto no âmbito local quanto federal/central nas zonas de povoamento. Para isto, destaco como se deu a constituição do sistema político no nível local, a organização fundiária e laboral no plano nacional e territorial/estadual e o modo como se deu a implantação da educação formal nos EUA e no Brasil.

No segundo capítulo examino a forma de atuação das instituições religiosas através de ações pastorais e dos ideais teológicos, assim como o caldo cultural resultante destas interações.

No terceiro capítulo escrutino dados demográficos sobre como as populações fronteiriças estabeleceram o convívio doméstico em unidades de moradia e trabalho, nas quais reproduziram o cotidiano da fronteira.

No quarto capítulo apresento o modo como se organizaram as unidades produtivas, destacando como foi alocada a mão de obra, acumulada a riqueza e vivenciada produção agrícola.

ALGUNS SIGNIFICADOS DO CONCEITO FRONTEIRA NOS EUA E NO BRASIL

O conceito fronteira apresentou diferentes significados ao longo do desenvolvimento da historiografia norte e latino-americana. As primeiras narrativas procuraram construir a ideia de nação e Estado unificados, aludindo a aspectos geográficos, militares e à natureza bruta selvagem. Na época da colonização do continente americano a Europa experimentava as fronteiras como limites entre Estados com regiões fortificadas e densamente povoadas. No século XIX, nos EUA, eram as terras a oeste das áreas de povoamento mais antigo onde surgia, segundo uma vertente historiográfica, uma nova experiência de vida em sociedade, que resultaria na reconstrução contínua de um sentido singularmente norte-americano de vida.

No Brasil, alguns registros oficiais dão um tom geográfico, militar e de natureza bruta à palavra fronteira, assim como as palavras sertão e nação não são conceitos estáticos e atemporais, seus significados percorreram longos e múltiplos caminhos. Através de diferentes processos chegamos ao exercício soberano do poder sobre um território, mas, para isto, foi necessário conseguir um controle militar, econômico, populacional, cultural e político-administrativo.[17] Ao pensar a construção mítica do bandeirante, Lúcia Lippi de Oliveira concluiu que a revalorização deste personagem representou o modo possível de se construir – no plano simbólico – o processo de aculturação e socialização dos imigrantes e, desta maneira, serviria para se entender a indagação de *como é ser paulista*, e não *quem é o paulista*.[18]

Recentemente a América de língua espanhola tem sido objeto de narrativas que apontam para uma nova história, onde a fronteira não aparece como algo que divide, separa, mas algo que liga situações diversas e faz interagir povos de culturas diferentes.[19] Janaína Amado

---

17 Cf. Lúcia Lippi de Oliveira, *op. cit.*, p. 69-91, especialmente, p. 79-80.

18 Cf. *ibidem*, p. 90.

19 Veja Raúl J. Mandrini & Sara Ortelli. "Una frontera permeable: los indígenas pampeanos y el mundo rioplatense en el siglo XVIII". In: Horácio Gutiérrez; Márcia Naxara; Maria Aparecida de S. Lopes (orgs.), *op. cit.*, p. 61-94.

entende que na conquista do oeste norte-americano a história uniu-se ao mito da fronteira para construir a identidade nacional, enquanto no Brasil, houve a construção de espaços simbólicos regionais, o do sertão e o da Amazônia, ambos se constituindo em mitos regionais, não sendo capazes de incluir a nação inteira em uma única narrativa.[20]

Com a divulgação dos dados do censo nacional de 1890 dos Estados Unidos, a fronteira americana foi declarada fechada pelo historiador Frederick Jackson Turner. Para a burocracia governamental, o conceito fronteira se circunscrevia à existência de dois habitantes por milha quadrada. Esta era a definição operacionalizada pelos recenseadores. Para a população que começava a povoar as novas terras, o conceito fronteira representava a determinação em adquiri-las e cultivá-las, para outros, a possibilidade de especular e acumular fortunas, para outros ainda, buscar independência, autonomia, liberdade de ação e autogoverno.

As Treze Colônias norte-americanas já tinham conquistado sua independência da Inglaterra quando, em 1785, a nova lei denominada Northwest Ordinance incentivou povoadores e colonos a descerem o rio Ohio e seus afluentes em direção ao norte e ao oeste, abrindo novos territórios para além das montanhas Allegheny.[21] A maioria desta população era composta por lavradores e artesãos de recursos modestos, os quais foram atraídos pelas novas oportunidades que a abundância de terras "livres" e de baixos preços oferecia. Esta região passou a ser denominada por alguns autores de a "primeira fronteira".[22]

Inúmeros estudiosos entenderam o oeste norte-americano do ponto de vista geográfico, outros, porém, do ponto de vista ambiental e político. Na perspectiva geográfica, ressaltaram-se as características

---

20 Janaína Amado. "Construindo mitos; a conquista do oeste no Brasil e nos EUA". In: Sidney Pimentel; Janaína Amado (orgs.). *Passando dos limites*. Goiânia: Editora UFG, 1995, p. 51-78; e da mesma autora, "Região, sertão e nação". *Estudos Históricos*, Rio de Janeiro, vol. 8, n. 15, 1995, p. 145-152.

21 Richard W. Clement. *Books on the frontier*. Washington D.C.: The Library of Congress, 2003, p. 27.

22 *Ibidem*, p. 21-44.

hostis e áridas dos solos. Com o passar do tempo, críticos questionaram tal definição, chamando a atenção para algumas regiões, as quais não apresentavam aqueles traços apontados, como por exemplo, Oregon, o oeste do estado de Washington, o norte da Califórnia, partes do Nebraska, Oklahoma, Kansas, Texas e as Dakotas.[23]

O estado de natureza bruta e selvagem, concebido como intocado pelos homens brancos europeus, foi invocado também para defini-la. Mas, esta definição também não se sustentou por muito tempo, uma vez que as matas californianas, as pradarias e os planaltos tinham sido incendiados pela coivara indígena, e substituídos por outra vegetação que já tinha nascido em seu lugar, resultante desta prática humana milenar. Richard White, refletindo sobre um dos significados da palavra oeste, comentou lucidamente: "se por terras selvagens compreendemos aquelas que não foram trabalhadas pelo ser humano, então, o Oeste deixou de ser selvagem há muitos anos antes da chegada dos europeus." Outro significado de conteúdo político passou a definir o Oeste a partir da ação governamental, quando este decidiu incorporar novos territórios, outrora pertencentes à inúmeras potências internacionais. Foi o caso do Texas, do Oregon, do México nos anos 1840, da compra das terras entre o rio Gila e os limites do México em 1854. Esta política de formação territorial conformou, espacialmente, o que passou a ser denominado Oeste para aqueles que veem na política a primazia dos eventos humanos.[24]

Como narrar a história desta imensa vastidão territorial denominada Oeste? – se perguntavam os historiadores que escreveram tais narrativas. Deveriam começar relatando a história dos agrupamentos indígenas ou partir da chegada dos brancos europeus? Para Richard White, tratar-se-ia de construir uma história tecida por muitas etnias,

23 Richard White. *"It's your misfortune and none of my own": a history of the american West*. Norman/Londres: University of Oklahoma Press, 1991, p. 3-4.

24 *Ibidem*, p. 3-4.

a qual começaria muitos anos atrás, com o convívio e a interação entre diversos povos, europeus, indígenas, asiáticos e africanos.[25]

No final dos anos 70, do século vinte, Alistair Hennessy, pesquisador da fronteira latino-americana, afirmou que as sociedades da América Latina ainda estavam vivendo sob as influências da etapa histórica submetida às vicissitudes das forças políticas e sociais, marcadas pelo movimento de expansão demográfica sobre terras não ocupadas;[26] a última grande fronteira da América Latina seria a Amazônia.[27] Nesta mesma época, José de Souza Martins estava elaborando conceitos como *frente de expansão* e *frente pioneira* para entender o avanço em áreas de fronteira da sociedade capitalista no Brasil. O primeiro, diz respeito à expansão física da sociedade tradicional, sob a formação capitalista, incorporando áreas de domínios tribais; o segundo, na frente pioneira, o capitalismo se manifestaria como "o articulador interno da sociedade"; "se instaura como empreendimento econômico: empresas imobiliárias, ferroviárias, comerciais, bancárias etc., loteiam terras, transportam mercadorias, compram e vendem, financiam a produção e o comércio. Passa-se assim da produção do excedente para a da mercadoria".[28] Percebe-se que o que movia Martins era a indagação a respeito do móvel articulador entre estas duas frentes, o que dava a liga, as vinculava e as faria interagir, formando um processo histórico.

Anos depois, ao refletir sobre a história da fronteira amazônica, suas perguntas se deslocaram para a compreensão de outro fenômeno, o da alteridade, o do encontro/desencontro com o Outro. Entendeu que a história entre povos do ocidente e as tribos indígenas

---

25 *Ibidem*, p. 3-4.

26 Alistair Hennessy. *The frontier in Latin American history*. Londres: E. Arnold, 1978, p. 3.

27 Joe Foweraker. *A luta pela terra: a economia política da fronteira pioneira no Brasil de 1930 aos dias atuais*. Trad. Maria Júlia Goldwasser. Rio de Janeiro: Zahar, 1982, p. 11.

28 José de Souza Martins. "Sociologia da frente pioneira". *Revista Mexicana de Sociología*, vol. 35, nº 4, out.-dez. 1973, p. 765-772.

representou uma história também de destruição, de resistência, de revolta, de protesto, de sonho e de esperança. Disse mais: "nossa consciência de homens comuns e também a nossa consciência de intelectuais e especialistas se move no território dessa contradição."[29] É em meio a múltiplas contradições que esta pesquisa busca entender a tamanha complexidade do território de fronteira.

Compartilho com Martins, que a fronteira trata – antes de tudo – de um território, onde há um espaço específico a ser levado em consideração, assim como há temporalidades diversas, culturas variadas, expectativas múltiplas. Território, porque está encarnado num espaço físico específico no qual ocorrem múltiplos processos. Todavia, a fronteira tratada nesta pesquisa é, sobretudo, moderna. Tem um espaço físico que ocupa em meio a conflitos envolvendo diversas cosmovisões, culturas variadas com seus modos específicos de sobrevivência e compreensão de mundo. Refere-se à política no sentido de que as estruturas de poder estão em vias de se instituírem em meio a conflitos de visões de mundo muitas vezes não compartilhadas. É a partir deste quadro caótico – em constante movimento – que pretendemos criar um relato coerente, compreensivo, um ordenamento cognoscível, uma narrativa que abarque múltiplas facetas. Não é tarefa fácil, estou consciente, mas, decidi encarar o desafio.

A história da fronteira cessa, diz Martins:

> quando o conflito desaparece, quando os tempos se fundem, quando a alteridade original dá lugar à alteridade política, quando o *outro* se torna a parte antagônica do *nós*. Quando a História passa a ser a nossa História, a História da nossa diversidade e pluralidade, e nós já não somos nós mesmos porque somos antropofagicamente nós e o outro que devoramos e nos devorou.[30]

---

29 José de Souza Martins. *Fronteira: a degradação do Outro nos confins do humano.* São Paulo: Hucitec, 1997, p. 147.

30 *Ibidem*, p. 151.

Neste livro não tratamos da cessão, do fim, mas do como se constituiu, do como se processou as experiências plurais nas fronteiras do século XIX e suas manifestações interacionais. Esta investigação espera ter contribuído para entendermos como nós nos constituímos, a nós mesmos, enquanto brasileiros do ponto de vista histórico. Para respondê-la, trilhei um caminho provocante e elucidativo da história comparada.

Capítulo 1

A presença dos governos local e central na vida da fronteira

Este capítulo tem como objetivo mostrar como se deram algumas ações produzidas pelos governos local e central nos territórios de fronteira nos Estados Unidos e no Brasil. São enfocados especialmente os temas relativos à ocupação territorial, apropriação do espaço e à organização fundiária; representação política; criação da estrutura administrativa; organização laboral; e, instrução pública. Não tenho a pretensão de esgotar a discussão, nem demonstrar exaustivamente a variedade de práticas envolvidas, mas, tão somente, elencar tópicos e traçar paralelos entre as experiências norte-americana e brasileira.

I. A FORMAÇÃO DA NAÇÃO NORTE-AMERICANA

No começo do século XIX os Estados Unidos da América eram uma confederação de estados e territórios que apresentava uma aliança instável e uma vasta área percebida como selvagem, cobiçada por famílias que desejavam se tornar proprietárias e cultivar gêneros comercializáveis, por especuladores que ansiavam fazer fortunas com as vendas de terras, enquanto o governo estimulava o povoamento dos novos territórios, apesar de serem ocupados por indígenas que relutavam em se retirar para o interior. D. W. Meining analisa os EUA como o resultado de uma experiência geopolítica na qual seu governo tinha de enfrentar, além dos conflitos com indígenas, pelos menos três grandes potências: França, Espanha e a Inglaterra.[1]

Deste modo, a expansão territorial norte-americana foi sempre pensada por seus dirigentes com o objetivo de autopreservação, que interessava tanto aos setores público quanto ao privado. Estudiosos argumentam que o declínio conjuntural de potências como França e Espanha, a divisão entre as tribos indígenas, o enfraquecimento do México, o isolamento geográfico em relação à Europa, foram fatores que favoreceram a construção da nação de escopo continental.

A expansão territorial norte-americana se deu através de vários expedientes governamentais:[2]

1. A compra de novos territórios: Louisiana (1803), Alaska (1867).
2. Enfrentamento nas áreas em litígio: territórios indígenas, envolvimento com potências mundiais e acertos diplomáticos.
3. Anexação através da conquista militar: Novo México, Califórnia e parte leste da Flórida.
4. Protetorado militar e anexação: partes do México, parte oeste da Flórida, Havaí e Cuba.
5. Anexação por solicitação da população: Havaí
6. Colonização e secessão: o Texas foi paradigmático deste tipo de expansão, constituindo-se em versão oficial da história da expansão territorial dos Estados Unidos, uma vez que esta compreende a expansão territorial como um processo no qual os colonos americanos se tornaram maioria da população nestes territórios e decidiram separar-se da antiga nação, solicitando ingresso na federação americana.

1 D.W. Meining. *The shaping of America*. Vol. 2: *Continental America, 1800-1867*. New Haven: Yale University Press, 1993, p. 461.

2 *Ibidem, loc. cit.*

Cada vez que os novos territórios eram incorporados à União, muitos problemas de natureza política eram debatidos entre os legisladores: deveriam os habitantes dos novos territórios ter os mesmos direitos dos cidadãos norte-americanos? Questões deste tipo iam sendo progressivamente solucionadas pelo congresso norte-americano. Nas palavras de Thomas R. Hietala, a ideologia jeffersoniana, com seu conteúdo agrarista e romântico azeitou a política expansionista, envolvendo os territórios cultivados como espaços nos quais deveriam produzir cidadãos virtuosos, síntese de dois conceitos fundamentais inerentes ao debate político à época, república e progresso.[3]

Deste modo, a expansão territorial norte-americana foi resultado de ações governamentais com a finalidade de preservar seu território à custa da expansão espacial e política sobre os diversos povos indígenas e governos da França, Espanha, México e Inglaterra.

A seguir veremos quem eram os novos ocupantes, de onde vinham, como chegavam, se instalavam e se organizavam as primeiras levas de povoadores da fronteira norte-americana.

As primeiras levas de ocupação da fronteira

Em meados do século XVIII, a região que fazia fronteira com as montanhas Apalaches e a Carolina do Norte estava começando a ser povoada. John Caruso usa palavras exuberantes e tom romântico para descrevê-la: "Prados suculentos, florestas densas com carvalhos e nogueiras, argila vermelha umedecida pelas correntezas que vinham das montanhas..." (tradução minha). Neste cenário, tingido por cores densas, se instalaram os primeiros povoadores alemães, escoceses, irlandeses, ingleses e americanos de Nova Jersey, Pennsylvania e Maryland que chegaram aos condados de Orange, Granville, Rowan e Dobbs, através dos vales dos rios do oeste chamados Yadkin, Haw, Tar, Catawba e Deep. A vida era dura e muito rústica e os novos colonos não conheciam assoalhos de madeira em suas casas, colchões de

3 Thomas R. Hietala. *Manifest Design: anxious aggrandizement in late Jacksonian America.* Ithaca/Nova York: Cornell University Press, 1985, p. 262.

plumas e outras amenidades. Em muitos distritos não havia escolas e as crianças trabalhavam no campo junto às famílias, fazendo um trabalho duro, num clima gelado, o qual, muitos anos depois, deixava uma parte significativa desta população com febre reumática em idades não muito avançadas.[4]

Ainda na época colonial os governos se instalavam nas novas localidades de modo lento, progressivo e, em muitos lugares, com características que se distanciavam das chamadas instituições norte-americanas. Muitos imigrantes que vinham das colônias mais liberais do leste se ressentiam da ausência de algumas instituições políticas de lá, pois, em algumas províncias, como a da Carolina do Norte, não se permitia ouvi-los em assuntos públicos. No entanto, apesar das dificuldades de comunicações daquela época, alguns súditos anglo-americanos exerciam o direito de fazer petições e reclamar dos níveis de impostos cobrados. Procuravam resolver seus problemas através de meios duros, enfrentando as autoridades constituídas mediante representações e petições assinadas coletivamente.

Na época colonial o Executivo era representado pelo governador, que implantava as ordens do rei da Inglaterra, bem como suas recomendações e instruções. Ele tinha o poder para nomear o conselho de justiça superior e inferior, assim como os oficiais da milícia e os xerifes. O Legislativo consistia em duas casas: a superior, composta pelos membros do conselho, e a inferior, pelos deputados eleitos pelos proprietários de terras, chamados *freeholders*. Nesta época, não havia partidos políticos e os homens importantes do condado nomeavam os candidatos que seriam eleitos. John Caruso assegura que poucos controlavam a política, cujos efeitos dependiam, em grande medida, da honestidade pessoal daqueles que estavam incumbidos destas atividades. O sistema político funcionou bem nos condados

4 CARUSO, John A. *The appalachian frontier: America's first surge westward.* Indianapolis: The Bobbs-Merril Company, 1959, p. 83.

do leste, mas, nos do oeste, onde as condições sociais e econômicas eram outras, se transformou muitas vezes em tirania.[5]

Naquela época, alguns casos de abuso de autoridade foram relatados pelos historiadores, os quais apontaram tais evidências para enfatizar o grau significativo da participação política da população já no período colonial. É o caso, por exemplo, da criação da sociedade denominada Reguladores da Carolina do Norte, que tinha como objetivo suprimir excessos que aconteciam na província. A associação se reunia para reagir às decisões consideradas tirânicas das autoridades locais. Certa vez, o xerife local decidira realizar a penhora dos bens daqueles que deviam impostos e teve forte oposição e enfrentamento da população que, inconformada, reagiu fazendo um abaixo-assinado expressando seu descontentamento em pagar valores abusivos e, através de seus representantes, reunidos em assembleia, destituíram, por votação, os coletores de impostos. Estes homens simples que à época habitavam a fronteira, mesmo vivendo em condições difíceis, reagiram e enfrentaram o exército do rei uma década antes da declaração de independência.[6]

O caso acima narrado demonstra como ainda no período colonial a população que habitava a longínqua fronteira estava predisposta a reagir ao que ela considerava abuso de autoridade. Casos como este foram relatados por outros historiadores que trataram também da Inglaterra rural do século XVIII.[7] Tais tipos de práticas relativas à formação de motins eram consideradas como fazendo parte da tradição popular e, certamente, foram transplantadas aos recentes territórios da América inglesa.

A seguir veremos como os governos federais institucionalizaram os novos territórios, mantendo o controle sobre sua organização política interna.

---

5 *Ibidem*, p. 83-101.

6 *Ibidem*, p. 102.

7 Edward P. Thompson. "A economia moral da multidão". In: *Costumes em comum*. São Paulo: Companhia das Letras, 1998, p. 150-202.

A criação dos territórios

A União era a detentora de todas as terras públicas e os novos territórios dependiam da burocracia federal que tinha a competência para disciplinar a concessão e a venda de terrenos e lotes. Era atribuição do governo federal determinar a área em que se estabeleceriam os novos povoados e enviar funcionários que demarcariam os terrenos, colocando-os à venda, através de leilões públicos. Em muitos lugares a ordem dos acontecimentos não seguiu a sequência mencionada e os posseiros, ansiosos por terras, agiam antes do governo realizar os primeiros procedimentos técnicos de agrimensura e de colocá-las à venda. A presença destes nas fronteiras da América do Norte também foi uma constante e milhares de ranchos e fazendas foram formados antes mesmo da demarcação oficial da equipe de topógrafos especialistas contratados pelo governo. Este tipo de povoamento – sem títulos oficiais – engendrou inúmeros conflitos políticos no Congresso Nacional e defesas eloquentes a favor e contra a ação dos posseiros. Tal ação, não legitimada pelo Estado, foi muito comum e não encontrei informações sobre a proporção estatística deste tipo de ocorrência. Entretanto, para se ter uma ideia, apenas um quarto dos posseiros na década de 1840 tiveram sucesso em comprar as parcelas e nelas permanecerem, sendo que a outra parte, correspondente aos três quartos deste segmento, se retiraram porque não conseguiram pagá-las.[8]

Após serem criados os territórios, através do aval do governo federal, as comunidades que neles residiam deveriam passar por etapas de organização política sucessivas até a sua plena incorporação à União. A primeira fase era considerada a mais autoritária pelos residentes da fronteira e sua severidade ia além do próprio sistema colonial britânico instalado. Os colonizadores logo a abandonaram, pois ninguém seguia suas diretrizes à risca. A segunda etapa acontecia quando o povoado tinha cerca de cinco mil eleitores masculinos.

8 John Mack Faragher. *Sugar Creek: life on the Illinois Prairie*. New Haven: Yale University Press, 1986, p. 184-185.

Neste momento, os homens adultos podiam eleger mediante a realização de uma assembleia um delegado para o Congresso Nacional, o qual podia homologar ou não esta indicação. Na terceira fase a população tinha que possuir, pelo menos, 60.000 habitantes para então poder elaborar e votar sua própria Constituição e, em seguida, solicitar sua inclusão à União Federativa. Neste momento, o Congresso dava ao território solicitante uma representação com igualdade no sistema federativo e a possibilidade de criar suas próprias leis, que seriam subordinadas às da União. A presença do monitoramento da autoridade central se fez sentir de forma tão marcante que, às vezes, os habitantes do oeste se sentiam como sendo uma colônia dos Estados Unidos e não parte integrante deles.[9]

As experiências administrativas da União tiveram um desenho muito diversificado quando pensamos nos territórios adquiridos ao México e ao Texas e as comparamos com as do leste. As trajetórias daqueles se distanciaram muito do itinerário republicano participativo valorizado no nordeste do país. O motivo de tal distanciamento foi o estabelecimento de governos militares, que substituíram os civis. Inúmeras vezes o governo central teve que abafar as rebeliões, pois, em várias ocasiões, surgiam boatos sobre o confisco de terras, que teria sido supostamente tramado pelos anglo-americanos nos territórios recém adquiridos ao México. Algumas vezes, o governo federal teve que enviar tropas e destituir o antigo governo local e seu corpo de funcionários, por não seguirem suas orientações sobre a continuidade e a permanência das antigas leis locais.[10]

Neste sentido, pode-se concluir que a política governamental dirigida aos territórios representou a presença forte do governo central nas regiões novas, de povoamento recente, a qual tinha como meta fiscalizar a implantação das diretrizes republicanas do governo

9 White, *op. cit.*, 155-156.

10 *Ibidem*, p. 157, 163-170.

federal, onde a participação política e a democracia deveriam ser pilares fundamentais da organização comunitária.[11]

Em síntese, a integração dos novos territórios passava pelo aval do governo federal, o qual monitorava etapa por etapa a construção da organização política através do modelo de participação dos cidadãos e seus representantes na política representativa, baseada em eleições periódicas e no cumprimento de metas a serem atingidas.

A seguir o leitor saberá como os governos locais eram estabelecidos no período pós-independência dos Estados Unidos. Tomaremos como exemplo dois casos relativos ao estabelecimento de novos povoados na fronteira noroeste, localizados em Illinois e Wisconsin, onde a fronteira norte foi ocupada através do estabelecimento de pequenas e médias fazendas com agricultura de base familiar e comercial, organizada a partir do condado.

As formas democráticas do governo local

O território de Wisconsin até o ano de 1848, quando foi promulgada a sua própria Constituição, pertencia ao Michigan. O condado denominado Trempealeau foi governado sucessivamente por diferentes regiões administrativas com vínculos distantes tais como Marietta, Vincennes e Detroit, numa época em que apenas caçadores e indígenas habitavam esta região. Porém, à medida que o território do noroeste, como era chamado à época, foi sendo povoado, passou a ser subdividido sucessivamente em diferentes estados, condados e vilas. Como resultado de tais subdivisões surgia pouco a pouco a autonomia governamental, característica demandada pelo governo central em relação aos novos povoamentos do meio-oeste.[12]

Segundo Merle Curti: "o auto-governo não teve de ser criado ou recriado na fronteira de Trempealeau, porque já existia, [...] a fronteira era auto-governada antes de se estabelecer." E continua: "Pensamos que este aparato de governo já estava disponível quando os pioneiros

11 *Ibidem*, p. 177-178.

12 Curti, *op. cit.*, p. 260

chegaram e que os pais do condado prontamente fizeram bom uso dele."[13] O modo de governar foi, conforme este autor assinalou, em grande medida, transplantado para a fronteira, trazido por pessoas que emigraram do leste do país. Muitos pioneiros não se surpreenderam ao encontrar na fronteira a presença de eleições democráticas, uma lista de jurados, conselhos representativos e a anuência da população com relação ao pagamento de impostos. Muitos tinham vindo da Nova Inglaterra, Nova York, Canadá e Grã-Bretanha, onde conheciam bem e valorizavam este tipo de governo.

Em seguida, o leitor saberá quais eram as características da administração do governo baseado no condado, assim como seus limites. O exemplo enfocado será o condado de Trempealeau, no território de Wisconsin. Este território fazia parte da fronteira oeste da região norte dos Estados Unidos, não tinha escravidão, era banhado por um sistema de rios e lagos navegáveis e recebeu grandes levas de imigrantes do norte da Europa. A descrição de apenas um condado não tem como objetivo sugerir uma suposta uniformidade no estabelecimento da fronteira norte do país, mas apenas ilustrar através da apresentação de um caso, o que também pode ter ocorrido em muitos outros lugares da parte setentrional do país, onde não havia escravidão.

Em 1850, o condado de Trempealeau, no Wisconsin, não tinha uma corte de justiça própria e o Judiciário apenas se fazia presente através da Sexta Corte, que o visitava periodicamente quando a Justiça do Estado precisava ser aplicada nas disputas locais. O juiz do condado tinha jurisdição limitada, enquanto o juiz de paz não tinha poderes sobre muitas matérias importantes, pois a Sexta Corte era o tribunal de primeira instância, o qual servia para a maioria das disputas civis ou criminais.[14] No entanto, o condado possuía uma considerável autonomia sobre a implementação de sua legislação

---

13 *Ibidem*, p. 261

14 *Ibidem*, p. 261. Ver também, sobre administração local e a administração local autônoma, Oliveira Viana. "Os novos territórios". In: *Ensaios inéditos*. Campinas: Unicamp, 1991.

e administração. Era o Estado que definia as funções do xerife, do tesoureiro, do procurador, enquanto o conselho do condado (*county board*) constituía seus representantes legislativos. Nos primeiros anos de existência o condado funcionava como um poder executivo de natureza coletiva. Seu poder se subordinava a duas fontes, sendo a primeira, à lei mais geral da federação e a segunda, à legislatura de Wisconsin, a qual tinha delegado o exercício de certos poderes ao condado.[15]

O condado podia contratar, processar e ser processado, tinha uma renda, naquela época, entre $ 2.000 e $ 8.000 dólares, constituía uma das entidades mais ricas de Trempealeau. Vejamos quais eram os poderes dos condados:[16]

1. Depois de 1872, cada condado podia fixar o número de cadeiras, 2/5 dos votos registrados ou 1/3 dos votantes na última eleição; poderiam solicitar mudanças, tendo o conselho que submetê-las ao plebiscito geral no próximo ano eleitoral e acatar seu resultado. No entanto, os procedimentos democráticos não se baseavam totalmente nas decisões de Trempealeau, mas também, naquelas produzidas pelo Legislativo sediado em Madison, capital de Wisconsin;
2. O condado podia criar novos municípios, caso os cidadãos fizessem petições e o governo municipal se encarregaria de cuidar das escolas, estradas e pobres;
3. O condado podia dar nomes a lugares, lagos, rios, seguindo sempre a tendência de implementar o uso mais popular;
4. Tinha poderes para trocar os nomes das pessoas, uma vez que muitos cidadãos tinham nomes estrangeiros, difíceis de serem aprendidos; geralmente se fazia uma aproximação com a denominação semelhante à anglo-saxã;

15 Curti, *op. cit.*, p. 262.

16 *Ibidem*, p. 262-265.

5. Podia além de abrir estradas, refazer os traçados e/ou descontinuá-las;
6. Podia estabelecer fretamento de barcos e administração de pedágios a companhias ou a sociedades educacionais; e
7. Tinha a atribuição de proteger a propriedade, a segurança e a saúde dos cidadãos.

O condado elegia o superintendente do sistema escolar, o qual tinha como dever apresentar relatórios detalhados sobre quantas escolas ele inspecionou, quantas cumpriram o calendário letivo, a média dos salários dos professores, a frequência dos alunos e outras informações importantes. Os conselhos escolares, assim como o municipal, tinham que aprová-lo. Cada centavo de dólar gasto tinha que ser justificado detalhadamente e as contas tinham que ser aprovadas.[17]

O mesmo acontecia com a Justiça, para as contas serem aprovadas o conselho municipal tinha que votá-las. Este procedimento dava ao Legislativo um considerável controle sobre o Judiciário. O mesmo acontecia com a tesouraria do município cujos livros eram submetidos ao conselho municipal, que tinha a função de auditá-la. Quando as contas não eram aprovadas, o tesoureiro não era reconduzido ao cargo e sofria inúmeras pressões.[18]

Até o momento da construção da estrada de ferro no condado de Trempeleau, em 1873, as mercadorias eram escoadas em canoas pelos rios, usando tecnologia indígena, através dos rios Mississipi-Missouri e seus afluentes, os quais forneciam os caminhos naturais que levavam as mercadorias do oeste para a região de Saint Louis.[19]

Muitos autores concordam que o espírito cooperativo fazia parte do povoamento e do cotidiano destas populações. Os encontros comunitários constituíam a base para as decisões que seriam tomadas,

17 *Ibidem*, p. 266-268.

18 *Ibidem*, p. 266-268.

19 *Ibidem*, p. 39-54, *passim*.

avaliavam-se as necessidades coletivas, organizavam-se a coleta do dinheiro necessário para a consecução dos objetivos a serem atingidos. Aqueles que, por acaso, resistissem em participar com as contribuições necessárias eram, em muitas ocasiões, intimados pelo xerife a vender suas terras.

As estradas de rodagem naquela época se constituíam em espécies de trilhas aplainadas destinadas ao uso público. Os instrumentos usados para sua construção eram muito primitivos, especialmente nos primeiros anos de chegada dos grupos de povoadores. Machados e pás eram usados para a limpeza e a retirada de árvores e arbustos. Os obstáculos maiores como toros de madeira eram removidos usando bois que os puxavam com cordas grossas, ambos usados para nivelar as estradas. Só depois da Guerra Civil alguns conselhos municipais passaram a votar verbas para a construção de eclusas e outras obras de maior porte. Anualmente, o degelo da primavera impunha a necessidade de reconstruir as galerias com o objetivo de escoar as águas embaixo de passagens, para não danificar os caminhos. Nos charcos e brejos construíam passagens feitas com toras largas de madeiras com aberturas entre elas. Todo ano, não importava como eram construídas, parte delas eram inundadas e tinham que ser reconstruídas.[20]

Em alguns condados as carroças e juntas de bois nem sempre eram aceitas como parte dos equipamentos necessários a serem utilizados na construção de estradas. Alguns conselhos se recusavam a pagar pelo uso de tais equipamentos, preferindo a contratação de trabalhadores. Embora os instrumentos usados fossem primitivos, a habilidade de talhar madeiras era extraordinária, sendo usada para construir pontes que eram montadas com entalhes, encaixes e pinos de madeira. A partir dos anos 1870, começaram a aparecer as braçadeiras e os pregos de ferro nas pontes mais importantes do estado de Winsconsin. Ao longo dos anos, as autoridades observaram que o

20 *Ibidem*, p. 39-54, *passim*.

custo da manutenção era mais reduzido do que o da própria reconstrução e passou-se a dar mais atenção a esta operação.[21]

Os proprietários de terras, por sua vez, construíam apenas as estradas e pontes necessárias para atravessar suas propriedades. Os vizinhos podiam usar tais caminhos particulares e a reciprocidade era uma tendência assumida por todos da comunidade. Quando o município reconhecia a importância pública de tal estrada ou ponte, votava, periodicamente, a escolha de um oficial que era encarregado da sua construção e manutenção. Os recursos eram coletados através de impostos destinados especialmente para este fim. Quando a coleta de dinheiro não era possível, a pessoa poderia pagar a sua parte correspondente com o seu próprio trabalho na construção e/ou manutenção. Cada família podia optar se a forma de pagamento seria em dinheiro ou com trabalho. A contribuição realizada com seu próprio esforço era altamente reconhecida e valorizada pela comunidade que, periodicamente, formava grupos de voluntários para a manutenção e o aprimoramento das estradas e pontes.[22]

Os encontros municipais se constituíam no caminho político para as decisões mais importantes em relação aos projetos que seriam votados, aprovados ou não pela comunidade. Muitas vezes os debates terminavam com rapidez, outras vezes, usufruíam o tempo necessário para discussão até a exaustão da matéria. Caso o conselho municipal apresentasse um projeto de construção de estrada ou ponte para o orçamento do próximo ano e os cidadãos reunidos em assembleia não o aprovasse, seria totalmente rejeitado.[23]

A construção de estradas começava com a escolha e a definição de quais caminhos seriam transformados em estradas distritais. O distrito era a base geográfica que reunia a vizinhança mais próxima. As famílias destes distritos promoviam encontros periódicos, onde definiam os traçados que contemplavam o maior uso coletivo

21 *Ibidem*, p. 39-54, *passim*.

22 *Ibidem*, p. 39-54, *passim*.

23 *Ibidem*, p. 40-41.

possível dos caminhos públicos, bem como planejavam aqueles que formariam as artérias centrais de escoamento. A função de supervisor distrital era de grande responsabilidade, mas pouco desejada, uma vez que tal pessoa tinha que dominar minimamente princípios de contabilidade e controle financeiro, bem como ter conhecimento de noções mínimas de construção. Qualquer imperícia era publicamente criticada e o indivíduo perdia tal função. Com o passar dos anos, os conselhos municipais começaram a solicitar orçamentos, os quais eram julgados de forma concorrencial e venciam aqueles de menores custos.[24]

Os conselhos municipais eram renovados através de eleições realizadas anualmente. Tinham a missão de construir bens públicos, mas tinham que prestar contas detalhadamente e ficavam submetidos à pressão da opinião pública.[25]

Depois do condado[26] (*county*), o Estado – a unidade que compunha a federação – era a maior unidade política responsável pelas estradas e pontes mais importantes. Quando um empreendimento transcendia os recursos financeiros e materiais do município, era o Estado que entrava em ação para auxiliar o condado. As rodovias arteriais se estendiam de norte ao sul do estado e atravessavam o território inteiro. As equipes das estradas distritais apenas operavam as estradas menores, que estavam dentro da circunscrição de cada distrito, tendo poder limitado para levantar recursos humanos e materiais. Muitas vezes, algumas obras estavam além dos esforços que um município podia desenvolver.[27] Aí entrava em ação o Congresso Nacional que concedia terras e empréstimos à companhias encarregadas da construção de estradas de ferro, cujo objetivo era interligar as várias regiões aos mercados consumidores através da Pacific Railroad. Enquanto a região do café no Brasil até 1890 tinha

24 *Ibidem*, p. 40-41.

25 *Ibidem*, p. 40-41, *passim*.

26 Condado significa a maior divisão administrativa dentro dos Estados nos EUA.

27 Curti, *op. cit.*, p. 41-42, *passim*.

construído 5.962km de estradas de ferro, a do algodão nos EUA tinha implantado 23.384km. Na primeira região menos de uma pessoa por quilômetro quadrado se beneficiava com as ferrovias, enquanto no sul dos EUA, 3.384 usufruíam delas.[28]

Os métodos de administração da construção de rodovias mudaram com o passar do tempo, especialmente, depois da Guerra Civil. No começo, os membros do conselho eram seus próprios construtores. Com o tempo, este conselho passou a contratar projetos que eram orçados e concorriam entre si, caso a execução não o satisfizesse, poderia não pagar o contratado. Abaixo o leitor encontrará as etapas pelas quais a comunidade passava para edificar suas obras mais importantes:[29]

1) Os membros do conselho eram eleitos anualmente e pertenciam a áreas pequenas, próximas o suficiente para que toda a população daquela localidade conhecesse seu supervisor, que deveria ter alta reputação na comunidade. Ele era o responsável pelos planos decididos pelos membros do distrito e, se a maioria da população não estivesse satisfeita, poderia eleger outra pessoa.
2) O conselho sofria grandes pressões populares para que realizasse as petições da comunidade e, só depois dos anos de 1870, quando a maioria das estradas estava construída, o comitê passou a negar inúmeras solicitações.
3) O conselho também era responsável pelas áreas menos povoadas.
4) A política de construção de rodovias refletia a pobreza da fronteira e muitos ficavam sem pagar as contribuições necessárias.

28 Richard Graham. "Slavery and economic development: Brazil and the United States South in the nineteenth century". *Comparative Study for Society and History*, 1981, p. 626.

29 *Ibidem*, p. 44-47, *passim*.

5) A defesa regional de cada condado acontecia sistematicamente, pois ela formava uma confederação de pequenas comunidades, apenas separadas pela geografia física. Cada agrupamento de fazendas e sítios tinha seu próprio governo e um porta-voz que o representava no conselho do condado.

Como se vê, a implantação dos governos locais teve como objetivo o controle e a participação da população residente que compunha o condado. Através dos encontros distritais e dos conselhos, os eleitores decidiam sobre temas como educação, estradas e justiça.

A seguir veremos como o governo federal pensou a organização fundiária da nova nação.

As várias leis de terras

O longo processo de redefinição dos direitos de propriedade na Europa constituiu a outra ponta da colonização dos Estados nacionais nos seus territórios no século XIX, afirma Lígia Osório Silva. Na Europa, a transformação do sistema econômico mercantilista em direção ao capitalista-liberal levou inúmeros pensadores a defender a ideia da propriedade privada, não havendo mais espaço para a convivência com "terras livres", compreendidas como desocupadas, não produtivas ou "espaços vazios", como demonstrou a implantação de políticas governamentais, não obstante houvesse a presença de tribos indígenas nestas áreas.[30]

Quando questões locais entravam em conflito com alguns princípios do modelo republicano do nordeste do país, a soberania popular se tornava um tema frágil e questionável no sistema político. Algumas vezes as forças armadas locais entravam em conflito aberto contra as federais e estas acabavam impondo as premissas republicanas defendidas pelo *establishment* político do norte do país.

A primeira lei de terras dos Estados Unidos foi escrita por Thomas Jefferson e votada em 1785, tinha por objetivo disciplinar o povoamento dos novos territórios para além dos Apalaches, bem como

30 Silva, *op. cit.*, 2001, p. 36-37.

os situados na região noroeste dos Grandes Lagos. A União procurou interferir tanto na forma de aquisição quanto na de distribuição dos lotes. O modelo era totalmente novo, tinha um notável planejamento espacial, através do qual se distribuía os lotes particulares e públicos. Segundo o historiador Richard White, esta política refletia em grande medida a filosofia social da Ilustração ou do movimento Iluminista, no qual se condenava a escravidão e, prioritariamente, se pensava no estabelecimento de escolas públicas através da venda e do arrendamento de lotes públicos. A escola pública laica era necessária aos valores republicanos e deveria nascer junto com o povoamento dos novos territórios. Para as autoridades republicanas seria inconcebível imaginar uma sociedade próspera e democrática sem se priorizar as escolas públicas laicas. Tinham a consciência de que para se construir uma sociedade igualitária, não bastava apenas distribuir terras igualmente, mas também, a implantação de outros recursos coletivos, tais como a construção de escolas públicas laicas, estradas, canais e ferrovias.[31] Deste modo, o povoado já nascia com um espaço reservado para a sua implantação.

Os funcionários do governo tinham a tarefa de medir e dividir os territórios em seis milhas quadradas, em seguida, subdividi-las em seções de uma milha quadrada, as quais seriam subdivididas em subseções de 160 acres cada.[32] Estes terrenos eram vendidos em leilões públicos onde qualquer indivíduo poderia comprar o quanto conseguisse pagar com o seu capital. Terminadas as audiências públicas, as terras que sobravam eram vendidas com preços ainda mais baixos. Em 1820, a venda se dava através do valor referente a um dólar e vinte e cinco centavos o acre. Para muitos críticos desta forma de colonização, o governo central norte-americano atuava de forma mais parecida com um sistema de corretagem de imóveis do que de um senhorio que cedia o uso da terra em troca de alguma renda ou prestação de serviços. Na sua origem tinha uma base voltada

31 White, *op. cit.*, p. 137-139.

32 *Ibidem*, p. 138.

ao desenvolvimento da propriedade privada e à possibilidade de se especular com ela.[33]

No ano de 1862, em plena guerra civil, o partido Republicano aprovou três leis, as quais buscaram regulamentar o acesso à terra: o Homestead Act, a concessão de terras dada a companhia Pacific Railroad e o Morril Act.[34]

O Homestead Act previa a entrega de lotes formados por 160 acres[35] aos cidadãos e não cidadãos americanos, os quais deveriam neles residir e cultivá-los por cinco anos no mínimo. Após seis meses, poderiam comprar e/ou investir o dinheiro na propriedade que passaria a ter um título de compra.

O Congresso dos Estados Unidos também concedeu terras e empréstimos a várias companhias de estradas de ferro, com o objetivo de interligar as várias regiões e fazendas aos mercados consumidores e compradores através da Pacific Railroad.

O Morril Act determinava como a União doaria terras aos Estados participantes da União, com a finalidade de que se criasse um sistema público de educação superior, o qual teria como meta apoiar os fazendeiros e empreendedores da região com assistência técnica. Foi a partir daí que surgiram as faculdades comunitárias (*community colleges*).

Comparando o Homestead Act e a lei de terras de 1850 do Brasil, uma vertente da historiografia entende o conflito a partir de duas posições, os progressistas e os arcaicos, sem levar em consideração a complexidade de outras forças sociais constituintes da nação que estavam presentes na sociedade, tais como os posseiros e os indígenas:

> Tanto nos EUA como no Brasil, as divergências entre os que apoiavam a reforma da legislação da terra e os que eram contra ela parecem ter coincidido com

33 Faragher, *op. cit.*, p. 54-56, 181-187.

34 White, *op. cit.*, p. 137-147. Veja as formas de propriedade em Silva, *op. cit.*, 2001, p. 117-118.

35 Uma medida de acre equivale a 4.046,85m^2.

> as linhas programáticas dos partidos políticos. No Brasil, os conservadores tenderam a apoiar a Lei de Terras de 1850, enquanto os liberais a ela se opuseram. Nos Estados Unidos, os republicanos incluíram a política da propriedade rural em sua plataforma, enquanto os democratas a ela se opuseram. Mas, em ambos os países, os motivos políticos pareciam menos relevantes do que os motivos econômicos e sociais. As diferentes posições sobre a questão da terra foram o resultado de conflitos entre os representantes dos setores mais dinâmicos e progressistas da economia e os representantes dos setores mais arcaicos.[36]

Os indígenas viam o acesso à terra a partir do caráter comunal e o equacionamento das zonas indígenas ao modelo privado fez o governo fracassar inúmeras vezes nas tentativas de impor a norma baseada na propriedade privada. Ao longo do século XIX, o governo federal foi, sucessiva e paulatinamente, encurralando esta população em reservas indígenas e liberando suas terras ao voraz mercado de compra e venda.

Problemas de invasão de terras públicas também existiram nos EUA, assim como no Brasil. Os posseiros, ou chamados *squatters,* se apossaram dos terrenos ainda não demarcados e criaram um problema político para o Congresso resolver. Muitos parlamentares eram radicalmente contra estas "invasões", pois as viam como uma subversão da lei praticada por "vagabundos", "bárbaros" e "pobres" sem capital inicial para comprar terras e produzir gêneros. Outros, especialmente os políticos vinculados ao partido Democrata e muitos habitantes do oeste, acreditavam que os posseiros estavam de alguma

36 Emília Viotti da Costa. *Política de terras no Brasil e nos Estados Unidos: da Monarquia à República.* São Paulo: Ciências Humanas, 1979, p. 127-147. Por sua vez, Warren Dean considera que a lei de terras de 1850 no Brasil foi, principalmente, uma questão política que dividiu liberais e conservadores. Cf. *op. cit.*, p. 606-625.

maneira tornando úteis e produtivas as terras o que, de certo modo, possibilitava o cumprimento dos objetivos gerais da lei.[37]

Como vimos, inúmeras foram as leis aplicadas à organização do acesso à terra. Todas demonstraram suas limitações, mas uma coisa é certa: o governo federal teve sucesso em dar uma dimensão nacional à sua ação e controle, diferentemente do brasileiro que não teve poder político para implantar sua política fundiária.

A seguir veremos como o governo federal instituiu o controle primário sobre as terras e teve sucesso, a partir daí, em arrecadar fundos e organizar a nação na base do condado.

As expedições demarcadoras

Foram muitas as expedições governamentais e científicas que se dirigiram ao oeste com a perspectiva de observar, descrever, registrar e mapear as terras. Sua principal atividade durante todo o século XIX foi inventariar e demarcar as vastas áreas, transformando-as em terras privadas a serem vendidas e, a partir daí, a União passou a arrecadar impostos sobre tais vendas.

A meta do governo federal era estabelecer um modelo social, político e econômico semelhante ao do leste, o qual era baseado em pequenas propriedades privadas, num sistema produtivo comercial, organizados por ideais republicanos de participação política e fundados no princípio da soberania popular. Muitas vezes o governo federal teve que enfrentar conflitos engendrados por visões políticas, sociais e religiosas que se distanciavam de tal modelo, como foi, por exemplo, o tema da poligamia, defendido pelos mórmons e o tema da escravidão, defendido pelos fazendeiros sulistas.

Os sulistas temiam os efeitos da lei Homestead, a qual facilitava o acesso a terras à população livre no sistema escravista, enquanto os nortistas não eram a favor da cessão de terras aos pequenos colonos. Este tema ganhou força política quando o colocaram na pauta de negociação para a aprovação das tarifas protecionistas relativas

37 White, *op. cit.*, *passim*.

aos produtos industrializados do norte. O norte e o sul eram grandes parceiros em trocas econômicas, mas depois de 1830 o algodão deixou de ser o motor da economia americana quando a produção fabril do norte tomou a frente. A partir daí o oeste e o norte passaram a se constituir parceiros principais. Os produtos manufaturados iam para o oeste enquanto os agrícolas e a carne desta região se dirigiam para os grandes centros urbanizados e fabris do norte.[38] Sem aceitar a tese de Turner integralmente, Barrington Moore mostra uma reflexão através da qual é possível entender o papel da fronteira na história norte-americana. Em suas palavras:

> Apesar de todas estas circunstâncias, existe um resto vital de verdade na famosa tese de Turner sobre a importância da fronteira para a democracia americana. Reside no reajustamento das classes sociais das regiões que o Oeste aberto produziu, pelo menos temporariamente. O elo entre a indústria do Norte e os agricultores livres impediu, na altura, a solução reacionária clássica dos problemas do industrialismo crescente. Esse ajustamento teria sido constituído por industriais do Norte e plantadores do Sul, contra os escravos, os pequenos agricultores e os operários industriais.[39]

No entendimento de Lígia Osório Silva a evolução democrática não foi necessariamente resultado da existência da fronteira, no sentido estrito, mas da integração daquela região e de seus produtores à uma política de terras inovadora, delimitando as de domínio público, consolidando o governo e o Estado no âmbito da nação, delineando um caráter nacional a ambos. Dito de outro modo: foi a definição do que veio a se constituir por terras de domínio público e uma política de venda e doação que tiveram consequências positivas para a consolidação do Estado norte-americano. "Deu o substrato material para

---

38 Barrington Moore Jr. *As origens sociais da ditadura e da democracia.* Lisboa/Santos: Cosmos/Martins Fontes, 1967, p. 150-164.

39 *Ibidem*, p. 164.

a ideologia de que os Estados Unidos eram o país da oportunidade," completa a autora. Não importava a procedência, muitos imigrantes se sentiam fazendo parte do sonho americano.[40]

Em recente artigo, Sebastião Neto Ribeiro Guedes afirma que na gênese do federalismo norte-americano os Estados cederam parte fundamental de seus direitos de propriedade sobre a terra para a União, criando a oportunidade para que a mesma centralizasse recursos fundiários e implementasse sua política de terras, e conclui que, ao transferir as terras para a União, o sistema federalista possibilitou uma política de centralização tal que viabilizou a nacionalização das terras. Em outras palavras, uma política que superasse os interesses regionais e locais e disponibilizasse as terras públicas de acordo com os interesses mais gerais na nação.[41]

Nas regiões onde a Espanha e o México tinham governado, o Congresso norte-americano teve pouco controle sobre estas terras, ao conceder garantias aos fazendeiros de que suas propriedades, fundadas a partir de leis espanholas, em tempos pretéritos, não sofreriam mudanças. Em tais áreas a estrutura legal precedente – espanhola – tendeu a prevalecer. O Texas teve seu próprio sistema de controle fundiário através das leis anteriormente implantadas ao Homestead Act, as quais continuaram em vigor por muitos anos após sua entrada na União.

Vimos como o governo federal pode exercer o controle sobre os novos territórios mediante demarcação e posterior venda de lotes, imprimindo um modo de governar específico à sociedade fronteiriça.

A seguir apresentaremos as razões pelas quais os novos territórios não se adequaram totalmente às novas leis e como se manifestaram os problemas advindos da especulação de terras e as formas encontradas para solucioná-los, tanto no âmbito do condado quanto no do Congresso nacional.

---

40 Silva, *op. cit.*, 2001, p. 151-152.

41 Sebastião Neto Ribeiro Guedes. "Análise comparativa do processo de transferência de terras públicas para o domínio privado no Brasil e EUA: uma abordagem institucionalista". *Revista de Economia*, vol. 32, n. 1, 2006, p. 7-36.

Problemas da política de terras

Muitas medidas do governo central em relação à agricultura provaram ser pouco adaptadas à realidade do meio ambiente natural do oeste. Naquela época, sob influência de ideias iluministas e dos inúmeros avanços científicos, acreditava-se que "a chuva seguia o arado" (*rain follows the plow*). Ou seja, os cientistas e os homens cultos acreditavam na ideia de que uma quantidade adequada de água, através de métodos como o da irrigação, seria o suficiente para cultivar árvores e, por sua vez, a presença de árvores promoveria um aumento na precipitação pluviométrica. Em outras palavras, cientistas e congressistas acreditavam que poderiam controlar a natureza através da manipulação tecnológica. Mas a natureza não entrou em acordo com a crença dos cientistas e, como afirmou Richard White, embora a lei não tenha transformado o clima, este acabou transformando a lei, tendo o governo central de reformá-la nos territórios onde havia escassez de água e solos de difícil cultivo. As novas leis aprovadas foram pensadas de tal forma que os fazendeiros pudessem comprar lotes maiores de 640 acres com um sistema de irrigação financiado. Esta lei também se revelou inadequada à realidade e beneficiou muito a ação de especuladores.[42]

O governo central dos Estados Unidos desenvolveu uma política sistemática de levantamento, identificação e medição dos terrenos no começo do século XIX, um padrão bem diferente do modelo brasileiro, no qual o governo não teve sucesso em aplicar as leis e os regulamentos que propunha para o nosso país, em razão da pressão dos grandes donos de terras e da falta de recursos humanos para desenvolver atividades tão espalhadas pelo país.[43]

A primeira equipe de agrimensores federais chegou em 1821, em Sugar Creek, Illinois, a qual era chefiada por Angus Lewis Langham.

---

42 White, *op. cit.*, p. 150-154.

43 José Murilo de Carvalho. "A política de terras: o veto dos barões". In: *A Construção da Ordem e o Teatro das Sombras.* 2ª ed. Rio de Janeiro: Editora UFRJ/Relume-Dumará, 1996, p. 303-325. Veja também Lígia Osório Silva. *Terras devolutas e latifúndio: efeitos da lei de 1850.* Campinas: Editora Unicamp, 1996, p. 141-212.

Quando chegaram tiveram contato com as 43 famílias que lá estavam estabelecidas há anos e reivindicavam a posse. Após percorrer, em dois meses, todo o município, através de mais ou menos 500 milhas[44] de norte a sul e de leste a oeste, a equipe concluiu os trabalhos com técnicos que tinham apenas formação prática, pois o ofício, naquela época, era aprendido junto aos praticantes, através de manuais publicados. O sistema de medição utilizado fazia parte da tradição britânica colonial denominada *metes and bounds*. O agrimensor descrevia os limites de cada parte através da direção e comprimento das sucessivas parcelas de terras, usando como referência as características do solo e da flora. Com relação às áreas de rápido povoamento, este sistema mostrou-se bastante limitado, mas continuou sendo usado com sucesso nas transações imobiliárias e nas construções de estradas. O modelo de estabelecimento de lotes e de criação de municípios seguiu padrões semelhantes ao realizado na Nova Inglaterra, no leste do país, onde a criação de pequenas comunidades foi desenvolvida. A provisão federal estipulava a divisão do município em quatro seções e reservava uma delas ao financiamento da educação pública.

Os legisladores da política de terras tinham a intenção de encaminhar a sua distribuição da forma mais organizada possível, ao proporem o levantamento topográfico e zoneamento classificatório com inventário de todos os recursos disponíveis para que as leis que fossem elaboradas pudessem ser adequadas a cada zona geográfica diferenciada.

Muito embora um novo instrumental científico estivesse em uso naquele momento, ainda prevalecia uma tradição de costumes que continuou a fazer parte do modelo de demarcação, uma vez que os rios, assim como a classificação do tipo de cobertura vegetal, ainda faziam parte da referência descritiva dos mapas cartográficos da época. Não obstante, alguns historiadores chegaram a enfatizar a forte presença de ideais iluministas na política territorial norte-americana, afirmando o triunfo da geometria sobre a geografia. As melhores

44 Uma unidade de milha equivale a 1,6 quilômetros.

terras eram as cobertas por vegetação densa, como carvalhos e nogueiras, o que indicava um solo rico, enquanto os de arbustos vinham em segundo lugar e as pradarias, cobertas por capim, por último.

A especulação de terras convivia paralelamente com o sistema legal de compra e venda, muito embora fosse criticada tanto pelos nortistas como pelos sulistas. Alguns setores da sociedade viam os especuladores como indivíduos parasitas que sobrecarregavam os fazendeiros honestos e trabalhadores. Qualquer pessoa poderia comprar a quantidade de terras que conseguisse com seu capital, e o governo central nada fazia para coibir tal ação. Muito frequentemente o fazendeiro comprador e o especulador se constituíam na mesma pessoa, como afirma Richard White.[45]

A lei de terras de 1796 havia estabelecido o preço de dois dólares o acre, quantia que representava um investimento muito alto para a maioria dos pioneiros. Povoadores e especuladores estavam lado a lado no sistema de compra implantado através de leilões públicos, disputando entre si as melhores terras e em condições muito distintas entre um e outro.

Para se ter uma ideia, em Iowa, por exemplo, no período que vai de 1850 a 1860, 80 a 90% dos fazendeiros tinham comprado terras do governo e de especuladores. Segundo Richard White, este sistema funcionou relativamente bem, tendo em vista que o agente especulador não conseguia reter a terra por muito tempo, esperando a alta do preço, uma vez que os impostos inviabilizariam tal comportamento econômico. Muitos especuladores adquiriam certificados provisórios de compra do governo e os revendiam, chegando a lucrar entre 30% e 120% ao ano, quando os investimentos em outros setores chegavam a 5% ou 10%.[46]

Os pequenos fazendeiros de algumas regiões do noroeste fundaram os *claims clubs* (os clubes de reivindicações). Eram associações que tinham como objetivo proteger os pequenos fazendeiros da ação

45 White, *op. cit.*, p. 147-150.

46 *Ibidem, loc. cit.*

dos grandes especuladores, agindo de forma organizada e coletivamente, inibindo a ação predatória daqueles. Com tantas reclamações, o governo central criou o sistema denominado *time entry* (tempo de entrada) que dava o direito de prioridade na compra no final do período contratado. Caso o posseiro não tivesse conseguido levantar o dinheiro, poderia pedir emprestado com juros de 40% ao ano. Como o preço da terra era muito barato, mesmo após os pagamentos de juros, o preço final chegaria, ao máximo, a 2 ou 3 dólares por acre.[47]

Em 1789 o Congresso norte-americano estava sendo pressionado a aprovar uma lei que deveria tornar possível aos posseiros adquirir terras de forma planejada pelo governo federal antes de serem colocadas de novo à venda no mercado. O objetivo era implantar um sistema acessível através de um preço módico, especialmente dirigido àqueles que já tivessem construído benfeitorias em terras públicas. Uma grande parte dos pioneiros ignorava totalmente a lei e continuou tomando posse de terras públicas. O Congresso chegou a endurecer, declarando-os fora da lei. Anos depois, em razão da existência da guerra de 1812, o Congresso se viu acuado e pressionado a voltar atrás, reconhecendo o desrespeito massivo à lei pelos posseiros e, a partir de 1813, passaram a ter mais três anos de prazo para registrar a compra de terras.

A mais liberal de todas as leis da história da república americana, segundo alguns autores, foi a de 1820. Com o colapso do sistema de crédito, em 1819, o Congresso baixou o preço da terra para um dólar e vinte e cinco centavos o acre e reduziu o tamanho mínimo do lote para 80 acres, tornando possível o posseiro receber o título. Milhares de posseiros lutaram pelo reconhecimento do direito da benfeitoria construída e da defesa contra a ação de especuladores, a ponto de criarem em muitas regiões associações que lutavam contra a ação daqueles.

Um dado importante para se avaliar o sucesso da política de terras é o grau de permanência e/ou rotatividade de fazendeiros em

47 *Ibidem*, p. 141.

suas propriedades. John Faragher coletou informações nos censos populacionais da região de Sugar Creek, em Illinois, entre 1830 e 1840, notou que sete em cada dez povoadores não continuaram em suas terras, no entanto, ficou impressionado com o fato de que apenas três em cada dez persistiram além daquela década em suas propriedades. Alguns fatores auxiliavam na permanência, segundo Faragher, a quantia necessária em dinheiro para a compra do lote e/ou a presença de grandes parentelas próximas, conforme ele percebeu a partir das informações extraídas dos censos. Os parentes eram fonte de apoio mútuo em períodos difíceis, a solidariedade e a reciprocidade faziam parte do cotidiano destas populações pretéritas. Entre os que permaneceram, observou-se que oito, em cada dez, estavam próximos aos seus parentes.[48]

Outro aspecto não previsto no sistema legal fundiário foi a disputa por terras que ocorreu na Califórnia em busca de ouro em 1849. O Congresso americano não tinha legislado sobre as terras que possuíam metais preciosos, pois não tinha concordância sobre o tema, deste modo, o governo federal, entre 1851 e 1866, desenvolveu uma política de não interferência, deixando a regulação das minas para os mineiros. Em 1866, após muitos conflitos, o governo aprovou um Ato sobre Metais Preciosos e, em 1872, uma lei sobre mineração que regulamentava a venda de terras.[49] Muitas tentativas de reforma fundiária foram feitas, mas todas apresentaram algum tipo de limitação ou falha e o governo central manteve seu controle sobre as terras de domínio público até o final do século XIX.[50]

A maioria do governo republicano acreditava que a venda de pequenos lotes levaria à criação de uma sociedade baseada em pequenos proprietários que usaria o trabalho para gerar riqueza, consequentemente, seria bom, útil e vantajoso para toda a nação republicana. O princípio da igualdade republicana encontrava-se não apenas

48 Faragher, *op. cit.*, p. 50-51.

49 White, *op. cit.*, p. 238.

50 *Ibidem*, p. 153-154.

na base da distribuição de terras, mas também, na forma como seria encaminhada e conduzida tal sociedade. Deste modo, a educação pública era considerada prioritária. Toda vez quando se fazia um levantamento topográfico para um novo assentamento de colonos, além das divisas e limites dos lotes, os funcionários governamentais criavam um espaço reservado para as escolas públicas, assim como terrenos que poderiam ser arrendados, pois os legisladores ao elaborarem a lei de terras tinham previsto a necessidade de criar fundos públicos para financiarem escolas e universidades públicas.

No entanto, para John Mack Faragher, o Congresso americano implantou uma lei de terras que tinha como objetivo levantar fundos e não construir fazendas no espírito republicano e a lei teria favorecido mais aos especuladores do que aos povoadores.[51]

Muito embora o Congresso nacional tenha através de várias propostas tentado ajustar os problemas específicos da ecologia da região em relação ao tamanho dos lotes e auxiliado na criação de financiamentos para a irrigação, o modelo baseado em pequenas propriedades e mão de obra familiar não funcionou bem para todas as famílias. Aquelas que enfrentaram a fronteira com pouco capital e sem o auxílio de uma rede de parentes próximos tiveram muitos problemas para lá permanecer e continuar produzindo para o mercado regional, dentro do modelo que tendia a estimular a competitividade e não provia auxílio àqueles que passavam por dificuldades conjunturais na vida.

A seguir apresentaremos as tensões relativas a dois modelos de sociedade presentes no debate encaminhado em relação ao problema da mão de obra servil na condução do povoamento da fronteira.

O problema da escravidão: o Norte *versus* o Sul

Os políticos do norte desejavam implantar o mesmo modelo político para os novos territórios do oeste, e a presença da escravidão em seus territórios e nos adquiridos ao México se constituía

51 Faragher, *op. cit.*, p. 53-60.

em problema. Alguns defendiam a não proliferação do sistema escravista, mas os sulistas defendiam a continuação desta em vários territórios do oeste. Os que eram contra estavam preocupados com seus efeitos sobre o trabalho livre dos homens brancos. Os membros do partido da Terra Livre (*Free Soil*) defendiam a ideologia de que o sistema baseado no uso da mão de obra livre na terra também livre, era moral e economicamente superior, não se opondo à instituição escravista, *per si*, mas estavam preocupados em relação à sua proliferação nos novos territórios. A disputa ideológica conflagrada entre o norte e o sul dizia respeito, em grande medida, à extensão ou não do trabalho servil nas novas terras do oeste.[52]

Outros nortistas entendiam o sul como uma região atrasada, feudal, dominada por uma minoria rica, aristocrática, onde havia extremos de riqueza e pobreza; acreditava que o trabalho livre não era bem recompensado lá e seria impossível competir como os sulistas no que diz respeito à organização das fazendas, caso o trabalho cativo fosse mantido.

A disputa ideológica se configurou muito acirrada e o país se viu dividido entre temas como trabalho livre ou servil, propriedade privada ou terras comunitárias, democracia ou despotismo, educação ou ignorância, progresso ou estagnação. O debate político, em muitas, ocasiões assumiu polaridades e boa dose de maniqueísmo, muito embora as forças sociais fossem mais complexas.

Em 1850, um acordo parlamentar deu ao sul uma lei que permitia recapturar os escravos fugidos, mas, em troca, o trabalho livre deveria ser promulgado na Califórnia. Esta questão voltaria a elevar os ânimos e, quando os novos territórios do Kansas, Nebraska e outros estavam se organizando, partidários de ambos os lados fizeram pressão de todos os tipos, desde a formação de companhias de imigração que financiaria colonizadores abolicionistas, até publicidade em jornais, igrejas, organização de milícias armadas e grupos organizados para fraudar eleições de delegados ao Congresso, assim como

52 White, *op. cit.*, p. 155-178.

incêndios em jornais e assassinatos. Em 1856, em algumas regiões como o Kansas, o governador precisou pedir ajuda de tropas federais para acabar com os conflitos que continuavam, apesar da aprovação da Constituição territorial que instituía a escravidão. Os defensores do trabalho livre continuaram fazendo pressão e Kansas teve sua entrada recusada na União por ser um Estado pró-escravista.[53]

O governo federal intervinha quando era chamado e sua presença se fez sentir de diversas maneiras: criou postos avançados de correios, construiu estradas e postos militares, contratou funcionários públicos, assim como usou seu exército para dirimir conflitos. Sua presença se fez tão acentuada em certas regiões do oeste que 8% do dinheiro circulante no Novo México tinha origem no orçamento da União. Esta estrutura possibilitou a existência de uma relação corrupta do dinheiro público, vinculando políticos e empresários com objetivos privados, gerando alianças entre os membros do governo territorial e alguns funcionários federais com a finalidade de privilegiar certos grupos.[54]

Turner, por sua vez, entendia que a fronteira norte-americana era produto do individualismo, que a sociedade penetrava na natureza primitiva por meio da família e que havia muita recusa ao controle direto do governo.[55]

A presença do governo federal em alguns territórios durou muitos anos e estes receberam sua influência durante 30, 50 ou 60 anos, modelando muito mais a vida no oeste do que no leste, a tal ponto que se criou uma associação imaginária muito forte entre funcionário público e corrupção. Segundo Richard White, "muito embora os habitantes do oeste compartilhassem as instituições da nação, elas foram, em certa medida, moldadas em novas formas."

A seguir apresentaremos informações e dados oficias sobre a implantação da educação formal mediante a construção de escolas na fronteira norte e sul dos EUA.

---

53 *Ibidem*, p. 155-178.

54 *Ibidem*, p. 155-178.

55 Turner, *op. cit.*, *passim*.

Educação formal nos Estados Unidos da América

Na tese de Turner, a fronteira promoveria democracia, no sentido de que as crianças de todos os segmentos sociais teriam oportunidades semelhantes de irem à escola, não importando a ocupação do pai, o lugar de nascimento ou o status econômico. Seria de se esperar uma desigualdade inicial especialmente nos segmentos relativos à natalidade e ao status econômico. No entanto, algumas décadas depois haveria uma maior tendência relativa à igualdade de oportunidade.[56]

No começo do século XVIII, a população dos EUA cresceu com altas taxas naturais, assim como através da imigração do trabalho livre e servil (*indentured servents*), chegando a 1,6 milhões de pessoas em 1770. No século XIX havia caído o número de imigrantes que não tinham condições econômicas para pagar a passagem ou obtê-la de seus parentes na América, especialmente, a partir do declínio de preços na década de 1830.[57]

O aumento da população nos EUA foi acompanhado por um crescimento estável da riqueza em todas as regiões do país. O incremento da riqueza *per capita* crescia entre 0,3% a 0,5% por ano. A distribuição de renda era mais justa e melhor do que na sua antiga metrópole. Em termos de nutrição e educação, as colônias americanas eram um lugar melhor para se viver do que a Inglaterra, uma vez que as taxas de alfabetização dos homens, comparadas com as da Inglaterra, eram maiores. Por volta do século XVIII, as taxas de alfabetização do sul dos EUA estavam se aproximando das do norte, sendo que estas ainda estavam acima das da Inglaterra. A alfabetização masculina na Nova Inglaterra chegava a 90% no século XVIII, enquanto na Inglaterra chegava a 65%.[58]

No sul dos Estados Unidos a educação era importante para algumas famílias, especialmente, para as de maiores posses, que tinham imigrado do leste, provenientes de famílias com alto grau de

---

56 *Ibidem, passim.*

57 Herbert S. Klein. *The population history of the United States.* Cambridge: United Kingdom, Cambridge University Press, 2004, p. 57-68.

58 *Ibidem*, p. 57-68.

escolaridade. No sul se esforçavam em ensinar as crianças a ler e escrever em suas próprias casas. Durante a semana elas aprendiam a soletrar, a gramática e a aritmética. Nos domingos, as famílias se reuniam para ler, debater e memorizar trechos da Bíblia.[59]

Dados sobre o grau de escolaridade dos Estados Unidos demonstram que no censo de 1850, 1,9% da população branca do norte, acima de vinte anos, não sabia ler; no sul, este grupo representava 8,3%, enquanto no noroeste, onde a população era escassa e espalhada, 5%.[60]

Fazendo um contraste com outros países da Europa, em 1846, na Inglaterra, de todos os casais que realizaram matrimônios, apenas 32,6% dos homens e 48,1% das mulheres afixaram suas assinaturas nos assentos matrimoniais. Em 1851, na França, dos homens alistados no exército, 34% eram analfabetos. Na Espanha, Itália, Bálcans, Polônia e Rússia o índice de analfabetismo chegava a 90 e 95%.[61] Comparando com os dados sobre o Brasil, José Murilo de Carvalho sugere uma estimativa de que 50% da população era alfabetizada na Corte, na cidade do Rio de Janeiro, enquanto a média nacional chegaria a apenas 15% no final do Império.[62]

Todavia, a região ao sul da sede da Corte brasileira, distando não mais do que setecentos quilômetros, se constituía em fronteira de povoamento e denominava-se vila de Araraquara, possuía 2.544 habitantes, sendo que apenas 150 declararam que sabiam ler, nas listas nominativas de 1850, representando uma proporção de apenas 5,9% da população. Embora faltem estudos específicos confiáveis sobre o recenseamento da população alfabetizada, alguns autores admitem que as taxas de analfabetismo chegavam a 50 e 80%, variando entre as regiões urbanas e rurais, assim como em relação à época.[63]

59 Bolton (1998), p. 123-124.

60 Frank L. Owsley. *Plain folk of old south.* 3ª ed. Baton Rouge: Louisiana State University Press, 1982, p. 146-149.

61 *Ibidem*, p. 146-149.

62 José Murilo de Carvalho, *op. cit.*, p. 260.

63 Ana Maria dos Santos *et al. História do Brasil: de terra ignota ao Brasil atual.* Rio de Janeiro: Logon Editora, 2002, p. 104-105.

As informações sobre a participação da população jovem nas universidades do sul dos Estados Unidos projetam um quadro surpreendente. Esta região tinha uma maior proporção de homens e mulheres educados em universidades do que qualquer outro lugar do mundo. Em 1860, de uma população de 7.400.000 habitantes, havia 25.882 estudantes que frequentavam o nível superior, enquanto no norte, de uma população de 19.000.000, apenas 27.408 o fazia. Em outras palavras, havia um estudante universitário para cada 247 brancos no sul, e um para cada 703, no norte.[64]

Para Thomas Jefferson a base do autogoverno residia na criação e na administração de escolas distritais laicas onde se aprenderiam as noções básicas de cidadania, no entanto, em Trempealeau, no território de Wisconsin, muitas reuniões foram realizadas até que a comunidade tomasse a decisão de construir escolas. Não foram poucas as reuniões. Finalmente, entre os anos de 1853-54 as três primeiras escolas foram criadas. Naquela época, a escola do 1º distrito ficou quatro meses em atividade em um salão alugado. Nos 2º e 3º distritos não havia nenhuma escola. Naqueles anos, 75 crianças estavam em idade escolar, mas o relatório do superintendente Charles Utter descrevia que apenas 13 frequentavam-na com regularidade e a média de frequência de cada aluno girava em torno de dois meses. Para se ter uma ideia do que isto representa, o ano letivo, naquela ocasião, tinha mais ou menos três meses.[65] Nos anos seguintes, um novo superintendente relatou progressos. Nos três distritos existentes, 141 crianças estavam em idade escolar, das quais apenas 77 fizeram matrículas.

Outro aspecto importante era a infraestrutura das escolas, o relatório do superintendente apontava que apenas uma escola possuía quadro negro e nenhuma possuía mapas, mas todas ensinavam a ler no livro de McGuffey's Reader na etapa de alfabetização. Em pouco tempo, adquiriram dicionários e formaram-se bibliotecas.

64 Owsley, *op. cit.*, p. 146-149.

65 Curti, *op. cit.*, p. 381.

Os três grandes problemas no condado de Trempealeau eram aumentar o número de matrículas, construir prédios escolares e contratar professores. Em 1866, o relatório do superintendente escolar afirmava: "existe tanto trabalho físico a ser realizado nas novas regiões que o interesse educacional fica um pouco negligenciado".[66] Uma década depois, noutro relatório, um novo superintendente comentava "as escolas públicas são consideradas um luxo, sua despesa era considerada desnecessária e os mais importantes cidadãos achavam que os gastos para a contratação de professores deveriam fazer parte do corte de verbas."[67]

Para discutir o desempenho das escolas no condado de Trempealeau, levantei informações comparando dados desta região com os de outras regiões de povoamento mais antigo que ficavam na costa leste, por exemplo, Vermont. Tal paralelismo se justifica em razão da semelhança do tamanho da população e da situação de contraste entre uma região de povoamento recente (fronteira) e outra de povoamento pretérito.

Os relatórios anuais escritos pelos superintendentes da fronteira informavam sobre a estrutura física, as despesas e o tipo de ensino realizado, indicando que até 1854, este condado não tinha estrada de ferro, telégrafo, telefones ou correio regular, e a única forma de sair ou entrar no condado era através do rio Mississipi.

No começo as despesas das escolas eram mínimas. Em 1860, o custo das construções dos prédios foram maiores do que o do salário dos professores. Porém, com o passar dos anos, a partir de 1880, a despesa com instalações se tornou insignificante e a dos salários dos professores aumentou. Enquanto em 1855 o custo de uma escola saía de 100 a 150 dólares, paulatinamente, aumentava nas áreas rurais onde ficava entre 350 e 500 dólares. Em 1855, cada criança custava em Trempealeau 1,68 dólares, enquanto nos 11 vilarejos de Vermont, subia para 2,02 dólares; e em 1880, 6,15 e 5,37

66 *Annual Report*, 1866, p. 93 *apud* Curti, *op. cit.*, p. 382.

67 *Annual Report*, 1877, p. 88 *apud* Curti, *op. cit.*, p. 383.

dólares, respectivamente.[68] Como se vê, a região de fronteira de Trempealeau estava pagando por aluno tanto quanto, ou, às vezes, até mais do que a região de povoamento mais antigo como a de Vermont na costa leste.

No outono de 1867, em Whitehall, US$ 120 eram suficientes para o pagamento de uma professora que trabalhava durante 5 meses. A extensão do ano escolar para nove meses elevou o custo com salários de professores para US$ 800 ao ano. Em 1880, houve um grande esforço em cortar despesas e o ano letivo caiu para oito meses. Ainda neste ano, o superintendente classificou as condições físicas de 50 das 86 escolas como ruins e em nove, muito ruins. Na Caledônia, o professor Henry Rhodes lembra que 75 alunos se espremiam em pequenas salas de aula, nos anos 1870. Margaret Anderson relatou que quando era professora conduzia suas aulas em salas cujas temperaturas variavam entre -20 a 35 graus sem nenhuma infraestrutura que amenizasse tal situação.[69]

Em 1864, muitas escolas não tinham quadro negro e em apenas quatro tinham mapas. A professora Anderson lembrou que muitas tinham apenas tábuas pintadas de preto e não usavam ardósia. Em 1880, a situação não tinha mudado muito. As escolas não eram bem ventiladas, apenas 1/5 delas tinham dicionários e 2/3 tinham mapas dos Estados Unidos. Acrescente-se a tudo isto o fato de que os pais não conseguiam prover livros aos filhos. Em apenas 8 dos 99 distritos os livros eram emprestados aos alunos pelas escolas.[70]

Faltavam professores bem treinados que fizessem a carreira do magistério. Só depois da Guerra Civil as escolas normais preparatórias para o magistério foram criadas. Pela lei estadual era o superintendente que analisava as licenças dos professores e muitas eram recusadas. Em 1867, 40% foram negadas e apenas 6 dentre 89, segundo o superintendente, tinham aptidão para os cargos. O maior problema

68 Curti, *op. cit.*, p. 384, 385.

69 *Ibidem*, p. 386-387.

70 *Ibidem*, p. 387.

apontado nos relatórios era a falta de experiência e a pouca idade. Os professores eram contratados para ministrar aulas apenas durante o ano letivo e esta situação produzia um rodízio muito alto. Em 1863, apenas seis dos vinte e nove professores continuaram nas mesmas escolas. Quinze anos depois, as condições relatadas continuavam as mesmas, porém, o professor daquela época tinha uma experiência média de dois anos.

Entre 1854 e 1880, os principais problemas apontados eram assegurar a matrícula daqueles que estavam em idade escolar, como também a frequência destes. Os superintendentes relatavam que 2/3 dos que tinham entre 5 e 17 anos se matriculavam, enquanto, apenas 2/3 destes frequentavam as escolas.

A frequência à escola foi voluntária até o ano de 1879 quando uma lei foi aprovada e obrigava a ida de crianças à escola. Ao examinar a frequência escolar em relação aos grupos ocupacionais a partir das informações dos censos de 1860, 1870 e 1880, Curti observou que no grupo dos fazendeiros os pais tendiam a não enviar as crianças à escola, especialmente na época da colheita. Estas informações sugerem que os filhos destes fazendeiros teriam menores oportunidades do que os de outro grupo que residisse nas vilas, por exemplo. Enquanto 70% do grupo agrícola enviou seus filhos à escola, 81% do grupo não agrícola o fez. A proporção de envio do grupo não agrícola excedeu ao do agrícola em 10% em 1860, 20% em 1870 e 17% em 1880. As escolas cresciam mais rapidamente nos vilarejos do que nas zonas rurais. A distância física, assim como a necessidade do trabalho infantil eram os maiores obstáculos.[71] Um dos fatores que explicam este comportamento é a nacionalidade dos pais, pois os polacos, os alemães e os noruegueses não enviavam seus filhos à escola, tanto quanto os ingleses o faziam.[72] O censo norte-americano de 1870 faz alusão ao conceito de analfabetismo, no qual entendia-se que quem não podia escrever não podia ler também. Milhares de pessoas decla-

71 *Ibidem*, p. 392.

72 *Ibidem*, p. 392-393, veja tabela 58.

raram aos recenseadores da época que não podiam escrever e outros que não podiam ler. Ao fazer a contagem das pessoas alfabetizadas, levou-se em consideração o conceito oficial da época, ou seja, quem não lia também não escrevia.[73]

Quando a população foi segmentada em grupos ocupacionais, observa-se que a concentração de analfabetos estava nos segmentos voltados para a agricultura. Porém, seus níveis estavam longe das estatísticas brasileiras, pois chegavam a 2,6% entre os operadores de fazendas, 3,2% entre os administradores sem terras, 1,3% entre os trabalhadores assalariados.[74] Na fronteira sudoeste do Brasil, o escrutínio dos habitantes na lista nominativa mostra que 95% declararam que não sabiam sequer ler.[75]

Nos três principais grupos agrícolas a percentagem de crianças que frequentava escolas diminuiu nos anos de 1860 para 1880. No segmento dos operadores de fazenda a proporção chegava a 74% em 1860, 66% em 1870, 60% em 1880. Para os administradores[76] e assalariados as percentagens de 1870 são menores do que as de 1860. Curti explica o fenômeno declinante argumentando que os estrangeiros que não falavam o inglês constituíam a maior proporção nas últi-

73 *Ibidem*, p. 390.

74 *Ibidem*, p. 394-395, veja tabela 57.

75 Levantamento feito pela autora nos maços de população manuscritos de Araraquara, cuja documentação está localizada no Arquivo do Estado de São Paulo.

76 Traduzi o termo "farmers without farms" como administradores. A nomenclatura usada nos censos em inglês é "farmers without farms". Veja a definição de Merle Curti: "These men apparently thought of themselves as farmers but did not actually operate farms. The majority, however, reported real property in the population schedule. Occasionally, but rarely, a person giving his occupation as farmer was credited in the agricultural schedule with certain of the farm itens, such as livestock, value of produce, or even farm value, but was not listed as having any improved acreage was probably not actually farming, since according to the census even putting up a fence on a place, or erecting any kind of shelter, or clearing a bit of woodland would make the land improved". [...] "The farmer without a farm, as far as we could see, seems to have worked on a farm much as the farm laborer did. But since a different name was used in reporting occupation, we adhered to the census classification in considering these as a separate occupational group". Cf. Curti, *op. cit.* p. 59-60.

mas décadas do que nas primeiras. Um segundo fator foi apontado: uma maior proporção de analfabetismo dos adultos esteve presente no ano de 1870, tanto para os grupos agrícolas como não-agrícolas: 40% dos administradores e 44% dos trabalhadores assalariados foram contabilizados como incapazes de escrever. No ano de 1880, a proporção de analfabetos foi menor do que a de 1870 para todos os grupos ocupacionais, mas ainda eram maiores do que os índices de 1860. Houve uma alta correlação entre estes números e o aumento do fluxo imigratório de algumas regiões pobres da Europa. Outro ponto de destaque é a alta proporção de pais analfabetos que fez elevar a proporção de crianças que não frequentavam escolas.[77]

No grupo dos artesãos a frequência maior está na década de 1860, em torno de 94%, não havendo declínio posterior significativo. Cabe destacar que este percentual foi o maior de todos entre as populações agrícolas e não agrícolas. Tais proporções foram altas também em 1870 e 1880, pois os artesãos naquela época formavam uma classe de pessoas muito bem treinadas que vinham não só da Europa, mas como dos Estados Unidos também.[78]

Os meninos eram enviados à escola em maior proporção do que as meninas. Este fenômeno faz alusão à visão tradicional de que os meninos precisavam de educação escolar mais do que as meninas.[79]

Outras variáveis importantes a serem analisadas são: o papel das nacionalidades, dos valores totais dos patrimônios e da presença de pais analfabetos em relação à frequência escolar das crianças. Todos os grupos, quando relacionados à nacionalidade, mostraram que a proporção de frequência de crianças na escola tende a aumentar à medida que o valor das posses das famílias segue esta direção.

Os grupos dos países não falantes de língua inglesa lideravam o não envio de crianças à escola. Ao contrário, os imigrantes que falavam a língua inglesa lideravam o envio de suas crianças, pois, entre

77 *Ibidem*, p. 393.

78 *Ibidem*, p. 395.

79 *Ibidem*, p. 397.

os mais pobres desta categoria, como os irlandeses, tinham índices superiores aos das famílias americanas.

Ao relacionar nacionalidade e nível de riqueza, algumas tendências interessantes aparecem. No grupo mais baixo de riqueza a frequência da ida das crianças à escola era de 82% entre os britânicos e canadenses, enquanto entre os mais ricos irlandeses era de 70% e entre os americanos era de 69%.

Os irlandeses tinham a maior taxa de analfabetismo (24%) entre os falantes da língua inglesa, porém, as taxas entre os imigrantes de países onde não se falava o inglês eram ainda maiores. Havia uma grande diferença cultural entre as nacionalidades que enviavam as crianças à escola: os imigrantes que falavam a língua inglesa eram mais comprometidos em enviar os filhos do que os que não falavam a língua.[80]

O condado de Trempealeau tomou emprestado modelo de outras partes do país ao disseminar a ideia de que dava grandes oportunidades para os imigrantes e seus filhos. A possibilidade de igualdade socio econômica foi, em certa medida, limitada na fronteira. Entre os problemas apresentados estavam as distâncias entre as residências e as escolas, assim como o grau de pobreza e as nacionalidades dos pais que não manifestavam grande interesse por conhecimento, ideias, livros e jornais. Também deve ser levada em consideração a barreira linguística dos que não falavam a língua inglesa.[81]

Em síntese, muitos foram os problemas apresentados ao se iniciar a montagem da estrutura educacional nas regiões de fronteira. Poucos recursos, precariedade da infraestrutura, ausência de regularidade na frequência dos alunos, dificuldade para a contratação de professores qualificados etc.

Dois pontos exerceram diferenças fundamentais quando colocamos em perspectiva um olhar comparativo da fronteira brasileira com a norte-americana. A grande imigração da população norte

80 *Ibidem*, p. 400.

81 *Ibidem*, p. 414-415.

ocidental da Europa em direção aos EUA reforçou a necessidade – quando do povoamento – da instalação de escolas públicas, pois as mesmas já vinham de uma sociedade na qual a difusão da escola para as massas já tinha, há tempos, tido um papel relevante na formação cultural destas nacionalidades. Além disto, as forças republicanas lideradas por Thomas Jefferson acreditavam e defendiam a ideologia de que democracia no regime republicano só seria viável se houvesse escolas públicas laicas para todos, pois era imprescindível para a formação dos cidadãos que participariam do sufrágio universal. Na fronteira do sul deste país, tal conceito de cidadania não se aplicava a todos os membros da sociedade política, uma vez que os cativos estavam fora deste segmento.

A seguir veremos como se constituiu o processo de povoamento no Brasil, onde houve importante papel da demanda por gêneros de agroexportação na Europa, assim como a penetração de famílias criadoras de gado no interior do país. O poder público por sua vez, não teve sucesso em promover a demarcação de terras, nem a venda de lotes, mas, por outro lado, atuou em ações pontuais de ocupação, ao incentivá-la em momentos específicos no interior do país.

II. A COROA PORTUGUESA E O POVOAMENTO DA FRONTEIRA NO BRASIL

As Entradas e Bandeiras eram expedições organizadas com o objetivo de caçar indígenas, vendê-los como escravos e procurar metais preciosos. Títulos honoríficos e mercês eram concedidos para aqueles que conquistassem os sertões e deles extraíssem metais preciosos para a Coroa.[82] Os bandeirantes, quando saíam à procura de riqueza, ocuparam pouco a pouco regiões que iam além dos limites estabelecidos pelo tratado de Tordesilhas, ratificado em 1494. As Coroas portuguesa e espanhola tinham acordado sobre os limites de seus territórios, todavia, a cobiça dos povoadores das novas terras gerou,

82 Maria Beatriz Nizza da Silva. *Ser nobre na colônia*. São Paulo: Editora Unesp, 2005, p. 92-95.

além de riqueza material, muitos atritos internacionais. Inúmeros diplomatas foram enviados àquelas monarquias que viviam em estado de beligerância. Por fim, foi assinado o Tratado de Madri de 1750, o qual reconhecia a legitimidade da posse portuguesa sobre antigos territórios situados a oeste do meridiano, fixado no tratado anterior. Portugal, por sua vez, reconhecia a jurisdição espanhola sobre a colônia do Sacramento, a margem norte do rio da Prata e as ilhas Filipinas; a Espanha, os direitos de Portugal sobre os territórios do Mato Grosso, Amazonas e Pará.

Alguns anos se passaram e este tratado passou a ser contestado, pondo em dúvida as onze missões jesuítas do rio Uruguai, o qual, pelo acordo, deveriam passar ao controle português. Uma vez que tal conflito não se resolveu de forma pacífica, acabou gerando uma guerra envolvendo cerca de 30 mil índios guaranis, o que complicou ainda mais a situação já delicada da Companhia de Jesus. Um novo acordo foi assinado com o nome de Tratado do Pardo, mas os conflitos continuaram entre os governos espanhol e português. Em 1778, algumas cláusulas foram de novo modificadas e confirmadas pelo Tratado de Santo Ildefonso. A Espanha, nesta ocasião, se comprometeu a devolver o Rio Grande do Sul, a ilha de Santa Catarina e o Iacuí, enquanto Portugal cedia, definitivamente, a Colônia do Sacramento e as duas margens do rio da Prata à Espanha.[83]

Durante os primeiros séculos de colonização, a América portuguesa foi constantemente invadida por inúmeras potências europeias. Ingleses, franceses e holandeses assaltavam, outras vezes, estabeleciam seu próprio governo, como foi o caso do holandês em Pernambuco. Os ataques tinham como objetivo explorar economicamente a vasta área, implantando fortificações para facilitar a segurança da extração de riquezas, realizadas em operações de contrabando.

No final do século XVII, metais preciosos foram descobertos na região de Minas Gerais, tendo ficado a sua exploração sob o controle do

---

83 Ana Maria Santos *et al.*, *op. cit.*, p. 77-78.

governo português. Muitos mineradores nativos e portugueses aí chegaram com dezenas de escravos para extrair os minérios da região.

Por sua vez, súditos da coroa espanhola, cientes de tais ocorrências, começaram a invadir terras da coroa portuguesa à procura de metais preciosos, surgindo daí uma política de povoamento estimulada pelo governo português com o objetivo de barrar a invasão dos súditos espanhóis à procura de riquezas. A Coroa lusitana decidiu realizar várias medidas no sentido de defender seu território contra possíveis ataques estrangeiros, dentre elas, estava a subordinação da capitania de São Paulo ao governo do Rio de Janeiro.

Em meados do século XVIII, a escassez de povoamento das terras portuguesas ainda era significativa, ocupando as vilas, povoados, bairros rurais ao longo da estreita faixa da costa litorânea, deixando o vasto território a oeste praticamente inabitado, ou, às vezes, com uma escassa população de origem europeia.

Com a subida ao trono de D. José I em 1750, Sebastião José Carvalho de Melo foi nomeado primeiro ministro, passou a reunir muitos poderes e promoveu inúmeras reformas controvertidas até a morte do rei em 1777. Tais reformas eram reclamadas por um segmento da elite portuguesa que reconhecia o atraso de seu país frente às nações europeias. Durante sua administração, o primeiro ministro criou inúmeros conflitos com alguns setores poderosos, entre eles, a alta nobreza, que não desejava se tornar subserviente ao rei. A igreja católica, por sua vez, interferia constantemente nas decisões governamentais, criando muitos atritos. Por outro lado, a camada dos grandes comerciantes, a qual vinha se comprometendo com o apoio financeiro à monarquia, ganhava, paulatinamente, prestígio e poder frente à aristocracia rural. As medidas realizadas pelo primeiro ministro tinham o objetivo de proteger as suas possessões, indústrias e rendas existentes, uma vez que a corte portuguesa necessitava aumentar sua arrecadação, motivada pelo declínio da produção aurífera, desde a década de 1760, como também reconstruir Lisboa do gigantesco terremoto que a tinha destruído no ano de 1755.[84]

Em meados do século dezoito, a Espanha entrava em guerra com a Inglaterra e, por consequência, seus aliados, dentre eles Portugal e suas colônias, que passaram a ser alvos indiretos da guerra dos Sete Anos (1756-1763), tendo atingido indiretamente a América com conflitos acirrados entre Portugal e Espanha.

O governador de Buenos Aires, por ordem da Coroa espanhola, teve como incumbência invadir as terras do sul do Brasil, que pertenciam a seu inimigo, o monarca português, tendo surgido a necessidade do estabelecimento de uma política lusitana, cuja finalidade foi desenvolver o controle mais efetivo sobre as partes meridionais de sua mais rica colônia. A partir deste momento, as Companhias de Ordenanças foram criadas com este objetivo.[85] Na esteira do processo de militarização foi implantada uma política de incentivo à ocupação e ao crescimento populacional nas áreas fronteiriças. Tais medidas, associadas a um conjunto de reformas promovidas pelo então primeiro ministro Sebastião José de Carvalho Melo, futuro Marquês de Pombal, enquadravam-se no plano de modernização da organização militar, criando novos regimentos, bem como duas grandes Companhias de Comércio, a do Grão-Pará e Maranhão (1755) e a de Pernambuco e Paraíba (1759). Estas empresas tinham a finalidade de aumentar a produção e o comércio entre a colônia e a metrópole, bem como endurecer o controle sobre o monopólio de compra e venda de produtos coloniais, cuja finalidade era beneficiar os grandes comerciantes da metrópole, comprometidos com a política de incentivo ao comércio da monarquia portuguesa.[86] É neste momento que a capi-

---

84 Álvaro Teixeira Soares. *O Marquês de Pombal.* Brasília: Editora UnB, 1983, p. 131-140.

85 Veja os estudos de Heloísa Belloto. *Autoridade e conflito no Brasil Colonial: o governo de Morgado de Mateus em São Paulo (1765-1775).* São Paulo: Secretaria Estadual de Cultura/Ciências Humanas, 1978; e Nancy Leonzo. *As Companhias de Ordenanças na Capitania de São Paulo: das origens ao governo de Morgado de Mateus.* São Paulo: Coleção do Museu Paulista, 1977.

86 Kenneth Maxwell. *Marquês de Pombal: o paradoxo do Iluminismo.* Rio de Janeiro:

tania de São Paulo adquire autonomia administrativa, segundo Suely Robles Reis de Queiroz e Maria Thereza Schorer Petrone, tendo incentivado seu crescimento econômico, conduzido pelo comércio de açúcar em São Paulo.[87] No entanto, Peter Eisenberg, analisando as estruturas econômicas, chegou à conclusão de que "as transformações mais significativas no planalto paulista resultaram não tanto das dimensões administrativas, de esforços de burocratas ou de organizações do comércio marítimo, quanto da resposta aos estímulos que vieram de fora do Brasil".[88] José Ribeiro Júnior compartilha com este autor de pensamento semelhante, afirmando que o contrabando sempre tinha furado o monopólio das embarcações em relação aos portos do Rio de Janeiro e Salvador, imputando às medidas administrativas um papel secundário.[89] Segundo estes, teria sido a alta dos preços do açúcar no mercado internacional que teria estimulado a expansão da produção de cana-de-açúcar.

Dom Luís Antonio de Souza Botelho Mourão, o morgado de Mateus, nomeado governador da capitania de São Paulo entre 1765 e 1775, implantou a expansão do povoamento em assentamentos estáveis ligados à produção agrícola nas regiões de fronteira. Estes núcleos de povoamento foram estabelecidos através da organização de companhias de ordenanças, sendo cada bairro rural formado por um sargento-mor e um alferes que controlariam toda a população de lavradores e criadores. Deste modo, as tropas seriam formadas por súditos pagos através de soldos, como também por voluntários.[90]

Paz e Terra, 1996.

87 Suely R. Reis de Queiroz. "Algumas notas sobre a lavoura do açúcar em São Paulo no período colonial". In: *Anais do Museu Paulista*, vol. XXI, 1967, p. 129-30. Maria Thereza Schorer Petrone. *A lavoura canavieira em São Paulo*. São Paulo: Difel, 1968, p. 141.

88 Peter L. Eisenberg. "O surto do açúcar e o tamanho do fogo: Campinas, São Paulo, 1767-1829". In: *Homens esquecidos: escravos e trabalhadores livres no Brasil – séculos XVIII e XIX*. Campinas: Editora da Unicamp, 1989, p. 323-325.

89 José Ribeiro Júnior. *Colonização e monopólio no nordeste brasileiro: a Companhia Geral de Pernambuco e Paraíba (1759-1780)*. São Paulo: Hucitec, 1976. p. 138-9.

90 Belloto, *op. cit.*, p. 216.

Numa segunda etapa, após os "nobres da terra" terem se estabelecido nas suas datas de sesmarias, deveriam produzir lavouras e criações que resultariam em aumento dos rendimentos à monarquia e à proteção da região centro-sul do país, via criação de um cinturão protetor, tal qual o presidente dos EUA fará em relação à doação de terras às comunidades de mórmons, cujo intuito era proteger a fronteira sul dos espanhóis e mexicanos. Vejamos o que transparece nos dizeres de D. Luís Antonio ao Conde de Oeyras sobre os propósitos de seu governo na América portuguesa: "é sem dúvida, consolidar os domínios do Estado do Brasil, não só enquanto *defesa* e *segurança*, mas enquanto *economia* do mesmo Estado".[91] Dois anos depois, em outra carta, a política de povoamento e fundação de vilas ainda estava a pleno vapor: "foi servido mandar-me instruir que nas Aldeias dos Índios e nos outros lugares que se achassem mais próprios se fundassem vilas novas, na conformidade das ordens que o mesmo Senhor tem mandado expedir sobre esta matéria...".[92]

O governador posterior, Dom Antonio Manoel de Mello Castro e Mendonça, nomeado para exercer seu governo entre 1797 e 1802, reafirma a política de povoamento e fixação da população em carta encaminhada ao Conselho Ultramarino, ressaltando a necessidade de nomear novos oficiais para os postos vagos na câmara municipal: "Porquanto todos os meus antecessores, fundados nas ordens positivas que foram dirigidas a esta Capitania pelo Secretário de Estado, que então era o Conde de Oeyras, em data de 22 de julho de 1766, e outras que recomendam a *criação de novas vilas*, com seus competentes postos e oficiais da Câmara, não só, com efeito, as criarão, mas também passarão a nomear os respectivos oficiais deles".[93]

---

91 Carta ao conde de Oeyras, São Paulo, 13 de dezembro de 1766, DI, 1952, vol. 73, p. 88. Grifos meus.

92 Carta ao conde de Oeyras, São Paulo, 2 de fevereiro de 1768, DI, 1896, vol. 23, p. 383.

93 Carta ao Conselho Ultramarino dando os motivos porque criou o Posto de Capitão-mor da Vila de Santos na pessoa de Francisco Xavier da Costa Aguiar, São Paulo, 4 de fevereiro de 1800, DI, 1899, vol. 29, p. 187-188. Grifo meu.

O governador subsequente, Dom Martim Lopes Lobo de Saldanha, também recebeu ordens no sentido de continuar a implantação de novos povoamentos, os quais, na sua opinião, "não deveriam ser constituídos apenas por pessoas de posses e sim por aquelas que na paz cultivam solos, criam gados e enriquecem a terra com seu trabalho e na guerra com armas na mão defendem seus bens, casas e famílias das invasões inimigas".[94] Chamo a atenção do leitor para o estímulo e as ações que o governo português efetuou no sentido de povoar e colonizar as terras da região centro-sul do Brasil, reconhecendo também o apoio que deveria ser dado à população livre e humilde do império.

Neste sentido, o projeto de criação de milícias começado por D. Luís Antonio de Souza Botelho Mourão, através das reformas Pombalinas, inscreve-se num processo amplo, o qual se desdobrou em duas etapas: a militarização e segurança das regiões meridionais da América portuguesa e, simultaneamente, o povoamento e a criação de novas unidades agrícolas que deveriam assentar populações volantes com o objetivo de produzir riquezas, tendo em vista o declínio das rendas coloniais auríferas enviadas à Metrópole.

Depreende-se da leitura acima que não só a reorganização administrativa como também os preços favoráveis no comércio internacional estimularam o povoamento das áreas de fronteira, onde não havia assentamentos populacionais com cultivos de lavouras permanentes. Este conjunto de medidas visava à proteção militar, ao povoamento, mas, sobretudo, a geração de riqueza para os grupos mercantis da metrópole. Em alguns momentos foram os expedientes governamentais, em outros, as grandes famílias proprietárias tiveram um papel mais importante, no entanto, no que diz respeito à fronteira sudeste da América portuguesa, a ação da Coroa foi decisiva e influenciada pela configuração de forças políticas internacionais e pela existência de territórios ricos em pedras preciosas, os quais deveriam ser protegidos. Na época do bandeirantismo, houve uma

94 Leonzo, *op. cit.*, p. 223.

preponderância de iniciativa de grandes famílias poderosas, as quais tinham como objetivo a caça ao indígena, ao ouro e outros metais preciosos. As Entradas, por sua vez, eram resultado da determinação do governo português com objetivos econômicos semelhantes. Por outro lado, a ocupação territorial no Brasil se deu concomitantemente através da expansão do gado, o qual estava nos primeiros séculos vinculado à *plantation*. No entanto, à medida que o gado concorria com as terras da agricultura de exportação, foi sendo empurrado para o interior do continente.[95] Quanto mais adentrava o interior, mais próximo ficava da agricultura de subsistência. A escassez de pastagens também forçou o gado à procura de novos territórios.[96]

Outra forma de povoamento se deu mediante a penetração de um grupo social denominado campesinato marginal, praticante de uma agricultura que se caracterizava pelo autoconsumo e, às vezes, se inseria de modo fortuito com sua produção excedente no mercado local e regional, segundo a interpretação de uma tendência do pensamento sociológico no Brasil. Esta experiência teria se realizado, em especial, a partir do final do século XVIII, durante o XIX e o XX. Foram denominados de caipiras e/ou caboclos os quais eram vistos também como um exército de reserva de mão de obra para as *plantations* em momentos de expansão.[97]

Deslocamento do centro de poder em direção aos trópicos

Com a emancipação política do império, o governo provincial de São Paulo deu continuidade ao povoamento e à fundação de novas vilas, uma vez que o crescimento dos impostos recolhidos dependia, em grande medida, da expansão física e territorial da produção agrícola voltada para exportação. Por sua vez, as famílias também

95 Celso Furtado. *Formação econômica do Brasil.* 15ª ed. São Paulo: Companhia Editora Nacional, 1977, p. 54-60.

96 Caio Prado Júnior. *História econômica do Brasil.* São Paulo: Brasiliense, 1976, p. 41-46; p. 49-68.

97 Otávio Guilherme Velho. *Capitalismo autoritário e campesinato.* São Paulo: Difel, 1976, p. 137-147.

tinham interesse na ocupação de novas terras, posto que enfrentavam problemas como solos esgotados a leste, e ansiavam em ocupar novas áreas com unidades agrícolas geridas por seus filhos e netos. Em decorrência, a constituição e a preservação da classe formada por novas gerações de senhores de terras, assim como de pequenos e médios lavradores escravistas ou não escravistas dependiam das novas ocupações promovidas a oeste.[98]

O século XVIII trouxe a reorganização administrativa à Coroa portuguesa e à América tropical ao estabelecer diretrizes que deveriam dar forma centralizada ao poder do monarca. No plano mais geral europeu, Marx interpretou tal forma de governo como um processo protagonizado pela burguesia, enquanto Engels via um equilíbrio de poder entre a aristocracia e a burguesia. Para Perry Anderson, o fim da servidão na Europa não significou o desaparecimento das relações feudais, concluindo que o absolutismo "foi essencialmente um aparelho de dominação feudal alargado e reforçado, destinado a fixar as massas camponesas na sua posição tradicional".[99]

Pesquisas recentes, no entanto, ao reexaminarem as relações do governo português com seu vasto império, identificam a administração da Coroa como tendo uma constituição mais corporativa do que centralizadora ou absolutista.[100] Esta linha de raciocínio é coerente e tem pontos de convergência com as pesquisas que mostram o papel protagonista da classe senhorial em ocupar espaços dentro do aparelho de Estado brasileiro e fora dele, sendo ela, o principal agente de preparação e formação da elite administrativa tanto em Portugal como no Brasil imperial. Esta classe reafirmava, reproduzia e intro-

98 Dora Isabel Paiva da Costa. "Revisitando a sucessão matrilinear: povoamento colonial, elite agrária e família na primeira metade do século XIX: Campinas, São Paulo". *Estudos de História*, Franca/São Paulo, vol. 12, n. 2, 2005, p. 39-64.

99 Cf. Perry Anderson. *Linhagens do Estado Absolutista*. Porto: Afrontamento, 1984, p. 46-64.

100 António Manuel Hespanha. "A constituição do Império português. Revisão de alguns enviesamentos correntes". In: João Fragoso; Maria Fernanda Bicalho; Maria de Fátima Gouvêa (org.). *O Antigo Regime nos trópicos: a dinâmica imperial portuguesa (séculos XVI-XVIII)*. Rio de Janeiro: Civilização Brasileira, 2001, p. 163-188.

jetava valores tais como a pureza de sangue em relação àqueles que iriam servir a Sua Majestade na máquina administrativa.[101] Ser funcionário da Coroa implicava possuir um estilo de vida aristocrático à brasileira, seguir certas práticas comportamentais embebidas por uma visão de mundo que reforçava valores corporativos, típicos do estilo de vida senhorial, presentes na sociedade lusitana e, em certa medida, transplantadas, porém transformadas no cotidiano da vida da América tropical.

Muito embora estudo recente tenha mostrado que a Universidade de Coimbra ensinou aos estudantes brasileiros temas relativos às reformas via modernização das estruturas jurídicas e administrativas em Portugal, estes alunos, ao se tornarem o corpo técnico-administrativo da burocracia estatal, mantiveram a preservação das práticas de relações verticais, se distanciando dos padrões de comportamento baseado nas relações horizontalizadas fundadas nos princípios da igualdade política.[102] Nas palavras da autora: "Essa prática social dos brasileiros é uma tentativa de transformar as regras gerais em particularidades e de dar passagem à flexibilidade e à predominância do tratamento personalizado."[103] Tal personalização no trato da coisa pública é resultado das relações sociais e políticas que tiveram por base a família centrada na figura de seu patriarca, no período colonial, base esta que se transformará pouco a pouco no coronelismo que se manifestará no final do século XIX até a primeira metade do século XX em toda a sociedade brasileira.

Como o leitor pode observar, a burocracia brasileira inaugura a formação da nova nação, dando continuidade à prática das relações verticais, do tratamento personalizado e da flexibilidade das regras

101 Cf. Maria Beatriz Nizza Silva. *Ser nobre na colônia*. São Paulo: Editora Unesp, 2005. Veja também Laima Mesgravis. "Os aspectos estamentais da estrutura social do Brasil colônia". *Estudos Econômicos*, São Paulo, vol. 13, n. especial, 1983, p. 799-811.

102 Ruth Maria Chittó Gauer. "Fundamenta-se um moderno pensamento jurídico brasileiro". In: Elizabeth Cancelli (org.). *Histórias de violência, crime e lei no Brasil*. Brasília: Editora UnB, 2004, p. 41-76.

103 Gauer, *op. cit.*, p. 76.

gerais, moldando conceitos "à brasileira" sobre temas como sociedade civil, público e privado, reproduzindo, parcialmente, permanências que faziam parte das forças da tradição do Antigo Regime português. Para ser um funcionário da Coroa não só o indivíduo, mas a família, tinha que seguir certos preceitos como de limpeza de sangue, não possuir ascendência judia, nem moura ou negra, nem desenvolver atividades mecânicas ou comerciais. Mas, haviam exceções e o rei podia conceder a graça da recompensa (mercê) se os serviços prestados fossem considerados relevantes.

A retribuição Real sinalizava para o resto da sociedade qual tipo de comportamento seria aceito e recompensado e qual não seria pelas elites e seus subordinados. Deste modo, é plausível afirmar que a continuidade da presença de atitudes mentais e sociais permeadas por noções baseadas na clivagem social nobre/plebeu, de estilo senhorial, existiu durante todo o período colonial, sobreviveu no período imperial e desembarcou no regime republicano.

A compreensão do conceito de mercês é fundamental para entendermos as permanências presentes na máquina do Estado, pois, tal concessão perdurou durante todo o Brasil colonial na vigência do antigo regime português. Os serviços eram prestados pelos súditos de modo antecipado, sendo posteriormente avaliados pelos capitães generais e governadores, daí, o pedido era encaminhado ao monarca. Este avaliava a importância dos serviços prestados, os ganhos percebidos pela Coroa e a partir desta etapa a concessão dependia de sua vontade, sempre aconselhado pelos governadores e conselheiros do reino. Estes serviços eram, pois, realizados pela iniciativa privada, ou seja, na época pelas famílias que constituíam os poderes locais e compartilhavam ou não dos mesmos interesses da Coroa. Tais serviços eram bem vindos e necessários pois a Coroa precisava de parceiros para dar encaminhamento às atividades fundamentais do aparelho governamental. Deste modo, os poderes locais e as famílias de elite foram se fortalecendo com a ajuda do monarca e das instâncias superiores da máquina burocrática do governo.

Na segunda metade do século XVIII, ao critério da riqueza foi sendo adicionada a hereditariedade como condição de qualificação necessária à nobilitação. Os filhos dos comerciantes passaram a se casar com membros da elite fundiária, pois as novas diretrizes de Pombal favoreciam a entrada de comerciantes no seio da elite rural proprietária, uma vez que o governo lusitano necessitava dos lucros advindos das atividades comercial e agroexportadora.[104]

Com o passar dos anos, benesses e concessões continuaram sendo cedidas aos/pelos chefes políticos locais e coronéis a clientes e favorecidos à medida que o Estado, com sua máquina administrativa e quadros de funcionários, se constituia e se expandia no Brasil imperial e republicano.

O problema da terra e da mão de obra no Brasil

Nesta seção apresentarei de modo breve como se deram as reformas liberais no Império frente ao problema da mão de obra servil e à reorganização fundiária. Veremos como se deu a variedade de modos de acesso à terra pela classe de pequenos lavradores, seu caráter efêmero, o papel político da classe senhorial ao submeter o controle das terras ao mecanismo de compra e venda e aos cartórios, como também o projeto vencedor de um modelo de país e povo pensado por reformadores e políticos do século XIX.

A partir da segunda metade do século XVIII, com a aceleração do ritmo da produção agromercantil e das pressões externas, a tensão entre os vários grupos sociais aumentou: os índios que viviam na América portuguesa tiveram suas terras roubadas, aos escravos permitiu-se o cultivo para sua subsistência além da produção comercial, à população livre pobre restou a ocupação das franjas e interstícios nas fazendas da fronteira, formando pequenas roças num processo geral de acomodação

---

104 Elizabeth A. Kuznesoff. "A família na sociedade brasileira: parentesco, clientelismo e Estrutura Social (São Paulo, 1700-1980)". *Revista Brasileira de História*, São Paulo, vol. 9, n. 17, 1989, p. 50-54.

e articulação com a grande propriedade.[105] O acesso à terra tornou-se mais complexo e a população menos privilegiada conseguia estabelecer uma diversidade de relações sociais, as quais mediavam o acesso à terra. O aforamento, o arrendamento, a cessão dadivosa, possibilitaram a criação de grupos sociais variados, a exemplo do foreiro, do agregado, do morador, do arrendatário entre outros.[106]

Dois mecanismos acabaram prevalecendo em relação ao acesso à terra nas regiões do sudeste; o primeiro, presente nas áreas de fronteira, se constituía nas *posses* as quais estavam sujeitas às invasões conflituosas entre índios e brancos; o segundo, em *datas de sesmarias*, predominava nas zonas mais populosas, onde existia uma organização administrativa, social e econômica mais definida.[107]

Muito embora a posse existisse desde o período colonial e convivesse de forma paralela à concessão de sesmarias, o grupo de pequenos lavradores foi o que teria mais praticado a "posse mansa e pacífica" do ponto de vista quantitativo para produzir alimentos à sua subsistência e integrando-se à economia agroexportadora, mediante a inserção em circuitos comerciais locais e regionais.[108] No entanto, também havia interesse das autoridades governamentais em dar continuidade ao apossamento, uma vez que colaborava com os interesses gerais da metrópole, pois ocupava terras disponíveis,

105 Vera Lúcia Amaral Ferlini. "A questão agrária no pensamento reformista luso-brasileiro do século XVIII: estrutura fundiária, legislação territorial e proposta de mudanças". In: Maria Fernanda Bicalho & Vera Lúcia Amaral Ferlini. *Modos de governar: idéias e práticas políticas no Império Português, séculos XVI e XIX*. São Paulo: Alameda, 2005, p. 301-302.

106 Iraci Del Nero da Costa. *Repensando o modelo interpretativo de Caio Prado Júnior*. São Paulo: NEHD-FEA/USP, 1995, p. 7.

107 Nelson Nozoe. *Sesmarias e apossamento de terras no Brasil colônia*. Disponível em: <http://www.anpec.org.br/encontros2005/artigos/A05A024.pdf>, p. 12.

108 Cf. Nelson Werneck Sodré. *Oeste: ensaio sobre a grande propriedade pastoril*. Rio de Janeiro: José Olympio, 1941, p. 1990; Costa Porto. *O sistema sesmarial*. Brasília: Editora UnB, 1979, p. 28; Ruy Cirne Lima. *Pequena história territorial do Brasil: sesmarias e terras devolutas*. Porto Alegre: Sulina, 1954.

produzia gêneros alimentícios e deslocava a população perigosa para os confins da colônia.[109]

Lígia Osório entende que o posseiro foi também o grande proprietário, não apenas o pequeno lavrador, como se pode ler a seguir: "[...] o termo posseiro não se refere apenas (nem principalmente) ao pequeno lavrador sem recursos [...] foram os grandes fazendeiros de café, do algodão, da maniçoba, do cacau, os criadores de gado". Conclui que a existência do latifúndio e da grande exploração agrícola não constituía sobrevivência do passado, mas foi continuamente recriada durante o século XIX mediante as formas de apossamento.[110]

As novas propriedades rurais que se formaram na nação emergente pós-emancipação passaram a depender da costumeira "mansa e pacífica posse", da compra e venda, da herança, ou ainda, da doação de datas de terras realizadas pelas câmaras municipais.[111] Com o advento da república, as posses continuaram e a administração das terras devolutas passou às mãos dos estados da federação, resultando na "ausência de uma política de apoio ao desenvolvimento da pequena propriedade e as condições imperantes no campo contribuíram, para que, na prática, o Estado republicano excluísse da propriedade de terra uma parcela importante da população e assegurasse mão de obra barata e abundante a outra parcela proprietária."[112]

Ao conquistar a emancipação, a nova nação que emergia passou a articular um arranjo político no qual reforçou os fundamentos da economia e da sociedade através do apoio à expansão das *grandes propriedades*, da *produção escravista*, consolidando as elites que estariam no poder até a República, muito embora, o Estado brasileiro tenha implantado mecanismos reguladores de natureza liberal, como a lei de locação de serviços e outras que implantaram a abolição da

109 Maria Thereza Schorer Petrone. "Aspectos da rede fundiária em São Paulo no século XIX; o problema das posses". In: A*nais da Semana de Estudos de História Agrária*. Assis: Unesp/Instituto de Letras, História e Psicologia, 1982, p. 11-29.

110 Lígia Osório Silva, *op. cit.*, 1996, p. 337.

111 Costa Porto, *op. cit.*, p. 139.

112 Lígia Osório Silva, *op. cit.*, 1996, p. 337.

escravatura de modo gradual, passando a intervir nas relações entre os senhores e seus cativos.[113]

O governo central e a sua burocracia tiveram de encaminhar politicamente inúmeras tarefas de caráter urgente: resolver o grande problema da substituição da mão de obra cativa de que tanto reclamavam os grandes cafeicultores, implantar várias reformas liberais, entre elas a lei de terras, a qual teria a finalidade principal de suprir trabalho para a grande lavoura de café e, ao mesmo tempo, criar garantias de crédito para financiamento da lavoura, uma vez que finda a escravidão, os proprietários rurais necessitariam revalidar suas sesmarias e legitimar suas posses através de medição e de pagamento do imposto territorial para então ter acesso a empréstimos bancários.[114]

Em meados do século XIX, o problema da terra apresentava-se atrelado ao encaminhamento da solução da questão da mão de obra cativa que interessava, sobretudo, aos proprietários das grandes lavouras, em especial, do café, e tais questões políticas foram equacionadas no bojo dos debates das reformas liberais entre o segundo e terceiro quartéis daquela centúria.

Muito embora para alguns autores tais reformas tivessem o propósito de criar um mercado de terras e de trabalho livre, outros foram mais além e entenderam que a gestação do capitalismo brasileiro só se viabilizou a partir da criação da propriedade privada plena da terra.[115] Para os pequenos lavradores, constata-se que tais reformas só agravaram sua situação, uma vez que a posse passou a ser utilizada também pelos grandes fazendeiros que continuavam a lidar com expedientes espúrios do passado, tal como a grilagem, usada como meio para legalizar as terras.[116] No entanto, esta discussão sobre o

113 Ferlini, *op. cit.*, p. 304, 305, 307.

114 José Murilo de Carvalho, *op. cit.*, especialmente, capítulos 2 e 3. Ver também Lígia Osório Silva, *op. cit.* p. 95-165.

115 Veja a discussão em Lígia Osório Silva, *op. cit.*, 2001, p. 56-67; João Manoel Cardoso de Mello. *O capitalismo tardio*. São Paulo: Brasiliense, 1982.

116 Monbeig, *op. cit.*, p. 143.

surgimento do mercado de terras é relativizada por historiadores que constataram que tal mercado já existia de modo informal e o que a lei fez foi apenas reconhecê-lo e legitimá-lo.[117]

Uma vertente interpretativa, ao analisar a formação do patronato político, compreendeu nestas propostas de reformas um movimento mais preocupado com o fortalecimento da centralização do Estado através do Partido Conservador contra a classe dos proprietários rurais liderada pelo Partido Liberal.[118] No entanto, para a fronteira paulista que estava sendo rapidamente ocupada, esta lei de terras serviu muito mais aos seus interesses, enquanto que o grupo agrícola carioca, que entrava em decadência com suas terras esgotadas, se tornava marginalizado.[119]

Dados empíricos coletados dos Registros Paroquiais de Terras de Araraquara, relativos aos anos de 1850-1866, referente à minha pesquisa, anterior apontam que 45% dos titulares de terras declarados nos registros desta região – que então se constituía em fronteira –, indicaram tê-las adquirido por meio de compra, enquanto em Campinas e Ubatuba, regiões de povoamento mais antigo, com características diferentes – a primeira agroexportadora e a segunda camponesa –, apresentaram 37% e 27%, respectivamente, no mesmo período e no mesmo tipo de documentação. Estas informações evidenciam a existência de um anterior mercado informal, o qual foi composto por lavradores mais pobres que se apossavam de terrenos e os vendiam posteriormente aos agricultores de maiores recursos, ou, muitas vezes eram de lá expulsos sem maiores condições de permanecer no local.[120] Ao fim do sistema sesmarial, na segunda década

117 Horácio Gutiérrez & Maria Aparecida de Souza Lopes, *op. cit.*, p. 321-350.

118 Raimundo Faoro. *Os donos do poder: formação do patronato político brasileiro.* 6ª ed. Porto Alegre: Globo, 1984.

119 Alberto Passos Guimarães. *Quatro séculos de latifúndio.* Rio de Janeiro: Paz Terra, 1981.

120 Dora Isabel Paiva da Costa. "Fronteira, mercado interno e crescimento da riqueza no Brasil, século XIX". *Anuario IEHS*, n. 23. Tandil: Argentina/Universidad Nacional Del Centro, 2008, p. 285-303. E da mesma autora: *Estudo sobre os Registros*

do século XIX, calcula-se que 20% da propriedade fundiária teria sido formada por este instrumento.[121] Se tais estimativas têm força descritiva, a configuração da propriedade no Brasil se deu mediante um quadro caótico protagonizado por senhores usurpadores de terras.

Do ponto de vista das diferenças regionais, a discussão da lei de 1850, no parlamento brasileiro, evidenciou a existência de grandes divergências políticas a serem encaminhadas. No nordeste, os senhores de terras não estavam muito preocupados com a falta de mão de obra, pois lá, segundo demonstrou Peter Eisenberg, seus principais problemas diferiam dos do sudeste.[122] A maior quantidade de queixas vinha dos produtores de café, que mencionavam a falta de mão de obra para tocar suas lavouras em constante expansão. Para estes, a principal solução deveria ser a imigração estrangeira concomitantemente com a restrição de acesso à terra via mecanismo de compra e venda. Um encaminhamento diferente ao proposto pelos paulistas, entretanto, se deu através da solução encontrada pelos grandes plantadores de Minas Gerais, no qual a questão foi resolvida com o próprio trabalhador nacional.[123] No sul do país, outro modelo se instalou com a presença de inúmeras colônias de pequenos proprietários agrícolas, as quais tiveram êxito em províncias como Rio Grande do Sul e Santa Catarina.[124]

Paroquiais de Terras dos 'Campos de Araraquara', 1855-66. Relatório de Pesquisa apresentado ao Departamento de Economia da FCL/Unesp, Araraquara, mimeo., fev. 2004.

121 Nozoe, *op. cit.*, p. 20.

122 Peter Eisenberg. *Modernização sem mudança: a indústria açucareira em Pernambuco, 1840-1910.* São Paulo: Paz e Terra, 1977, p. 201-234.

123 Anna Lúcia Duarte Lanna. *A transformação do trabalho.* Campinas: Editora da Unicamp, 1988.

124 Horácio Gutierrez & Maria Aparecida Souza Lopes. "Legislación agraria y tenencia de la tierra en el Brasil decimonónico: La ley de tierras de 1850". In: Sara Ortelli & Hector C. Hernández Silva (orgs.). *America en La epoca de Juarez.* Mexico: Universidad Autonoma Metropolitana/Universidad Bento Juarez e Oaxaca, 2007, p. 321-350.

Nos EUA, o caminho percorrido foi a explosão da guerra civil no tocante ao problema da mão de obra servil. O norte acabou submetendo o sul ao seu modelo. No entanto, o século XIX representou para parte da população imigrante a possibilidade de ter acesso à terra com o auxílio de várias ações do governo norte-americano.

E o que pode ser dito da concentração de terras e de escravos no Brasil e EUA? Os registros de terras no Brasil são tardios e informam pouco sobre a posse de terras quando comparados à qualidade das informações dos norte-americanos. A existência de registros de impostos, tão largamente usados pelo historiador sulista Frank Owsley, exprime o quanto a força da burocracia estatal norte-americana estava preparada e em condições de implementá-lo, e a população predisposta a pagá-lo. A ausência destes registros no Brasil indica diferenças abissais entre as condições das burocracias estatais e as grandes diferenças ideológicas entre grupos agrários presentes nos dois países.

No Brasil, a imigração não ajudou a restabelecer o equilíbrio em direção ao fim de grandes desigualdades sociais, pois esta foi direcionada, em grande medida, às áreas rurais, à região cafeeira, nas *plantations*. Deste modo, os imigrantes não tiveram a oportunidade de se tornar proprietários, mas, meros colonos, que eventualmente, vendiam produtos de subsistência aos mercados, sem contribuir para a formação de uma classe média produtora e consumidora. A média salarial tornou-se mais baixa, assim como seu poder aquisitivo enquanto grupo social. Desta forma, a imigração influenciou de modo a rebaixar os salários praticados na agricultura. Nos EUA, os imigrantes evitaram as áreas rurais e se concentraram nas urbanas, tornando-se consumidores em potencial e fornecedores de mão de obra para setores que cresciam de modo vertiginoso: a indústria e o comércio. As áreas urbanas do sul forneciam maiores mercados aos bens industrializados do que as áreas urbanas brasileiras. Os censos brasileiros não diferenciavam com segurança as regiões urbanas das rurais, uma vez que eram realizados em consórcio com a Igreja, não sendo possível apontar o grau de concentração da população no mundo urbano. No entanto, viajantes de época indicam o quanto eram sonolentas e acanhadas as vilas de natureza mais citadinas, onde não havia dinamismo comercial com lojas estabelecidas, mas apenas vendedores individuais viajantes do tipo mascates e andarilhos. A existência de uma agricultura formada por *farmers* (*yeomen*) no sul, onde o poder de compra era bem maior do que a de seu possível homólogo no Brasil não teve equivalente entre nós e, frequentemente, aqueles estavam inseridos no mercado doméstico em constante expansão quantitativa e de nível de renda.[125]

O poder político de pequenas cidades do Velho Sul norte-americano, assim como de sua classe média, foi significativo. Por volta de 1860 não era apenas o homem de recursos que podia votar, mas quase todo homem adulto livre. Os analfabetos votavam nos EUA, enquanto no Brasil, só proprietários podiam fazê-lo. Porém, quando o sul é contrastado ao Brasil, uma imagem surpreendente surge, pois seria impossível apontar ou imaginar algo semelhante, onde lavradores livres constituíssem uma classe média, com considerável poder político, sustentado pelo voto, mesmo nas primeiras décadas do século XX.[126]

No Brasil, a recém instalada República largou a população pobre à sua própria sorte e às vicissitudes dos grandes proprietários, que, via de regra, falsificavam documentos relativos à posse da terra. Como diz Pierre Monbeig: "Até a década de 30 [do século XX], foram os grandes fazendeiros, os dirigentes de São Paulo. Confundia-se o interesse coletivo com o de classe. Este fato sociológico liga-se à geografia do movimento pioneiro. Os problemas de mão de obra e, consequentemente, o povoamento, os das vias de comunicação, os dos preços foram considerados e tratados acima de tudo, em função dos interesses dos fazendeiros. A marcha pioneira foi primeiramente

125 Richard Graham. "Slavery and economic development: Brazil and United States South in the nineteenth century". *Comparative Study of Society and History*, Cambridge, 1981, p. 648-649.

126 *Ibidem*, p. 649-50.

assunto deles".[127] Em outras palavras, a fronteira foi dominada pelos interesses dos grandes proprietários.

Até os fazendeiros detentores de unidades de tamanho médio também compartilhavam da mesma ideologia dos grandes, sonhavam em tomar posse de latifúndios, os quais não davam conta de cultivá-los em sua totalidade, subordinando uma ampla massa da população agregada aos seus domínios, criando e recriando clientela política, reclamando da eterna falta de mão de obra para suas lavouras ao governo provincial e central, com a finalidade de promover a especulação dos preços das terras para a ampliação de seu capital fundiário.[128]

No entanto, vários incentivos do governo norte-americano possibilitaram às famílias mais pobres tomarem posse da terra nas quais após alguns anos de cultivo e construção de benfeitorias, conseguiam o título de propriedade. A ausência do Estado brasileiro deixou uma dívida gigantesca para com os milhões de lavradores pobres que não conseguiram legalizar suas parcelas e foram, ao longo da história, se transformando na grande parte da população segregada nos mocambos e cortiços das periferias dos centros urbanos da primeira metade do século XX.

A ausência da ação do governo brasileiro em preservar os interesses da camada intermediária constituída pelos pequenos e médios agricultores revela uma identidade de visão com o mundo senhorial, na qual não colocava em seu horizonte político a preservação de uma forte classe média rural capaz de protagonizar – enquanto fiel da balança – um equilíbrio entre um modelo senhorial e outro liberal formado por pequenos e médios proprietários.

A apropriação do espaço e do poder local

Uma influente corrente do pensamento social compreende o poder local no Brasil colonial como resultado da ação do poder privado

---

127 Pierre Monbeig. *Pioneiros e fazendeiros de São Paulo*. São Paulo: Hucitec, 1998, p. 141-145.

128 *Ibidem, passim*.

constituído pelas grandes famílias de prestígio social, prescindindo em grande medida da ação do Estado português.[129] Tal ausência do aparelho de Estado gerou o sistema de patronagem política.[130] Depreende-se que para esta linhagem de pensamento, a ação do Estado pouco teria contribuído no sentido da expansão territorial, a qual teria ficado submetida às vicissitudes imediatas dos donos das grandes propriedades rurais, os quais buscavam recompensas (mercês) que estavam condicionadas à prestação de serviços que interessavam à Coroa. Neste sentido, os interesses individuais, privados e de família, estavam entrelaçados à política geral de colonização da Coroa portuguesa.

Sérgio Buarque de Holanda, refletindo sobre a organização do espaço no Brasil colonial, definiu a experiência portuguesa como tendo realizado uma ocupação de formato linear e curvilíneo, seguindo sempre as determinações da geografia física dos terrenos, muito embora ele mesmo tenha reconhecido algumas exceções, quadrangulares, contrastando com a dos povos espanhóis que teriam desenhado um povoamento de natureza e formato geométrico. Denominou tais experiências de modos de "semeador" e "ladrilhador".[131] Num trabalho clássico, Néstor Goulart, entre outros autores, enfatizou a presença de traçados geometrizantes na ocupação urbana brasileira,[132] embora outros tenham reconhecido a pouca importância destas experiências urbanas no Brasil.[133]

---

129 Cf. Maria Isaura Pereira de Queiroz. "O mandonismo local na vida política brasileira". *Anhembi*, 24 (71-72), 1956, p. 253-273; 480-507. Nesta linha interpretativa também: Nestor Duarte. *A ordem privada e a organização política nacional.* São Paulo: Nacional, 1966.

130 Cf. Francisco José de Oliveira Viana. *Populações meridionais do Brasil.* São Paulo: Monteiro Lobato, 1922.

131 Sérgio Buarque de Holanda. *Raízes do Brasil.* 15ª ed. Rio de Janeiro: José Olympio, 1982, p. 61-100.

132 Paulo F. Santos. "Formação de cidades no Brasil colonial". *Actas do V Colóquio Internacional de Estudos Brasileiros*, Coimbra, vol. V, 1968; Nestor Goulart Reis Filho. *Contribuição ao estudo da evolução urbana no Brasil (1500-1700).* São Paulo: Pioneira, 1968.

133 Robert C. Smith. "Colonial towns of spanish and portuguese America". *Journal of*

Para vários autores norte-americanos, entre eles Richard White, o modelo de organização do espaço nas regiões de fronteira nos EUA deve ser entendido como resultado de uma sensibilidade moderna permeada por valores iluministas.[134] O que interessa neste olhar comparativo não é escrutinar as formas espaciais de povoamento, mas, sobretudo, apontar algumas experiências brasileiras e norte-americanas com a finalidade de compreendê-las através do contraste.

No final do século XVIII, a então reconhecida fronteira do nordeste rural brasileiro, denominada Mata Sul, era uma região tradicionalmente disputada por seu potencial de fertilidade à produção da cana-de-açúcar e se localizava entre as províncias da Paraíba e Pernambuco, se constituindo em espaço o qual foi sendo apropriado por grupos sociais que competiam entre si, resultando numa forma específica de organização do solo. Os lugares onde perdurou a ocupação por mais tempo, desde o primeiro século do período colonial, estavam se tornando cada vez mais complexos, formados por uma gama de estratos sociais menos privilegiados, mediante o estabelecimento de uma diversidade de relações socias, as quais mediavam o acesso à terra. Tais segmentos sociais eram compostos por figuras diversas tais como foreiros e arrendatários.[135]

A seguir apresentaremos outras formas de organização fundiária e espacial, as quais foram sendo disputadas e apropriadas pela ação de diversos grupos sociais, entre eles: os particulares, a Coroa (Estado), as ordens religiosas, os cativos fugidos (quilombolas) e os aldeamentos indígenas.[136]

---

the Society of Architectural Historians, Filadelfia, 14 (4), 1955.

134 Cf. White, *op. cit.*, p. 137-139.

135 Cf. também o ensaio de interpretação do professor Iraci Del Nero da Costa, *Repensando o modelo interpretativo de Caio Prado Júnior*. São Paulo: NEHD-FEA/USP, 1995, p. 7.

136 Carmelo Ribeiro do Nascimento Filho. *A fronteira móvel: os homens livres pobres e a produção do espaço da Mata Sul da Paraíba (1799-1881)*. Dissertação (mestrado em Geografia) – UFPB, João Pessoa, 2006, p. 136. Para uma magnífica análise sobre a disputa entre grupos sociais no período colonial veja: Regina Célia Gonçalves. *Guerras e açúcares: política e economia na Capitania da Parayba, 1585-1630.*

As terras de particulares eram organizadas por grandes proprietários agrícolas que cultivavam lavouras para exportação, sendo as mais férteis e valorizadas. As grandes sesmarias concedidas no século XVI até o início do XIX foram sendo paulatinamente fragmentadas, como mostram os registros anotados por João de Lyra Tavares, uma vez que os mesmos não se apresentavam mais em léguas, e sim em braças, quando da confecção dos registros paroquiais.[137] O retalhamento foi resultado de partilhas de heranças entre várias gerações de sucessores, assim como da venda de partes das glebas originais para liquidação de dívidas contraídas.

Nesta época, as terras devolutas da Mata Sul da Paraíba já tinham sido quase totalmente ocupadas, restando poucas terras públicas. Na região do novo oeste paulista, o que hoje se constitui em zona central do Estado, o padrão foi de apropriação de terras devolutas por parte dos grandes proprietários nas áreas de fronteira aberta onde o café, produto de exportação, altamente valorizado, se expandia.

Com o endividamento dos senhores de engenho da Mata Sul, no período de declínio dos preços do açúcar, os comerciantes tornaram-se importantes agentes organizadores do espaço, uma vez que estes passaram a negociar as terras dos engenhos. Neste momento, os senhores de engenho que passavam os invernos em seus sobrados na capital, pouco a pouco assistiram os comerciantes-proprietários e funcionários públicos passarem os verões nas terras de recreio no interior da província, a partir da segunda metade do século XIX, como assinala Nascimento Filho.

A figura do senhor de engenho vai paulatinamente desaparecendo, bem como seus cativos, que passam a ser vendidos para as lavouras mais dinâmicas do sudeste do país. Pequenos sítios pululavam em lugares onde homens livres pobres trabalhavam e moravam em casebres em substituição aos cativos. As povoações de Cruz do

Bauru: Edusc, 2007, especialmente, o capítulo 3.

137 Cf. Nascimento Filho, *op. cit.*, 2006, especialmente o capítulo 2; João de Lyra Tavares. *Apontamentos para a história territorial da Parahyba.* Edição fac-similar. Coleção Mossoroense, vol. CCXLV, 1982.

Espírito Santo e Cruz das Armas, hoje periferia do município de João Pessoa, se situavam na estrada que se dirigia à cidade do Recife, e, constituem evidências em documentos coevos da presença desta população, a qual, na época, já se encontrava despossuída, reinserindo-se no processo de reorganização espacial da Mata Sul da Paraíba, no momento de declínio da classe dos senhores de engenho.[138]

As terras constituídas por mangues, beiras de rios e riachos, terrenos da marinha, pedaços encravados e os baldios urbanos, se tornaram objeto de pouca atenção e disputas. Em geral, eram apossadas por homens pobres livres que viviam da coleta de caranguejo, crustáceos, moluscos, da pesca de frutos do mar, do cultivo de pequenas roças e da criação de pequenos animais domésticos.

As terras públicas da Mata Sul da Paraíba, segundo os registros paroquiais de 1854-56, eram poucas. Nascimento Filho encontrou dois ofícios emitidos pela Repartição Geral de Terras. Um deles solicita especial atenção aos aldeamentos indígenas e, o outro, aos usos da ação humana produzida sobre a terra. Destacam-se aí, as terras de mata virgem, as de capões, as de derrubadas, as de capoeiras, as de roçados, as de campos e as de queimadas. Neste momento, a Coroa Imperial passou a reconhecer os direitos de antigos sesmeiros e posseiros e o Estado perdia paulatinamente as terras que outrora lhe pertencia.[139] Quando necessitou construir fisicamente os prédios para instalar a burocracia do novo governo imperial recém implantado, as autoridades provinciais tiveram que arcar com os custos de comprar ou arrendar terras de particulares. Isto aconteceu quando foi preciso realizar a construção do cemitério público, da cadeia pública e das repartições do governo imperial. Nesta ocasião, no final da década de 1850,

---

138 Cf. Nascimento Filho, *op. cit.*, 2006, p. 143, 146 e *passim*.

139 Cf. a interessante análise de Sebastião Neto Ribeiro Guedes. "Análise comparativa do processo de transferência de terras públicas para o domínio privado no Brasil e EUA: uma abordagem institucionalista". *Revista de Economia*, vol. 32, n. 1, ano 30, 2006, p. 7-36.

o Estado aparece nos registros paroquiais como comprador do então valorizadíssimo solo urbano, o qual outrora lhe pertencia.[140]

Nos EUA, o governo federal ao vender os lotes aos interessados, criou um cadastro geral e, a partir dele, arrecadou fundos de significativa monta. Em consequência, implantou uma política de amplitude nacional, estabelecendo uma organização homogênea e nacionalizada da estrutura fundiária, onde recriavam-se, no cotidiano das populações, os princípios e valores republicanos, ao se destinar áreas específicas para escolas laicas e universidades públicas. A cultura repubicana, portanto, se viabilizava enraizando-se também na cultura material, nas estruturas físicas que comportavam e alimentavam o livre debate e a sinergia resultante deste processo.

No Brasil o governo abdicou e se omitiu de suas prerrogativas, uma vez que sua organização burocrática manifestava fraqueza ao lidar com a queda de braços e os interesses do grupo político dos grandes proprietários de terras.

As terras dos patrimônios religiosos. A religião católica era a oficial na colônia e no Império, não havendo grandes disputas por arregimentação e recrutamento de fiéis, como acontecia entre as diversas religiões cristãs nos EUA. O Estado e a Igreja católica continuaram ligados pela instituição do padroado até final do século XIX, quando emergiu a chamada Questão Religiosa, em razão dos bispos de Olinda e do Pará desobedecerem às determinações do Imperador e seguirem às do Papa.

Nos períodos colonial e imperial, a criação de uma paróquia ou freguesia dependia da doação de bens pela Coroa ou por particulares, os quais formariam um patrimônio que produziria rendimentos para a sobrevivência do padre e o custeio da prestação de serviços religiosos. Este patrimônio era constituído de casas de aluguel e terras aforadas. Os mais antigos, em geral, mas nem sempre, foram doados pela Coroa portuguesa; os mais recentes, criados no século XIX, se constituíram em doações de particulares interessados na autonomia

140 Cf. Nascimento Filho, *op. cit.*, p. 138.

eclesiástica da região que controlavam, pois a partir dela poderiam exercer o domínio sobre a política e a justiça. Não podemos deixar de assinalar que os senhores de engenho mais poderosos do nordeste costumavam construir capelas dentro de seus domínios, como descreveu Gilberto Freyre em seu livro Casa-Grande e Senzala.

As terras, plantações e casas também eram doadas a santos e santas por devotos, os quais eram administrados por irmandades e ordens religiosas. Os sítios ou partidos de cana deveriam ser arrendados, as casas alugadas e seus rendimentos investidos na manutenção da capela ou igreja.

Algumas doações realizadas às capelas tinham o objetivo de rezar um número pré-determinado de missas pela alma do falecido ou pela de quem ele determinasse. Uma vez realizada a vontade do doador, esses bens poderiam ser alienados e, quando vendidos, sua renda deveria ser revertida para o sustento da igreja. Nestes casos, as terras doadas não eram extensas e, por isso, eram aforadas a homens livres pobres, cuja renda mantinha a igreja a que estava vinculado tal legado.[141] As terras da igreja eram também formadas por patrimônios das famílias de posses no momento em que seus filhos se ordenavam padres ou suas filhas se internavam num convento. Tais doações apareciam registradas nos testamentos e inventários de pessoas falecidas que entregavam parte de seus bens em homenagem a santos, santas, capelas e igrejas, os quais passavam a ser administrados pela Igreja secular e irmandades religiosas.

Quando o povoamento de uma região atingia certo número, os homens mais poderosos e prestigiados do lugar buscavam criar uma freguesia ou uma paróquia para que a população pudesse usufruir dos sacramentos católicos, tais como o batismo, o matrimônio, a extrema-unção e os serviços litúrgicos. Na América Portuguesa, uma povoação que tivesse mais ou menos 4.000 fogos (residências), teria,

141 Veja: "Relação de encapelados que se encontravam registrados nos livros cartoriais até a data de 20 de abril de 1841, conforme atesta o escrivão da Provedoria José Francisco de Moura, a mando do Juiz do Civil e Provedor das Capelas Antonio Thomas de Luna Freire". Arquivo Público do Estado da Paraíba, Caixa 032, 1854, *apud* Nascimento Filho, *op. cit.*, p. 150.

em média, 20.000 habitantes, o suficiente para torná-la candidata à elevação à categoria de vila. Nesta condição, a mesma teria o direito de possuir autonomia política, jurídica e financeira suficiente para eleger uma Câmara de Vereadores.

As irmandades presentes na história da Paraíba se constituíam em quatro: carmelitas, beneditinos, jesuítas e franciscanos. A Santa Casa de Misericórdia era a mais prestigiosa, tinha natureza caritativa e funcionava como hospital, manicômio de loucos, criação de crianças enjeitadas e sepultamento de indigentes. Fundada ainda no século XVI, congregava a elite de proprietários rurais que tinham assento no seu conselho administrativo. Recebia ajuda financeira da Coroa portuguesa e, no Segundo Império, possuía uma dotação orçamentária regular. Um breve relato da história administrativa dos bens da irmandade indica descaso no trato do seu patrimônio fundiário. Muitas terras se encontravam mal demarcadas, em litígio.[142] As terras que se encontravam na região fértil da várzea foram doadas por senhores de engenho e, em seguida, aforadas a homens livres pobres. Em geral, estas eram de pequenas dimensões e espalhadas. Muitas vezes chegavam a formar povoações de despossuídos que trabalhavam a jornal nas lavouras de cana em momentos de maior demanda de trabalho.[143]

A terra dos quilombolas. Dois quilombos foram identificados na região da Mata Sul da Paraíba. Um era denominado Paratybe e, o outro, Guajú. O primeiro localizava-se no termo da capital, no trajeto que ficava entre a Cidade da Paraíba e a de Recife. Neste lugar, pequenos comerciantes e viajantes eram frequentemente atacados, de onde partiram inúmeras denúncias que foram registradas pelas autoridades policiais locais.

O segundo ficava na vila do Conde, próximo também da capital. A documentação encontrada por Nascimento Filho se refere a três registros que foram declarados por posseiros, entre eles, os do mulato João José Pereira de Carvalho, relativos à terras outrora doadas por

142 Cf. Nascimento Filho, *op. cit.*, 2006, p. 151-153.

143 Cf. João de Lyra Tavares, p. 46, 271, 274 *apud* Nascimento Filho, *op. cit.*, p. 154.

proprietários portugueses aos Carmelitas, ainda no século XVII. Estas propriedades eram habitadas quase que exclusivamente por negros e originaram os bairros de mesmas denominações, referências presentes em documentos oficiais do século XIX. O autor conclui que "... as fontes não esclareçam como, [os quilombolas] foram não só importantes agentes produtores do espaço, como também se tornaram proprietários do disputado solo da Mata Sul da Paraíba".[144]

As terras de aldeamentos indígenas aparecem nos registros paroquiais referentes ao ano de 1856, compilados por João de Lyra Tavares. Bernardino José de Sena declarou seu sítio de terras e coqueiros na praia do Guagirú e indicou a presença de três povoados indígenas que cercavam a cidade da Paraíba. Eram eles: Taquara, Alhandra e Jacoca. Faz alusão também ao litígio de terras que havia entre os índios tabajaras e grandes proprietários, uma vez que nesta região havia meia dúzia de engenhos e uma data de terras pertencentes aos tabajaras estabelecidos em Jacoca, e, o restante, havia sido doado aos patrimônios das vilas mencionadas e aforado aos demais indígenas.

No século XVIII estas terras haviam sido oferecidas aos homens livres pobres e aos caboclos para serem cultivadas. Em um documento de 24 de março de 1800, o Desembargador apelava para a expulsão destes últimos por entender que corrompiam com seus costumes os indígenas. Entretanto, tais caboclos continuaram a conviver com os indígenas durante décadas, e tal convivência resultou em queixas recebidas por autoridades do Ministério da Justiça, da Agricultura, Comércio e Obras Públicas e da Secretaria de Demarcação de Terras Públicas.

Estas queixas levaram o Imperador a extinguir os aldeamentos e distribuir as terras em pequenos lotes individuais às famílias indígenas lá residentes. No entanto, a existência de grande dificuldade em legalizar a propriedade individual, levou-os a solicitar interferência de proprietários da região que, ao se predisporem pagar a demarcação, tornaram-se titulares das terras. Os índios não souberam como

144 Cf. Nascimento Filho, *op. cit.*, p. 158.

se defender desta astúcia de ricos proprietários que dominavam a lei e a língua e fingiam-se de desinteressados e generosos.[145]

Na segunda metade do século XIX, os índios e os homens livres pobres estavam em condição semelhante, sem terras, sem capital, totalmente despossuídos, passaram a ser recrutados sistematicamente para o exército, a marinha e como mão de obra barata para os trabalhos da lavoura.

E no mundo urbano... no século XVII, na cidade de Salvador, Bahia, vários textos legais foram repetidamente reeditados no sentido de regulamentar a expansão urbana. Mapas e representações cartográficas, tanto portuguesas quanto holandesas, mostram um crescimento livre da ocupação para além de seus muros. Interpretando este fenômeno, Paulo Cezar Garcez Marins diz: "Essa tensão entre duas formas de traçado radicalmente distintas inseridas em uma mesma cidade inscreve-se num campo de forças estabelecido entre as autoridades administrativas da Coroa e as práticas sociais realizadas pelos súditos vinculados à cidade capital". E completa: "A insistência na reedição de posturas com o mesmo teor permite entrever se não a fraqueza das autoridades, ao menos sua leniência em fiscalizar aquilo que, afinal, era visível aos olhos de todos: uma construção irregular ao alinhamento da rua."[146] Mais adiante, em alusão à falta de proteção contra os inimigos externos na região do porto e da cidade de Salvador, comenta a anuência praticada pelas autoridades, uma vez que "os abusos ocorriam sob as janelas dos vice-reis, e conclui acentuando o quanto as disposições da câmara eram frágeis diante do referido 'cômodo particular'. Esse último, motivado por interesses

145 Cf. Nascimento Filho, *op. cit.*, p. 161-163.

146 Paulo César Garcez Marins. "A cidade colonial na América portuguesa: morfologia urbana, atores sociais, presença do Estado (Salvador, séculos XVI a XVIII)." In: Margarida Maria de Carvalho; Maria Aparecida de Sousa Lopes; Suzani Vieira Lemos França (orgs.). *As cidades no tempo*. São Paulo: Olho d'Água/Capes/PRODOC, 2005, p. 234.

amplos, que iam da simples corrupção ao próprio descontrole da expansão da cidade...".[147]

Nas palavras do autor:

> Há certamente uma correlação entre o vigor do contrabando, as infrações na defesa da cidade e o desregramento de sua expansão nos bairros da Cidade Alta. A presença da Coroa na colônia era inescapavelmente mediada por suas autoridades, que se compunham num arco extenso abrigando desde a Igreja submetida ao padroado, até governadores, militares, fiscais alfandegários, vereadores e seus prepostos, bem como os desembargadores da Relação, cujos postos eram assediados por interesses particulares tanto dos próprios agentes quanto de membros da sociedade colonial avessa às exigências da Coroa.[148]

O autor mostra a complexidade que era governar a colônia, em especial, a Bahia, pois a possibilidade dos cativos "...morarem fora da residência de seus senhores acabava por fomentar a construção de habitações nas franjas da cidade, onde os rigores da fiscalização deveriam ser tão suaves quanto nas regiões mais centrais."[149] Fossem quais fossem as medidas adotadas no Brasil, "seriam sempre modificadas, moldadas e subvertidas pelas circunstâncias locais", apontou Kenneth Maxwell.[150]

Pesquisas recentes buscam dar um novo sentido explicativo ao quadro administrativo acima desenhado. Antonio Manuel Hespanha vê exagero nos chamados "enviesamentos imperialistas." Aponta que havia um espaço autônomo de atuação no qual as autoridades locais exerciam o poder advindo do Reino, fosse no nível dos vice-reis, dos

147 *Ibidem*, p. 237.

148 *Ibidem*, p. 238.

149 *Ibidem*, p. 238.

150 Kenneth Maxwell. *Marquês de Pombal: paradoxo do Iluminismo*. Rio de Janeiro: Paz e Terra, 1996, p. 139.

governadores, juízes, desembargadores, câmaras municipais e oficiais servidores, constituindo o que ele denominou de monarquia corporativa no lugar de monarquia absolutista.[151]

Ao investigar espaços de autonomia da câmara de Salvador, no século XVIII, Avanete Pereira Sousa afirma: [152]

> Como pode ser percebido, a ideia de um governo central convergente, cujas diretrizes políticas eram aplicadas indistintamente em todo Império pelos agentes régios, não condiz com a realidade perceptível em território colonial. Ao contrário, campos de jurisdições indefinidos ou o exercício de múltiplas funções por um único indivíduo geravam superposição de autoridades, quando não a conformação dos representantes do poder metropolitano às vicissitudes da sociedade colonial enfraquecendo a efetividade da ação real.

Continua:

> Nesta perspectiva, uma possível autonomia camarária não significava, necessariamente, autogoverno. A *autonomia de ação* (grifo da autora) identificada dava-se no interior do sistema e não divergia dos ditames monárquicos. Ao contrário, a Câmara atuava de forma a fazer que as diretrizes régias confluíssem para o horizonte dos seus próprios interesses.[153]

---

151 António Manuel Hespanha. "A constituição do Império português. Revisão de alguns enviesamentos correntes". In: João Fragoso; Maria Fernanda Bicalho; Maria de Fátima Gouvêa (orgs.). *O antigo regime nos trópicos: a dinâmica imperial portuguesa (séculos XVI-XVIII).* Rio de Janeiro: Civilização Brasileira, 2001, p. 163-188; veja também: A. J. R. Russel-Wood. "Centros e periferias no mundo luso-brasileiro, 1500-1800". *Revista Brasileira de História*, vol. 18, n. 36, p. 35-62, 1998.

152 Avanete Pereira Sousa. "Poder local e autonomia camarária no antigo regime: o Senado da Câmara da Bahia (século XVIII)". In: Maria Fernanda Bicalho & Vera Lúcia do Amaral Ferlini (orgs.). *Modos de governar: idéias e práticas políticas no Império Português, séculos XVI e XIX.* São Paulo: Alameda, 2005, p. 321-325.

153 *Ibidem*, p. 321.

E conclui:

> Esse convívio interinstitucional reflete a ação desses organismos sobre a municipalidade, bem como seu processo de interação/integração à realidade colonial. Os conflitos e as divergências entre as esferas local e central do referido Estado davam-se muito mais em dimensões cotidianas e muito menos em plano macroestrutural ou em assuntos de natureza política.[154]

A formação de povoados e vilas no Brasil colonial e imperial foi muitas vezes resultado de caminhos que levavam ao apresamento de indígenas, à extração do pau-brasil, de minérios, de estradas por onde os tropeiros transitavam com suas tropas e boiadas, que acabavam criando pequenas aldeias e povoados. No século XVII, o caminho do Vale do Paraíba, em direção ao Rio de Janeiro, foi muito usado para o apresamento de índios, dando origem a Taubaté, Guaratinguetá e Pindamonhangaba. A formação de Campinas, Itu, Piracicaba e Porto Feliz se deveu à expansão da cana-de-açúcar. Araraquara foi criada no final do século XVIII e início do XIX, quando, aos poucos, foi se tornando caminho para as minas de Cuiabá. As estradas de tropeiros criaram povoações e, posteriormente, vilas de Sorocaba, Itu, Itapetininga e Itapeva. As que movimentaram o sal formaram Franca, Batatais, Casa Branca, Mogi-Mirim, Mogi-Guaçu.[155]

Ainda na segunda metade do século XIX, a criação de patrimônios religiosos se fazia presente na formação espacial e urbana da província de São Paulo, e o termo capela servia para designar este patrimônio que tinha natureza religiosa. A criação destes gerou o modo de formação urbana mais comum na província de São Paulo no período apontado.[156] Os bens vinculados a tais patrimônios eram

---

154 *Ibidem*, p. 320.

155 Cf. Nilson Ghirardello. *A formação dos patrimônios religiosos no processo de expansão urbana paulista, 1850-1900*. São Paulo: Editora Unesp, 2010, p. 39-42.

156 Cf. *ibidem*, p. 73. Não se pode esquecer também das formas de apropriação

instituídos como inalienáveis por seus instituidores, no entanto, um estudo mostrou que nas terras da Mata Sul da Paraíba do Norte, alguns deles foram alienados.[157]

Havia ainda uma área comum pública reservada à construção de edifícios públicos, obtenção de lenha e pasto, a qual era denominada *rossio*. No entanto, estudo recente sobre a formação de patrimônios religiosos notou que tal área não existia na província de São Paulo. Por este motivo ocorreram inúmeros litígios entre as áreas pertencentes à fábrica paroquial e às municipalidades. Os interesses imobiliários passaram a entrar em jogo, especialmente após a República e indagações importantes surgiram tais como: 1. De quem é o chão da cidade? 2. Quem deveria administrá-lo? 3. A quem pertenceriam as ruas, as avenidas e as praças? 4. A Câmara deveria cuidar das áreas que pertenciam à Igreja?[158]

O instituto jurídico denominado *enfiteuse* surgiu na Grécia e chegou a Roma, o qual foi usado para estimular o cultivo de terras conquistadas pelos imperadores, mediante um pagamento anual. Durante a Idade Média sofreu algumas alterações e Portugal transferiu-o ao Brasil, onde as terras urbanas tiveram o privilégio de aforamento, passando seu pertencimento à Igreja, o que não aconteceu com as terras rurais que podiam ser arrendadas por particulares.[159]

A igreja católica foi a maior detentora de terras aforadas, pois, detinha 60% delas, enquanto as públicas chegavam a 30%, as particulares a 7% e as da família Real a 3%. A igreja limitava-se a ser beneficiária da posse e do aforamento dos chãos das novas vilas ou capelas que foram criadas, no entanto, era a Câmara Municipal que detinha o poder de estabelecer o arruamento. A fábrica paroquial era

espacial direcionada às atividades de defesa mediante a formação das colônias militares como as de Itapura e Avanhadava, assim como dos núcleos coloniais para os assentamentos de imigrantes estrangeiros, os quais não serão tratados aqui.

157 Cf. Nascimento Filho, *op. cit.*, p. 146-157.

158 Cf. Ghirardello, *op. cit.*, p. 189-190.

159 Cf. *ibidem*, p. 74.

a denominação que se dava à entidade que cuidava dos bens, direitos e rendimentos. Tratava-se de uma corporação constituída por leigos e padres que tinha a função de administrar os bens da paróquia.[160]

Após a Independência, com a promulgação da Constituição de 1824, a elaboração dos Regimentos das Câmaras Municipais passou a ser exigência para seu funcionamento. Eram denominados de Código de Posturas, que deveria contemplar os seguintes tópicos: o quadro físico urbano, o domínio edificado, a higiene e salubridade, os serviços urbanos, o quadro administrativo e as finanças municipais.[161] No período colonial as posturas eram resultado da deliberação das Câmaras, enquanto no Império, havia necessidade de aprovação pelo governo provincial, tendo suas funções restringidas às meramente administrativas, enquanto a Assembleia Provincial tinha que aprovar desde a criação de escolas, nomeação de funcionários e professores até regulamentos para cemitérios.

Com a República, as câmaras municipais passaram a indicar um de seus membros à função de intendente pela Lei Orgânica dos Municípios de 1891. Em 1906, o cargo de prefeito é estabelecido por eleição direta, que durou até 1907, quando entrou em vigência as indiretas. Os analistas deste período são unânimes em entender a fragilidade institucional do município como resultado do fortalecimento do fenômeno histórico, sociológico e político denominado coronelismo.

No alvorecer do século XX, a organização dos municípios da fronteira paulista apresentou uma nova variedade de formas e de iniciativas, as quais estavam ligadas aos interesses de indivíduos particulares e de companhias e empresas privadas, encarregadas de realizar loteamentos privados para a venda.[162] O regime republicano estava em vigência, assim como a corrida às últimas terras livres do oeste paulista, sub-

---

160 Cf. E. Amorin. *Teoria e prática da enfiteuse*. Rio de Janeiro: Forense, 1986, p. 2, *apud* Ghirardello, *op. cit.*, p. 75.

161 Andrade, F. de P. D. de. *Subsídios para o estudo da influência da legislação na ordenação e na arquitetura das cidades brasileiras*. Tese (Concurso de Cátedra) – USP, São Paulo, 1966 *apud* Ghirardello, *op. cit.*, p. 56.

162 Cf. Monbeig, *op. cit.*, p. 337-358

metidas ao ritmo acelerado de ocupação e urbanização, em razão da expansão do café e do enriquecimento da oligarquia cafeeira.

De modo contrastante, observamos em páginas anteriores experiências norte-americanas da implantação da política liberal republicana de governo local, nas quais as ações se deram através da intervenção do governo central e da participação ativa da população no governo local. Neste sentido, o exame comparativo da ocupação da fronteira é bastante ilustrativo dos diferentes modos de como se deu o povoamento e a apropriação do espaço através da colonização nestes dois países.

Este modo de governar o Brasil deve ser entendido como um desiderato político, engendrado nos espaços possíveis de autonomia, nos quais foram tomando formas específicas de políticas de domínio, onde as elites locais buscavam ampliar e manter seu corporativismo e capital político, os quais foram, algumas vezes, aceitos e reproduzidos amplamente pelos vários segmentos da sociedade brasileira, outras vezes, tensionados mediante formas conflituosas. Estas práticas não eram resultado de formulações teóricas propugnadas por ideólogos lusitanos ou brasileiros, mas adquiriram forma e consistência nas negociações cotidianas entre pessoas dos diversos grupos sociais, inscrevendo-se, portanto, num conjunto de valores corporativistas e de recentes aquisições culturais e mentais, uma vez que eram moldadas, no dia a dia, nas relações microestruturais entre pessoas e grupos sociais e políticos. Por outro lado, não esqueçamos de que no plano macroestrutural tais relações inseriam-se em linhas de força modernas, na medida em que se situavam num conjunto de práticas comerciais elaboradas com o objetivo de enriquecer os patrimônios das famílias de mercadores metropolitanos, de agricultores coloniais e de sustentação política da Coroa lusitana e seus funcionários.

O governo local e a figura do coronel

Na América colonial portuguesa a figura do chefe político ou do mandão foi criada e fundada no sistema baseado no latifúndio, no "patriarca da família" e na ética patrimonialista, os quais conferiam grande prestígio junto à Coroa. O ordenamento familista e patriarcal instituiu uma matriz específica nas relações sociais durante os primeiros séculos da colônia, evoluindo em direção a um ordenamento político clientelístico, baseado no chefe político denominado – "coronel" – no final do século XIX, especialmente na República Velha, permanecendo como referência política importante até o século XX, em especial, no mundo rural e nas pequenas aglomerações urbanas encravadas num regime de densa ruralidade.[163]

A identidade do "coronel" e as relações clientelísticas só podem ser compreendidas mediante a existência de uma estrutura agrária que gerou o latifúndio, associada a um exorbitante poder privado que passou a conviver com um sistema representativo baseado em eleições gerais no século XIX. O poder privado, representado pela camada social dos senhores rurais, estabeleceu uma relação de compromisso e reciprocidade com a classe emergente dos políticos e da burocracia do Estado, representando o poder público. Na visão Victor Nunes Leal o coronelismo foi um sistema, uma estrutura com relações de poder específicas que se desenvolviam a partir da base municipal. Constituía, portanto, uma complexa rede que começava no coronel e ia até o presidente da República envolvendo compromissos recíprocos. Para este autor fatos de duas ordens promoveram este fenômeno. O primeiro deles foi a implantação do federalismo na República em substituição ao centralismo; e o segundo, a decadência econômica dos grandes plantadores levou ao enfraquecimento político destes em relação aos seus dependentes e rivais.[164]

---

163 Para uma discussão de conceitos tais como mandonismo, coronelismo e outros, a partir de vasta bibliografia, veja: José Murilo de Carvalho. "Mandonismo, coronelismo e clientelismo: uma discussão conceitual". *Dados*, vol. 40, n. 2, 1997.

164 Cf. Victor Nunes Leal. *Coronelismo, enxada e voto.* 4ª ed. São Paulo: Alfa-Ômega, 1978. Veja também o clássico de Maria Isaura Pereira de Queiroz. "O coronelismo numa interpretação sociológica". In: Boris Fausto (org.). *História Geral da Civilização Brasileira.* 2ª ed., tomo III, vol. 1. São Paulo: Difel, 1977, p. 155-190.

Nas áreas de povoamento recente, nos finais do século XIX e início do XX, a figura do "coronel" também surgia e ressurgia como um tipo social que cumpria grande papel de liderança de arregimentação dos aspirantes ao poder local. Constituía peça central no sistema político de natureza clientelística que perpassava todo o aparelho estatal, dividindo o poder político baseado na liderança das grandes famílias regionais e locais.[165] Nos fins do século XIX, as famílias de elite do sudeste passaram por mudanças internas, realizando matrimônios não mais endogâmicos, mas predominantemente exogâmicos.[166] A partir dos anos 1920, no nordeste, em especial na Paraíba, tal mudança representou uma acomodação à política, cujo controle estatal se subordinava ao federal.[167]

No oeste paulista, o "coronel" era um comerciante endinheirado que tinha ligações com o mundo urbano e rural. Detinha relações pessoais alargadas, no sentido horizontal e vertical, resultado do nome de família e do capital social e simbólico que envolvia desde pessoas humildes, que lhe deviam favores, até pessoas bem situadas para as quais agenciava recursos – os mais diversos – e organizava eleições, indicando, inclusive, os membros da câmara municipal que concorreriam às eleições. Através de seus conhecimentos pessoais na capital conseguia determinar o percurso do encanamento de água potável, do posteamento da rede de iluminação pública, arrecadava fundos para a construção de escolas, hospitais e igrejas. Algumas vezes, transferia as rotas das linhas férreas para beneficiar sua clientela política e de aliados.[168]

Ainda na primeira metade do século XX, se observa nas novas zonas de constituição de fronteira onde se localizavam os municípios

---

165 Cf. Richard Graham. *Clientelismo e política no Brasil do século XIX*. Rio de Janeiro: Editora UFRJ, 1997. p. 271-300. Nesta linha de raciocínio estão Victor Nunes Leal, *op. cit.* e Maria Isaura Pereira de Queiroz, *op. cit.*, 1956-57.

166 Darrel Levi. *A família Prado*. São Paulo: Cultura, 1977.

167 Linda Lewin. *Política e parentela na Paraíba: um estudo de caso de oligarquia de base familiar*. Rio de Janeiro: Record, 1993, p. 360-365.

168 Monbeig, *op. cit.*, p. 142-143.

de Andradina, Presidente Venceslau, Pereira Barreto, Araçatuba, a predominância de glebas gigantescas com mais de 1.000 alqueires, atingindo uma participação proporcional neste segmento que variava de 77% a 68% entre os anos de 1939-40. Por outro lado, nota-se que havia reduzida participação de pequenas propriedades com até 25 e 50 alqueires. Nas regiões de Tupã e Mirassol se via a presença de maior parcelamento, nas quais os sítios chegavam à proporção de 46% da superfície total. No norte do Paraná, havia também inúmeras propriedades com 1.000 ou mais alqueires. De modo reiterado, se reproduzia a organização fundiária em grandes latifúndios e pequenos sítios, determinando a continuidade da ordem social e econômica estabelecida naquelas regiões.[169]

Do final do século XIX ao começo do século XX, na fronteira onde ficam hoje os municípios de Presidente Prudente, Votuporanga e Jales, do Estado de São Paulo, era muito difícil encontrar proprietários de terras que pudessem apresentar documentos corretos e legais de propriedade de seus lotes. Na época, os preços subiam exponencialmente e como assinalou Monbeig: "... a colonização era uma questão de segundo plano, vindo antes o desejo de especular".[170]

Contrastando com as imagens extraídas das leituras sobre a organização política da fronteira noroeste nos EUA, vimos como os proprietários familiares se reuniam em assembleias que eram destinadas a discutir assuntos do interesse da comunidade tais como estradas, pontes, escolas e outros. Destacam-se também certas semelhanças no processo de constituição do poder local da América tropical com o sul da América inglesa escravista, pois existiram figuras que concentravam grande poder político em diversas localidades fronteiriças nas regiões plantacionistas.[171]

---

169 *Ibidem*, p. 212-214.

170 *Ibidem*, p. 143.

171 Remeto aqui o leitor à excelente discussão comparativa do professor Richard Graham, *op. cit.*, 1981.

Os impostos

Os súditos ingleses residentes na América do Norte trouxeram uma prática transladada de protesto social que veio com eles de seu país natal: quando não aceitavam uma carga de impostos promoviam abaixo-assinados e os enviava ao rei com o intuito de negociá-los.

No Brasil colonial o imposto denominado dízimo representava um décimo de toda a produção econômica que deveria ser pago à Igreja, porém, deveria ser arrecadado pelos licitantes da Coroa. O rei tinha tal direito pois encontrava-se na condição de Grão-mestre da Ordem de Cristo. O licitante tinha o objetivo de coletá-lo acima do valor contratado para obtenção de lucro próprio.[172]

Na Colônia era o Provedor-Mor da Real Fazenda quem tinha a atribuição de fiscalizar a arrecadação da Coroa, a qual encaminhava suas cobranças sobre os direitos das alfândegas, o quinto dos metais preciosos e o monopólio do comércio. O Governador-Geral tinha a competência sobre os engenhos, os direitos de passagem dos rios, dos escravos, especiarias e drogas. A moeda não era muito utilizada e os pagamentos eram feitos *in natura* nos primeiros séculos de colonização. A administração da fazenda era composta por uma junta sob a presidência do Capitão-Mor, com ouvidor-geral, intendente da Marinha, Procurador da Coroa e escrivão e, ainda, pelas Mesas de Inspeção que classificavam a qualidade dos gêneros a serem exportados, assim como pelas alfândegas administradas por um juiz, um ouvidor, um escrivão, um tesoureiro, oficiais e guardas.[173]

Com a outorga da Constituição de 1824 as câmaras municipais passaram a administrar o governo econômico das cidades e vilas, composto por vereadores eleitos cujo presidente era o mais votado. As câmaras municipais atinham-se aos cuidados da administração urbana e rural, arrecadava impostos, levantava benfeitorias e zelava

172 Stuart B. Schwartz. *Segredos internos: engenhos e escravos na economia colonial*. São Paulo: Companhia das Letras, 1999, p. 154.

173 Maria Lúcia Bastos Saraiva Matos. *A evolução histórica do direito tributário*. Disponível em: <http://www.direitonet.com.br/A-evolucao-historica-do-Direito-Tributário>. Acesso em: 25 set. 2009.

pelo abastecimento interno de gêneros alimentícios. As receitas criadas no âmbito do município estavam regulamentadas nas Posturas Municipais e competia aos funcionários arrecadar impostos e taxas relativas à atuação de ocupações e profissões diversas, do comércio da carne verde, impostos sobre a décima urbana e da transmissão de propriedade (sisa).[174]

A emancipação política trouxe perda de atribuições e poder no nível municipal em favor da província. A lei de 1º. de outubro de 1828 reduziu as alargadas funções políticas, jurídicas e administrativas das câmaras à competência meramente administrativa, sem qualquer jurisdição contenciosa. As assembleias provinciais passaram a legislar sobre impostos, despesas e empregos municipais, e não raro, julgavam-se competentes para criar ou revogar posturas municipais, sem qualquer iniciativa das câmaras, levando Sérgio Buarque de Holanda a concluir que a decadência destas instituições inseria-se no quadro mais amplo da liquidação da herança colonial.[175]

Desde a colônia persistia a pobreza em termos de recursos nas Câmaras Municipais. Quando uma necessidade se impunha, o melhoramento era rateado entre os proprietários rurais da região. Quase todos os impostos eram cobrados pelo Tesouro Central, o de importação e exportação, o de transmissão de propriedades, sobre indústrias e profissões, o predial etc. Estava na esfera provincial a atribuição de legislar sobre os impostos, fossem provinciais ou municipais. Cabia ao último as taxas sobre a entrada das reses nos açougues, carne abatida, das balanças em que se pesavam todos os gêneros de primeira necessidade, do celeiro público, aferições sobre pesos e medidas e por infração. O município vivia praticamente às custas do proprietário rural, como assinalou Vitor Nunes Leal.[176]

---

174 *Ibidem.*

175 Sérgio Buarque de Holanda. "A herança colonial – sua desagregação". In: Sérgio Buarque de Holanda (org.). *História geral da civilização brasileira: Brasil monárquico.* 5ª ed. São Paulo: Difel, 1982, p. 24-26.

176 Leal, *op. cit.*, p. 135-143

Se tal liquidação buscou esvaziar os poderes locais, não trouxe, por sua vez, maior possibilidade de representatividade popular na base municipal da organização política, ao contrário, a cúpula do poder concentrou-se ainda mais no topo da esfera provincial, distanciando-se cada vez mais da população e de seus eleitores de base.

As funções e atribuições antes destinadas aos governos locais e provinciais se deslocaram em direção à cúpula do poder central no Império. Enquanto isto, nos Estados Unidos da América as receitas do governo federal representavam parcela muito menor do que as do Brasil, revelando a força gigantesca da centralização monárquica e depois, republicana, realizada no Brasil.[177]

Enquanto nos EUA a receita arrecadada pelo governo federal/central representava 37%, no Brasil chegava a 76%, no nível estadual/provincial atingia 10% e 18% e no nível local/municipal, 52% e 5%, respectivamente. José Murilo conclui que não apenas no campo das finanças públicas, mas também na distribuição de funcionários públicos, o Brasil e Estados Unidos apresentavam pirâmides com desenhos opostos, indicando a descentralização americana e a centralização brasileira.[178] Veja o quadro abaixo.

Quadro 1. Receita por nível de governo: Brasil e Estados Unidos (%)

Nível	Estados Unidos 1902	Brasil 1885-86
Federal/central	37,1	76,8
Estadual/provincial	10,9	18,0
Local/municipal	52,0	5,0

Fonte: José Murilo de Carvalho, *op. cit.*, 1996, p. 244.

As reformas governamentais da monarquia brasileira tiveram como objetivo criar e consolidar um aparelho burocrático, aumentar o controle do Estado sobre a classe proprietária e sanar a duradoura

177 José Murilo de Carvalho, *op. cit.*, 1996, p. 244.

178 *Ibidem.*

e altíssima dívida externa. Para tanto, a burocracia fez aliança com outros setores não vinculados à agricultura cafeicultora os quais, algumas vezes, se manifestavam contra os interesses desta.[179]

Ao examinar as receitas e despesas dos gabinetes do governo de Dom Pedro II, José Murilo assinala que, àquela altura, as bases do poder imperial encontravam-se solidificadas, cabendo ao governo central investir na construção da infraestrutura que deveria maximizar as vantagens da agroexportação, sobretudo a do café. O governo central tinha grandes limitações em relação à sua máquina burocrática, pois mostrava-se sistematicamente incapaz de criar condições que permitissem uma arrecadação mais eficiente. Os grupos econômicos, sobretudo os proprietários rurais, reagiam recorrentemente contra a implantação de impostos relativos à propriedade rural e pressionavam o governo imperial no sentido de obterem mais recursos.[180]

O papel dos governos nos investimentos de infraestrutura foi diferenciado. No Brasil, os governos provincial e central garantiram o retorno de 7% ao ano nas ferrovias, enquanto o segundo comprou parte do estoque de capital quando uma companhia faliu e a administrou de modo direto a operação. Posteriormente os governos provinciais detiveram a propriedade, assim como a operação direta de ferrovias. No Sul dos EUA os governos promoveram um auxílio indireto através da concessão de terras e funcionários públicos, isenção de impostos, concessão de monopólios e garantias através de terras públicas; de modo direto, implementaram subsídios e empréstimos, garantias de ações e outras medidas. Ambos, Brasil e EUA, pediram empréstimos à Inglaterra, mas os governos dos Estados do sul norte-americano perceberam que na Inglaterra, assim como no Norte, existiam possibilidades de investimentos mais lucrativos e menos arriscados e tomaram algumas iniciativas, pois sabiam que parte do potencial da compra de bens de capital estava nas exportações. No Brasil, boa parte destes

179 *Ibidem*, p. 322.

180 *Ibidem*, p. 263-264.

recursos foram usados em bens de consumo, enquanto no Sul dos EUA, em investimentos agrícolas e bens de capital. [181]

O sistema bancário era mais desenvolvido no sul dos EUA do que no Brasil e os fazendeiros norte-americanos recebiam empréstimos diretamente de agentes urbanos e do sistema bancário. Aqui os cafeicultores emprestavam das emprésas comerciais de importação e exportação, que eram em geral inglesas.[182] As taxas de juros fornecem um indicador de disponibilidade de capital para empréstimo onde eram mais baixas no sul do que no Brasil, assim como a facilidade de captação de recursos. O capital para investimento decorria também de decisões tomadas fora do Estado-nação, em geral, na Europa e no nordeste dos EUA. O cultivo do algodão foi entendido como algo no qual devia-se apostar, pois era sustentado por um sistema industrial complexo tanto na Europa como nos EUA. Este sistema industrial demandava produção de máquinas cada vez mais complexas e com forte tendência à expansão massificada do produto final têxtil, o qual envolvia várias etapas de produção, comercialização e financiamento, enquanto o café se constituía em produto de sobremesa e leve estimulante, destinado à demanda das elites, dos funcionários públicos e da restrita população urbana.[183]

No tocante à infraestrutura, a rede de transportes fluviais teve um papel enorme no desenvolvimento da fronteira norte-americana, pois através dela carregavam o algodão para os portos de New Orleans. O café, inicialmente cultivado ao longo do vale do rio Paraíba, rapidamente esgotou o solo e foi sendo transplantado para as áreas virgens acima do planalto paulista onde seu plantio encarecia o produto.

O sistema de estradas no sul dos EUA já era naquela época bem superior ao Brasil, em parte por causa da topografia e também pelo volume dos capitais investidos, por meio de instituições mais adequadas à mobilização de capitais para as construções de obras

181 Graham, *op. cit.*, 1981, *passim.*

182 *Ibidem*, p. 640-641.

183 *Ibidem*, p. 641-643.

públicas. O trabalho de tipo comunitário era usufruído mediante impostos coletados e controlados localmente; parte da oferta de mão de obra era suprida por proprietários de terra ou por seus escravos. No Brasil, alguns proprietários construíam estradas privadas que conduziam os grãos de suas propriedades aos rios e às estradas de ferro mais próximas, enquanto os governos municipais permaneciam sem ajuda para construir estradas públicas de uso comunitário. Enquanto a região do café no Brasil até 1890 tinha construído 5.962km a do algodão, nos EUA, tinha implantado 23.384km. Na primeira região menos de uma pessoa por km^2 se beneficiava com as ferrovias, enquanto no sul dos EUA, 3.384 usufruíam delas.[184]

A maior parte da origem da receita do governo dos EUA estava nas mãos dos governos municipais, enquanto, no Brasil, estava nas do governo central. Vale ressaltar que, como disse certa vez um estudioso da centralização norte-americana, seria equivocado interpretar tal fato como resultado de um menor peso do governo central sobre os territórios e estados norte-americanos.[185]

O período de construção do aparelho de Estado brasileiro se deu mediante a centralização do poder, pois, o governo imperial precisava desesperadamente arrecadar impostos relacionados à exportação para sanar a gigantesca dívida pública e, embora tenham existido diversas tentativas da máquina estatal em realizar o cadastro geral de terras, o governo central não teve sucesso em esvaziar o poder dos grandes proprietários regionais e locais.

Como vimos páginas atrás, em inúmeras situações de conflito, o governo federal norte-americano respondeu com o envio de tropas às localidades convulsionadas e tirou vantagem da guerra civil, quando precisava do apoio político da maior parte da população para encaminhar decisões sobre o acesso mais amplo às terras. Este ardil

---

184 *Ibidem*, p. 623-626.

185 Harry N. Scheiber. "Centralization of power and development of the American Federal System". *Czasopismo Prawno-Historyczne*, XXXII, 1980, p. 155-183 *apud* José Murilo de Carvalho, *op. cit.*, 1996, p. 244 e ss.

oportunista possibilitou ao governo federal tirar vantagem do apoio político popular à causa ideológica do norte.

Em relação à questão tributária, o século XIX representou para o governo central brasileiro um período de constante elevação da dívida externa e interna, especialmente, depois da guerra contra o Paraguai, da pacificação das revoltas internas pós-emancipação, dos desastres naturais tais como epidemias e secas e da enorme dívida contraída aos bancos estrangeiros como acerto ao pagamento da indenização devida a Portugal pela independência política.

No jogo político, a guerra civil possibilitou ao governo norte-americano contar com os milhões de votos dos aspirantes a proprietários de terra, os quais representavam uma fatia nada desprezível dos eleitores, e, por sua vez, o povoamento dos territórios de fronteira passou a ter forte presença da mão visível do governo ao recolher impostos por meio da ocupação territorial. Deste modo, teve sucesso em nacionalizar a estrutura burocrática estatal juntamente à política federal.[186]

Enquanto isso, nas armadilhas tecidas pela política imperial, o governo central brasileiro lutava por arrecadar mais impostos de boa parte de seus eleitores, os quais pertenciam à classe de plantadores que se negavam reiteradamente a contribuir com o imposto territorial.

O liberalismo e a democracia surgem dissociados no processo de emancipação política brasileira, pois muito embora houvesse inúmeras diferenças entre as elites regionais, estas concordavam na continuidade do escravismo e da estrutura produtiva agrícola vigente.[187] Divergiam, no entanto, quanto à reorganização do Estado que melhor serviria aos seus interesses, pois buscava-se criar condições para o financiamento do grande déficit do orçamento imperial. Consolidou-se o poderio da classe dos grandes proprietários agrícolas, ao mesmo

186 Veja a interessante análise comparativa de Sebastião Neto Ribeiro Guedes. "Análise comparativa do processo de transferência de terras públicas para o domínio privado no Brasil e EUA: uma abordagem institucionalista". *Revista de Economia*, vol. 32, n. 1, ano 30, 2006, p. 7-36.

187 Emília Viotti da Costa. *Introdução ao estudo da emancipação política do Brasil: da Monarquia à República.* 2ª ed. São Paulo: Hucitec, 1979, p. 19-52.

tempo em que aniquilava-se a possibilidade de construir um Estado forte, o qual por meio de seu aparelho pudesse criar condições para que, no futuro, o governo federal, mediante o uso do cadastro de terras, pudesse realizar algo de que já fazia parte dos debates parlamentares, uma reforma agrária.

Durante o período republicano, quando os *cidadãos inativos* no Brasil tomavam uma iniciativa coletiva, os reformistas em geral julgavam-nas equivocadas. O comportamento do povo não se encaixava na expectativa da elite nem da classe operária. No campo da ação política, comenta José Murilo:

> [...] fracassaram sistematicamente as tentativas de mobilizar e organizar a população dentro dos padrões conhecidos nos sistemas liberais. Fracassaram os partidos operários e de outros setores da população; as organizações políticas não partidárias, como os clubes republicanos e batalhões patrióticos, não duravam além da existência dos problemas que lhes tinham dado origem; ninguém se preocupava em comparecer às urnas para votar.[188]

O espírito associativo, quando se manifestava, ocorria em momentos religiosos ou de auxílio mútuo, tendo um caráter de solidariedade de grupo primário e assistencial. Na maior parte das vezes era uma reação de consumidores de serviços públicos, o que levou José Murilo a concluir:

> Permanece, no entanto, o fato de que entre as reivindicações não se colocava a de participação nas decisões, a de ser ouvido ou representado. O Estado aparece como algo a que se recorre, como algo necessário e útil, mas que permanece fora do controle, externo ao cidadão.

---

188 José Murilo de Carvalho. "Bestializados ou Bilontras". In: *Os bestializados: o Rio de Janeiro e a República que não foi.* 3ª ed. São Paulo: Companhia das Letras, 1998, p. 140-141.

> Ele não é visto como um produto de concerto político, pelo menos não de um concerto em que se inclua a população. É uma visão antes de súdito que de cidadão, de quem se coloca como objetivo da ação do Estado e não de quem se julga no direito de influenciar.[189]

As elites e os reformadores sociais no Brasil não aceitavam o papel da participação política que caberia aos setores populares como acontecia nos Estados Unidos, pois entendiam o exercício da política como algo destinado a pessoas cultas e instruídas. O povo, por sua vez não se sentia mobilizado nem atraído para o exercício do poder. A cultura política presente tanto na camada de elite quanto na popular ainda se aproximava, em seu conteúdo ideológico e na forma de atuar, muito mais da cultura popular do Antigo Regime do que da republicana europeia.

A educação formal no Brasil

A Coroa portuguesa nunca se preocupou em alfabetizar sua população através de um ensino amplo e público, nem em Portugal, muito menos no Brasil, no entanto, outros países tiveram esta preocupação já bastante cedo na Europa. Em Portugal, havia uma grande massa de analfabetos e uma pequena proporção de letrados, formados em universidades obsoletas. Contudo, no mundo ibérico, a Coroa espanhola organizou duas dezenas de universidades em suas colônias, formando 150.000 graduados, enquanto a lusitana formou apenas a pífia quantia de 2.500 graduados em Coimbra.[190]

A educação feminina, em Portugal, era restrita a um aperfeiçoamento de conhecimentos específicos para quando as mulheres se tornassem esposas e mães. Era este o entendimento do liberalismo setecentista lusitano. O ensino feminino não existia, se restringindo às poucas iniciativas de instituições religiosas que tinham como objetivo

189 *Ibidem*, p. 146-147.

190 Darcy Ribeiro. *Teoria do Brasil*. Rio de Janeiro: Paz e Terra, 1972, p. 115.

a fé católica. Nem mesmo a reforma pombalina de 06 de novembro de 1772 fez algo para a criação de escolas femininas, muito embora tenha recebido sugestões.[191]

Até o ano da expulsão dos jesuítas do Brasil, em 1759, existiam alguns poucos colégios espalhados pelo país. Segundo Maria Luíza Marcílio, estudiosa da história da educação em São Paulo e no Brasil, o sistema educacional organizado após a saída destes missionários não passou de um arremedo de ensino. A prática do magistério não passava de cadeiras avulsas, com um único professor, sem treinamento específico para a profissão; não havia material didático apropriado, nem prédios construídos para tal fim, muito menos mobiliário adequado. O ensino primário se manteve deste modo durante todo o século XIX em todo o país. Segundo a autora: "... o antigo sistema educacional do Império, por sua própria estrutura, não atendia às necessidades de instrução popular nem mesmo dos grupos restritos das camadas dominantes".[192]

Quando em 1816 um parecer oficial foi favorável à implantação de cadeiras com 18 mestres, não surtiu grande interesse. Os colégios femininos no Brasil que se animaram a organizar cursos completos e regulares de instrução secundária, no decorrer dos anos de 60 e 70 do século XIX, não encontraram receptividade que tivesse permitido levar adiante o projeto.[193] As autoridades não tinham preparo para organizar um sistema de ensino bem estruturado. Gastava-se muito dinheiro e apresentavam-se poucos resultados. A dimensão do território era gigantesca, com uma população que residia, na sua grande maioria, nas fazendas espalhadas e distantes muitos quilômetros umas das outras. A educação era vista como um bem de luxo

191 Arilda Inês Miranda Ribeiro. *Vestígios da educação feminina no século XVIII em Portugal*. São Paulo: Arte e Ciência, 2002.

192 Maria Luíza Marcílio. *História da Escola em São Paulo e no Brasil*. São Paulo: Imprensa Oficial do Estado de São Paulo/Instituto Fernand Braudel, 2005, p. 83.

193 Veja as obras de Arilda Inês Miranda Ribeiro. *A educação feminina durante o século XIX: o Colégio Florence de Campinas, 1863-1889*. Campinas: CMU/Unicamp, 1996, p. 16. E, da mesma autora, *A educação da mulher no Brasil colônia*. São Paulo: Arte e Ciência, 1997.

e os filhos varões deviam ajudar a sobrevivência do grupo doméstico. Após o aprendizado da alfabetização, abandonavam as aulas.[194]

A primeira Escola Normal de preparação para o magistério foi criada em Niterói no ano de 1835, entretanto, não teve importante papel no treinamento de professores, pois sua vida foi curta. Muito embora Pombal tenha planejado o sistema de aulas públicas, não chegou a pensar na preparação dos profissionais de ensino. A nomeação dos professores era realizada por apadrinhamentos e nepotismos, os quais eram muitas vezes denunciados. Não devemos esquecer de que no final do século XIX até a implantação da Constituição de 1988, no século XX, imperava o mandonismo local no Brasil. Quando não havia indicação de professores pela prefeitura, era a Câmara de Vereadores que o fazia com sua influência no sistema eleitoral no Brasil. O recrutamento de docentes não exigia grandes conhecimentos, pois os salários eram irrisórios. Para atrair professores para o magistério aproveitavam os melhores alunos das aulas primárias públicas para serem contratados como adjuntos. Em geral, eram adolescentes que tinham obtido a melhor classificação nos exames.[195] Em 1846, a primeira Escola Normal paulista foi instalada com bases muito precárias. Era destinada com exclusividade ao sexo masculino, tinha professor único, egresso da escola preparatória da Faculdade de Direito, não tendo, pois, preparação específica. Em 21 anos de existência formou apenas 40 normalistas.[196]

Muito embora a educação básica tivesse sido declarada pela Constituição de 1824 e confirmada pelo Ato Adicional de 1834 como um direito básico de todos, a União delegou poderes às províncias no sentido de promover a educação primária e secundária. O enunciado constitucional virou letra morta e os governantes provinciais e municipais não enxergavam importância na educação destinada ao povo. Naquela época, as pessoas não viam na escola um bem de primeira necessidade

---

194 Marcílio, *op. cit.*, 2005, p. 88-89.

195 *Ibidem*, p. 86-87.

196 *Ibidem*, p. 85.

e o absenteísmo era enorme. O sistema de aulas avulsas continuou no ensino primário e secundário e as autoridades não tinham preparo para organizar um sistema de educação bem estruturado.[197]

Durante o Império houve um crescimento das aulas públicas nos grandes centros. Os professores eram um pouco mais habilitados do que os alunos, não existiam edifícios adequados, material didático, nem bibliotecas. Nos relatórios de inspetores gerais da Instrução Pública havia muita reclamação e denúncias de ensino precário. No entanto, sempre faziam questão de ostentar o aumento do número de alunos matriculados.[198]

Ao analisar os obstáculos presentes à institucionalização da educação formal numa boca de sertão paulista, denominada Lençóis Paulista, Edson Fernandes afirma que inúmeras foram as dificuldades, desde as grandes distâncias dos maiores centros, à precariedade das estradas que desestimulava os professores, ao desinteresse dos pais que relutavam em colocar seus filhos na escola com receio de perder a mão de obra familiar, à ausência de materiais pedagógicos, à falta de espaço adequado ao ensino, a situação de eterna improvisação e a falta de preparo específico das autoridades educacionais.[199]

No século XVIII predominava o tipo de ensino baseado na leitura, em especial, do catecismo mediante a metodologia da memorização. No século XIX, houve uma expansão na oferta de disciplinas no currículo, pois havia além do ensino da leitura, recitação do catecismo, escrita da língua vernácula, cálculo das operações aritméticas, estudo da gramática e os exercícios de cópia e ditados.[200]

---

197 *Ibidem*, p. 86.

198 *Ibidem*, p. 88-89.

199 Veja os trabalhos em andamento do professor Edson Fernandes, *Escolas, alunos e professores no sertão paulista no século XIX*, e *Obstáculos à burocratização de uma vila no sertão paulista, século XIX*, bem como sua tese de doutorado, *Fronteira e população: um estudo sobre a formação de famílias no povoamento da região sudoeste de S. Paulo, século XIX*. FHDSS/Unesp, Franca, 2008.

200 Rosa Fátima de Souza. *História da organização do trabalho escolar e do currículo no século XX (ensino primário e secundário)*. São Paulo: Cortez, 2008, p. 20-22.

Como assinala a Maria Luíza Marcílio não tivemos no Brasil um Sarmiento e um Rivadávia, presidentes da Argentina entre 1868 e 1874 e 1820 e 1827 os quais promoveram uma verdadeira revolução educacional criando uma universidade em Buenos Aires e fortalecendo a colonial situada em Córdoba. Construíram muitas escolas pelos campos longínquos, edificaram prédios apropriados, fundaram vários colégios públicos de educação secundária. Os professores passaram a ser contratados fora do país, na Europa e Estados Unidos. Os colégios eram seriados, bem instalados em diversas províncias e, deste modo, a Argentina se tornou um centro de renovação pedagógica e difusor de técnicas pestalozianas e de valores democráticos.[201]

Algo mais importante ainda era o grau de analfabetização no Brasil, onde uma grande proporção de fazendeiros não lia nem escrevia. Não havia também muito interesse em inovação de técnicas e na criação de sociedades de proteção à agricultura. Nos EUA, muitos fazendeiros se interessavam por divulgação científica e liam jornais agrícolas continuamente. O montante de dinheiro público investido no desenvolvimento humano, isto é, na educação, foi algo incomparável. Enquanto 22% das pessoas declararam que liam e escreviam nas províncias cafeeiras no Brasil, no sul dos EUA, 80% liam e escreviam. Havia um médico para cada 512 pessoas no sul dos EUA, no Brasil, a proporção era de um para 5.048, no censo de 1872.[202]

Durante o período colonial a metrópole não permitiu a criação de universidades, nem de casas impressoras. Havia apenas alguns colégios dirigidos por jesuítas. Durante o Império, três linhas de pensamento debateram o tema educação e a criação de instituições, foram elas: a linha católica, a liberal e a positivista. As diferenças ideológicas entre os partidos liberal e conservador eram muito tênues e diversos membros do clero preferiam os liberais aos conservadores. No entanto, o que mais chama a atenção dos estudiosos é a constatação de que a educação nunca esteve no cerne dos debates

201 Marcílio, *op. cit.*, 2005, p. 87-89.

202 Graham, *op. cit.*, p. 650.

políticos no período em que se discutia o fim do tráfico de escravos e a modernização do Brasil, na década de 1850.[203]

Os positivistas tinham grande penetração de ideias no exército, constituindo-se em antiescravistas, republicanos e não tinham antagonismo forte contra a igreja. Os que defendiam a criação de universidades sob a égide do Estado eram os liberais, representantes do ideal do germanismo pedagógico e os conservadores monarquistas.[204] No entanto, para algumas correntes liberais, a monarquia de direito divino e o absolutismo eram pano de fundo da instituição universitária; por sua vez, os católicos não queriam a intromissão do Estado na esfera universitária, enquanto isto, os positivistas entendiam que as universidades reforçavam os privilégios odiosos e reproduziam o conhecimento dos bacharéis que lhes pareciam inúteis e atrasados. [205]

Desde 1827, o Brasil contou com dois cursos jurídicos, um em São Paulo e outro em Olinda, os quais foram transformados em universidades em 1854. Existiram duas faculdades de medicina, uma na Bahia e outra no Rio de Janeiro, na terceira década do século XIX. Em 1875 foi criada a Escola de Minas de Ouro Preto, e em 1874, a Escola Politécnica do Rio de Janeiro com raízes na Academia Militar.

Só mais para o fim do século começaram a surgir escolas com a perspectiva positivista de valorização dos estudos técnicos, vinculados ao ensino de ciências com aplicação prática, é exemplo disto a Escola Politécnica de São Paulo, criada em 1893.[206]

É afirmação comum dizer que o século da escola só se constitui com a República quando as elites passaram a compreender a necessidade da preparação de professores, e de um sistema público de

---

203 Maria Ligia Coelho Prado. *América Latina no século XIX: tramas, telas e textos.* 2ª ed. São Paulo, Edusp, 2004, p. 107.

204 Roque Spencer Maciel de Barros. *A Ilustração e a idéia de universidade.* São Paulo: Convívio/Edusp, 1986, p. 243-44 *apud* Maria Ligia Coelho Prado, *op. cit.*, p. 109.

205 Maria Lígia Coelho Prado, *op. cit.*, p. 108-109.

206 *Ibidem*, p. 107.

ensino eficaz.[207] No entanto, a meu ver, esta afirmação ainda carece de demonstração empírica, pois faltam estudos pontuais que examinem a veracidade, a extensão e a eficácia da ação dos governos republicanos nesta área. Tal assertiva constitui muito mais propaganda política republicana do que a existência real e concreta de ampla difusão de escolas públicas com grande participação da população em idade escolar nas instituições educacionais. Para os republicanos norte-americanos seria inconcebível imaginar uma sociedade próspera, igualitária e democrática sem priorizar a construção de escolas públicas e laicas. A educação deveria ser organizada e financiada no próprio condado, isto é, no município, no qual havia sido destinado, na sua concepção, desde o espaço físico adequado até as formas de financiamentos previstos não só para escolas, como também para faculdades comunitárias, as quais eram vistas como necessárias à formação técnica e superior.

Considerações parciais

Os territórios e Estados dos EUA viviam sob ameaças constantes de grandes potências mundiais, entre elas a França, a Espanha e a Inglaterra. Isto obrigou ao governo dos Estados Unidos a desenvolver uma política de proteção na qual envolveu a conquista de extensas áreas a oeste dos antigos povoados. Tal expansão foi resultado de forte sentimento de autopreservação que interessava não apenas ao setor público como também ao privado. O declínio de potências como a França e a Espanha, a divisão de tribos indígenas, o enfraquecimento do México e o isolamento geográfico em relação à Europa, também auxiliaram de modo indireto na formação do território norte-americano. Grandes levas de imigrantes vindos de diversos países da Europa e Ásia povoaram as fronteiras da nação em proporção jamais vista na história do planeta.

O Brasil também recebeu ataques e pressões de franceses, ingleses, holandeses e espanhóis desde o período colonial. No entanto,

207 Marcílio, *op. cit.*, 2005, p. 88-89.

exceto pela presença espanhola no sul, francesa e holandesa em outros lugares do território português, as outras nacionalidades não ameaçaram de modo direto a ocupação das terras brasílicas. E isto pode ser dito, de modo relativo, até em relação às tribos indígenas. A expansão territorial se deu como resultado de interesses comerciais da Coroa e das entradas e bandeiras à procura de ouro e pedras preciosas. O povoamento das fronteiras se deu de modo lento, mediante a criação de pequenos lugarejos e bairros rurais e em decorrência da aglomeração de certo número de residentes em localidades onde poderiam solicitar ao governo a elevação do povoado à condição de vila, através da constituição da Câmera de Vereadores. A ocupação física se deu mediante a concessão, pelo governo, de sesmarias e datas de terras a pessoas com potencial e cabedal para produzir economicamente para o sistema colonial. A posse também representou um mecanismo importante de acesso à terra, mas o que distingue tal instrumento do norte-americano é que, aqui entre nós, ele foi muito utilizado não só por indivíduos pobres, como foi nos EUA, mas também por grandes proprietários rurais.

O governo federal norte-americano nacionalizou a estrutura fundiária de modo que obteve controle quase total sobre a venda das terras públicas. Guerreou contra alguns países e indígenas, comprou territórios e aceitou a inclusão de outros à formação da nação. No Brasil, o governo não teve o mesmo sucesso quanto à nacionalização das terras, pois a classe dos grandes proprietários rurais foi contra a criação do cadastro geral que iria disciplinar a ocupação e tributar a venda de terras públicas e, ao mesmo tempo, esta classe criou mecanismos que neutralizaram as determinações governamentais que iam naquela direção. O Brasil guerreou contra a Espanha e o Paraguai, comprou o território do Acre e assimilou parte das nações indígenas ao mundo dos brancos através da catequese católica. Uma outra parte fugiu dos brancos se embrenhou nas florestas e matas tropicais, e, por último, a maior proporção desta população foi dizimada por epidemias, doenças e guerras.

O governo federal norte-americano teve a prerrogativa de determinar onde seriam instalados os novos povoados nas regiões de fronteira e enviou funcionários para demarcar os lotes que foram vendidos em leilões. A estrutura administrativa de governo local era construída por etapas que deveriam seguir modelos pré-determinados de organização política. Iniciativas com a da constituição de conselho municipal prosperavam até a proposta de pedido de inclusão do novo território à federação republicana, as quais eram exaustivamente analisadas pelo congresso nacional. As eleições periódicas faziam parte da formação política das comunidades e elaborava-se o cumprimento de metas que deveriam ser atingidas a cada novo conselho eleito. Na fronteira sudoeste norte-americana, onde houve a escravidão, a sua formação política foi constituída de modo diferenciado. Os grandes proprietários agrícolas indicavam um membro entre os seus pares, o qual passava a administrar o condado.

A educação formal nos EUA foi assunto primordial de governo, pois acreditavam que sem a disseminação de boas escolas laicas e públicas, a organização da república estaria em perigo. No Brasil, a educação nunca foi pensada como alicerce e princípio de governo, muito embora, pontualmente, a administração imperial tenha criado algumas escolas e institutos superiores. Os sucessivos governos entendiam que boas escolas deveriam estar vinculadas à iniciativa privada, para onde as famílias da elite enviavam seus filhos e filhas. Em geral eram escolas confessionais e privadas (não públicas). A população de mestiços e o povo em geral não participavam ativamente da política, exceto por uma minoria que às vezes atuava de modo radical, pois não havia a presença disseminada da cultura política republicana do debate e da negociação. As eleições eram sempre denunciadas como objeto de fraude pelos partidos políticos e a população, em geral, não manifestava interesse nas questões da política local, estadual e nacional, demonstrando pouca participação nas eleições representativas. As elites, por sua vez, apelavam ao voto da população apenas em momentos de conflitos políticos, disputas e divergências. A concepção de direitos e deveres nas relações entre indivíduos e Estado, no Brasil, era bem diferente da norte-americana, pois na América tropical possuía um forte conteúdo elitista e segregacionista que impregnava as mentes e o imaginário popular. O espírito associativo se manifestava apenas em situações de auxílio mútuo, sociedades religiosas e nos momentos de festa.[208]

208 Para maiores detalhes sobre o imaginário político da população carioca no início do século XX, veja: José Murilo de Carvalho, *op. cit.*, 1998.

Capítulo 2

Cultura religiosa e a diversidade nas fronteiras

A compreensão que temos da religião não deve apenas se restringir ao contato entre o mundo dos homens e o sagrado, ao mundo temporal e às forças sobrenaturais, deve contemplar também o lado mundano, o político, o social e o psicológico. As relações entre o indivíduo e a sociedade, entre sociedade civil e sociedade política adquirem expressões significativas no cotidiano, podem revelar um caráter de cooperação, integração, como também de antagonismo e conflito, reveladas nas ações humanas. Este capítulo tem como objetivo examinar a forma de atuação das instituições religiosas através das ações pastorais e ideias teológicas nas regiões de povoamento recente, assim como a vivência, a experiência e a cultura socioreligiosa resultantes da interação entre indivíduos e grupos sociais, tanto no Brasil quanto nos EUA. Examinar-se-ão alguns tópicos importantes para a compreensão comparativa, tais como a presença da cultura Iluminista; a diversidade e a concorrência de seitas religiosas; a liberdade de interpretação dos livros sagrados cristãos; a presença e a separação da Igreja em relação ao Estado; e a interpretação dos africanos e negros da bíblia cristã, e seu resultado enquanto cultura religiosa específica afro-americana e afro-brasileira.

I. AS FRONTEIRAS DAS NOVAS IDEIAS NOS EUA

Entre 1720 e 1765 a fronteira americana passou de quatrocentos mil para dois milhões de indivíduos, contemplando uma mistura de etnias, costumes, religiões e línguas, a qual abarcava uma variedade de nacionalidades, entre elas a alemã, a holandesa, a norueguesa, a polonesa, escocesa, irlandesa, francesa, espanhola, italiana, africana, indígena e outras. O crescimento demográfico no espaço de duas gerações foi de tal magnitude que começou a criar tensões e conflitos em algumas vilas urbanas, superpovoadas por imigrantes que professavam diversas religiões e ideologias, muitas vezes antagônicas.

Por esta época aportava nas terras americanas ideias iluministas e pietistas. O primeiro foi um movimento cultural amplo e controvertido que enfatizou a razão humana e a sua capacidade em explicar a natureza. Atingiu em grande proporção as pessoas que tiveram acesso aos maiores níveis de educação na sociedade, tais como estudantes universitários, jornalistas, negociantes, advogados, artesãos urbanos muito qualificados e alguns grandes plantadores.

Em 1720, o Pietismo chegou aos EUA com os alemães que para lá imigraram, espalhando a sua fé entre os mais diversos segmentos sociais, especialmente entre os fazendeiros pobres e trabalhadores. Propugnava a ênfase na convicção religiosa através da manifestação de um comportamento emocional em reuniões da congregação e encontros campestres religiosos. Desta forma, buscavam desenvolver uma união mística dos devotos com Deus, uma relação estruturada por manifestações de fortes emoções. Estudiosos afirmam que estes dois movimentos transformaram a paisagem cultural e intelectual dos Estados Unidos da América.[1]

Muitas pessoas ainda acreditavam em superstições e na sabedoria popular, que procurava explicar o mundo, não obstante a revolução científica tivesse ocorrido nos séculos XVI e XVII, seu impacto atingira apenas as esferas mais altas e educadas da sociedade norte-americana

1 James A. Henretta; David Brody; Lynn Dumenil. *America: a concise history*. 2ª ed. vol. 1. Boston/Nova York: Bedford/St. Martin's, 2002, p. 102-116

que frequentavam universidades, assim como os profissionais liberais, jornalistas, advogados e artífices bem qualificados.[2]

Os filósofos iluministas utilizavam o racionalismo científico para explicar os vários aspectos da vida, incluindo aí as instituições sociais, políticas, econômicas, bem como o comportamento humano. Acreditavam que poderiam, através da observação, análise e compreensão do mundo, aperfeiçoá-lo. Identificavam quatro princípios considerados universais: a natureza regida por leis, o poder da razão humana, os direitos naturais dos indivíduos (incluindo aí o autogoverno) e a progressiva melhoria da sociedade.[3]

No final do século XVII, John Locke, filósofo inglês iluminista, enfatizou a importância do impacto do meio social, da experiência e da razão no comportamento humano, entendendo que ele não era determinado por Deus e que poderia ser modificado pela ação da educação e da instrução. Também defendia a ideia de que a autoridade real não emanava de Deus, mas era resultado de um pacto social para preservar direitos naturais à vida, à liberdade e à propriedade. Portanto, os povos tinham o direito de mudar a forma de governo através da decisão da maioria.[4]

Muitas destas ideias chegaram aos Estados Unidos através de livros, viajantes, pessoas educadas em universidades europeias e mesmo americanas. Tais ideias influenciaram rapidamente as crenças dos colonizadores sobre religião, política e ciência. Um caso bem ilustrativo do que foi dito ocorreu em 1710, quando o reverendo John Wise, em Massachusetts, utilizou-se dos escritos de Locke para defender o direito dos membros comuns de congregações religiosas de interpretar a "verdade religiosa", e não apenas os bispos da alta hierarquia da igreja anglicana.[5]

---

2 *Ibidem*, p. 102-116, *passim*.

3 *Ibidem*, *passim*.

4 *Ibidem*, *passim*.

5 *Ibidem*, *passim*.

Outro exemplo ilustrativo é o de Benjamin Franklin. Tendo nascido em Boston, em 1706, numa família calvinista, aprendeu o ofício de tipógrafo ainda muito jovem. Autodidata, tornou-se negociante e jornalista, passou a questionar alguns princípios da Bíblia em seu círculo de estudos e debates, se transformando num deísta. Os deístas acreditavam que Deus tinha criado o mundo, mas não intervinha diretamente na história das pessoas, e acreditavam na "razão natural" para definir códigos morais.[6]

Em 1580 surgiu o Puritanismo, na Inglaterra, e após dois séculos de existência muitos devotos tinham perdido a fé e o entusiasmo, quando, por volta de 1730, alguns ministros desenvolveram esforços no sentido de restaurar a fé e a devoção dos fiéis.

A experiência religiosa no noroeste

Na Pennsylvania e em Nova Jersey, o pastor Theodore Jacob Frelinghuysen peregrinava de igreja em igreja, orando, fazendo sermões muito emocionais e arrastando plateias para suas assembleias. Uma década depois, William Tenent e seu filho Gilbert, copiaram o estilo de Theodore e lideraram encontros religiosos em áreas povoadas por imigrantes.[7]

George Whitefield teve a ideia de transformar os encontros religiosos no movimento chamado *O Grande Despertar,* que se espalhou pelos novos povoamentos do oeste já na década de 1740. George misturava sermões entusiastas com métodos muito disciplinados de vida religiosa. Como boa parte dos pastores bem sucedidos, ele recitava seus sermões de memória, elevando e abaixando a voz de maneira eloquente com o objetivo de chamar a atenção da plateia e, de vez em quando, pronunciava algumas metáforas da Bíblia, representando-as de forma teatral, às vezes, chegando até a imitar vozes femininas. Desta forma, conseguia atrair um público ouvinte gigantesco e entusiasmado. As pessoas se sentiam magnetizadas pelo orador e

6 *Ibidem*, p. 110-111.

7 *Ibidem*, p. 111.

respondiam com reações emocionais, demonstrando arrependimento dos pecados e a busca da salvação divina. Eram reuniões cheias de emoção, onde muitas pessoas desmaiavam, choravam e entravam em convulsões.[8] Este tipo de manifestação da fé foi muito criticada pelas linhas mais conservadoras da Igreja, mas a efervescência e a força da palavra destes pastores nunca foram silenciadas. Esta nova prática de vida religiosa fez a população diminuir seu interesse pelas igrejas consideradas mais tradicionais, onde havia um maior grau de ritualização dos encontros, forte hierarquia e o pagamento obrigatório de contribuições pelos membros. Para se ter ideia do impacto destas manifestações, 125 novas igrejas foram criadas em poucos anos e passaram a ser financiadas pela própria população de forma voluntária.[9]

Neste movimento de novas ideias e práticas religiosas, inúmeras ordens passaram a defender a separação da igreja em relação ao Estado, o que atraiu grande simpatia de boa parte da população, uma vez que as contribuições financeiras passariam a ser voluntárias. A liderança dos ministros foi outro tema muito debatido, pois muitas igrejas preparavam seus pastores através de uma formação longa e formal, realizada em seminários preparatórios. Defendiam que o estudo da Bíblia não deveria ser o centro da formação dos pastores, mas, a experiência da conversão pela qual eles tinham passado e que qualquer pessoa que tivesse sido tocada pela Luz Divina poderia falar sobre a Bíblia com a autoridade de um ministro.[10]

Estes novos conceitos de vida traziam esperança para os povoadores que se viam angustiados pela ética individualista e competitiva, passando a defendê-las em comunidades religiosas, as quais tinham um lado conservador na medida em que incentivavam a ética comunitária e criticavam o comportamento especulativo que valorizava o mercado.[11] O mais importante aspecto a ressaltar da experiência

8 *Ibidem*, p. 114.

9 *Ibidem*, p. 114.

10 *Ibidem*, p. 114.

11 *Ibidem*, p. 114-115.

norte-americana é destacar o crescimento da presença religiosa com a defesa da ausência do Estado na relação do indivíduo com a religião, a diversidade e concorrência de seitas e a liberdade de interpretação dos textos bíblicos entre pessoas simples da população.

Nos Estados Unidos, assim como na Europa, muitas autoridades religiosas passaram a criticar a diversidade de manifestação da fé. Inúmeros ministros permaneceram favoráveis à ligação do Estado com a igreja, especialmente, no Estado da Pennsylvania, onde os Quakers dominavam a religiosidade.

A partir dos anos 1750, os escoceses e irlandeses presbiterianos que tinham imigrado para as regiões de fronteira, passaram a questionar o pacifismo dos Quakers, pois a população que morava próxima da fronteira tinha suas vidas ameaçadas pelos indígenas. Os fronteiriços exigiam atitudes mais agressivas do governo federal. Os imigrantes alemães também eram contrários aos Quakers, pois queriam que as suas leis sobre herança, bem como sua representação proporcional na assembleia provincial, fossem respeitadas em solo americano. Outros segmentos religiosos tais como presbiterianos escoceses e irlandeses, os batistas e os luteranos alemães, também tinham posições antagônicas com os Quakers.

O *Segundo Grande Despertar* aconteceu a partir dos anos 1790 e foi um movimento mais complexo, efervescente e profícuo, teve como alvo a realização de muitos encontros campestres, gerou inúmeras outras seitas religiosas, enquanto o primeiro *Grande Despertar* ficara restrito apenas aos salões das congregações religiosas.[12]

As novas seitas que mais prosperaram tinham um apelo republicano, no qual enfatizava-se a igualdade espiritual entre seus praticantes e se distanciavam das propostas das Igrejas Católica e Episcopal, onde havia uma rígida hierarquia.

A Igreja Presbiteriana tinha um caráter mais popular e aberta que as outras, pois podia eleger membros de sua congregação para as reuniões dos sínodos, onde a doutrina e a prática eram elaboradas.

12 *Ibidem*, p. 268.

Os metodistas e batistas eram ainda mais populares, pois encorajavam a igualdade, promoviam a leitura da Bíblia de forma entusiasmada e estimulavam a participação de ministros leigos.[13]

Esta nova onda de revivência da fé alimentou e expandiu o Cristianismo Protestante. A nova seita Universalista renunciou ao princípio calvinista da predestinação e passou a fazer preleções sobre a salvação universal, conseguindo atrair milhares de novos convertidos ao norte da Nova Inglaterra, na Carolina do Sul, no Kentucky, Tennessee e Ohio. Por causa do apelo emocional praticado por estas igrejas, conseguiram atrair principalmente as pessoas que nunca tinham frequentado igreja alguma antes. A promessa de companheirismo religioso também atraiu muito os jovens, as mulheres e aqueles que se sentiam desgarrados de vínculos sociais nas novas comunidades fundadas a oeste.[14]

As igrejas líderes do período colonial, como as congregacionais, as episcopais e os Quakers, declinaram muito em seus prestígios e audiências em relação às novas seitas. Os que mais cresceram foram os metodistas e batistas, por causa de sua estrutura democrática e de seu evangelhismo. No conjunto, estas novas igrejas mudaram a paisagem da religiosidade norte-americana.[15]

Nos anos 1790, os metodistas e batistas conseguiram a conversão em massa dos escravos e dos negros livres, os quais, de forma inteligente, reinterpretavam o evangelho de acordo com sua visão de mundo e interesses específicos, preferiam ver o deus da Bíblia como um guerreiro que tinha libertado os judeus, seu povo escolhido; desta maneira, criavam uma identidade com a sua condição cativa de que algum dia seriam libertados.[16]

---

13 *Ibidem*, p. 269.

14 *Ibidem*, p. 269.

15 *Ibidem*, p. 269.

16 *Ibidem*, p. 271, veja também, Eugene D. Genovese. *A terra prometida*. São Paulo: Paz e Terra, 1988.

Os negros, de modo geral, ignoravam temas como o pecado original, a predestinação e as passagens da Bíblia onde se estimulava a obediência cega a autoridades ou retratavam a igreja como algo dado e definitivo.[17]

Os brancos também se sentiam atraídos por certas passagens como a do livre arbítrio, a ação humana sobre a terra e o distanciamento dos desígnios divinos. Desta forma, muitos passaram a acreditar na possibilidade da salvação universal e na tendência natural do ser humano de pecar. No entanto, entendiam que quando o homem ou a mulher escolhia a Deus, manifestava-se aí o livre arbítrio e a ênfase no poder da ação humana sobre todas as coisas.[18]

Estas ideias sobre religião enfatizavam a razão, destacavam um determinado legado do Iluminismo e proporcionavam certa unidade, promovendo humanismo e, ao mesmo tempo, individualismo. A cultura religiosa nos Estados Unidos se tornou mais otimista e compatível com os ideais das doutrinas republicanas de liberdade e igualdade.[19]

Os casos de Wisconsin e Illinois

A primeira igreja criada em Trempealeau, no então território de Wisconsin, foi a Congregacionista, que detinha os líderes mais proeminentes e de maior prestígio do vilarejo. Os metodistas e batistas representavam uma freguesia mais modesta do ponto de vista econômico e social. Se as diferenças existiam, elas eram mínimas na situação de fronteira, admite Merli Curti. Os presbiterianos e metodistas de Galesville recebiam igualmente o mesmo tipo de apoio dos líderes locais, muito embora, a partir dos anos de 1860, tiveram de batalhar muito para sobreviverem como instituição.[20]

---

17 *Ibidem*, p. 271.

18 *Ibidem*, p. 271-272

19 *Ibidem*, p. 271.

20 Merle Curti. *The making of America community: a case study of democracy in a frontier county*. Stanford: Stanford University Press, 1959, p. 129.

O ministro presbiteriano John Frothingham nasceu na Pennsylvania, estudou em Princeton, veio ainda jovem para Galesville, em 1860. Construiu uma igreja, fez muitos amigos e admiradores por causa de seus sermões, sua temperança e sua força de caráter. Em 1866, recebia US$ 200 dólares da sua congregação, mais outros US$ 200 da Sociedade para o Apoio a Igrejas, porém, confessou, à época, que se sentia incapaz de manter sua família. Os metodistas, mesmo com a ligação que tinham com a Universidade de Galesville, não se sentiam em melhores condições econômicas. Reportagens do *Journal*, de 2 de setembro de 1870, e no *Galesville Independent*, de 18 de setembro de 1879, mostraram que as pessoas mais importantes da localidade davam total apoio às igrejas.[21]

Embora os congregacionistas e os presbiterianos do lado leste do país representassem as igrejas mais aristocráticas, outras duas igrejas denominadas Episcopais e Unitarianos, também não tiveram sucesso em criar raízes profundas no condado de Trempeauleau. Certa vez, alguns britânicos imigrantes tentaram fundar uma igreja anglicana, mas não foram muito além nos anos 1870.

Segundo Curti, não havia evidências de que os ensinamentos religiosos estavam se constituindo em democráticos ou não, em Trempealeau, no Wisconsin, mas analisa alguns casos que se tornaram públicos à época, com o intuito de responder a esta questão. Vejamos o exemplo.[22]

Em 1877, no condado de Galesville, uma polêmica se tornou pública quando o reverendo H. Oleson começou a organizar fundos para fundar a Igreja Luterana de origem norueguesa. Ao solicitar ajuda monetária através do jornal *Independent*, o editor comentou o fato de que os "conservadores" eram a favor da escravidão e da escola paroquial, enquanto os "liberais" eram a favor da escola pública laica e contra a escravidão. Em resposta, o jornal publicou a resposta de um luterano que escreveu:

---

21 *Ibidem*, p. 129.

22 *Ibidem*, p. 129-130.

> Simpatizamos com o esforço do reverendo Oleson em manter-se atualizado em relação aos avanços dos tempos. Nosso sistema de escolas laicas não é mais o mesmo, desde que os fundos levantados para apoiá-lo são apropriados por escolas paroquiais, muito embora, nossas escolas laicas sejam a glória da nossa pátria. Queremos ser tolerantes com a opinião dos outros tanto quanto gostaríamos que os outros fossem tolerantes com as nossas. Admiramos os fósseis como curiosidades, mas não petrificamos princípios ou credos estereotipados. Reverenciamos nossos avós, mas não executaríamos homens ou mulheres por feitiçaria.[23]

Depois deste comentário, o editor do referido jornal, que também era o superintendente do sistema escolar, decidiu não dar mais continuidade ao debate, afirmando que poderia atrair "*bad blood*". Curti afirma que nenhum líder proeminente do condado mostrou preconceito ou antagonismo contra os católicos da Irlanda que povoaram Ettrick, ou contra polacos e prussianos. Conclui asseverando que se alguns devotos da democracia consideravam o catolicismo romano como não democrático na sua organização hierárquica, na sua devoção ao sistema paroquial de escolas e na sua ênfase à tradição e à autoridade, as pessoas de Trempealeau não deixaram vestígios de preconceito e intolerância contra tais preceitos em nenhum dos registros analisados.[24]

Anos antes, no outono de 1866, o jornal chamado *Transcript* publicava o grande benefício que Four Mile House tinha realizado ao levantar fundos para a construção de uma igreja católica em Trempealeau. Anos depois, esta igreja foi construída e a imprensa se referiu a ela dando boas-vindas. Uma pequena igreja tinha sido construída no vale do Meyer sob a direção do reverendo Florentine Zadzioski. Em Ettrick, a igreja de St. Bridget foi organizada em 1869

23 *Ibidem*, p. 130-131.

24 *Ibidem*, p. 131.

e o jornal *Independent*, de Galesville, elogiou a moderação do padre White. No final do período, algumas paróquias tinham sido organizadas em Arcádia e em Independence. Em sua conclusão diz Curti:

> Se a tolerância em relação às diferenças é um atributo da democracia, então até agora, as evidências permitem julgar que havia uma tolerância democrática no condado. Parece correto admitir que o crescimento do catolicismo de Roma não levantou antagonismos, mas, ao contrário, foi recebido como uma referência natural e desejável do crescimento e da maturidade do condado.[25]

William Warren Sweet concluiu que o contato religioso na fronteira dos EUA criou e consolidou uma atitude mais liberal e democrática em relação à doutrina e à multiplicação de seitas que foram realimentadas pelos métodos de renovação religiosa.[26]

A experiência religiosa na fronteira sudoeste

No sul, principalmente as igrejas da Virgínia eram mantidas por impostos obrigatórios vinculados ao Estado. Muitos pastores negligenciavam as necessidades espirituais da população africana cativa que perfazia cerca de 40% da população total, enquanto os brancos pobres, os sem-terra perfaziam cerca de 20% da população, os pequenos e médios proprietários, 35%. Os grandes plantadores e suas famílias representavam 5% da população e controlavam o poder religioso das congregações anglicanas.

A vida religiosa na fronteira do sudoeste era muito difícil, como relatam as cartas de Amanda Trulock, no Arkansas, para sua família em Connecticut, afirmando que, em muitas situações, dez anos após

---

25 *Ibidem*, p. 131.

26 William Warren Sweet. *The story of religion in America*. Nova York: Harper & Bros., 1939.

o povoamento de algumas regiões, ainda não tinham sido construídos templos religiosos.[27]

Nos primórdios, a prática religiosa acontecia nas casas dos plantadores ou através de pastores e padres itinerantes, os quais viajavam de fazenda em fazenda, a cavalo. Muitos religiosos se queixavam da indiferença da população em relação à prática religiosa e da formação ruim de ministros metodistas e batistas. A igreja mais próxima ficava em Little Rock, no Arkansas, não sendo viável a ida regular às cerimônias religiosas. Muitas senhoras se queixavam de não poderem participar de reuniões anuais de revivamento da fé que suas igrejas organizavam em ambientes campestres na zona rural, pois tinham que viajar vinte ou trinta milhas, outros se queixavam da ausência de pastores para acompanhar a vida religiosa de seus cativos.[28]

No final dos anos 1790, houve uma grande expansão da fé protestante para além dos Apalaches, especialmente no Kentucky, no Tennessee, atingindo o Arkansas. Duas práticas pastorais eram os eixos motivadores para tal expansão: a liderança dos pastores-organizadores e os encontros campestres.[29]

Naquela época, no sudoeste, os pastores viajavam de vila em vila e se constituíam nos principais organizadores de suas congregações. Os metodistas se destacavam pelas aulas, os batistas e presbiterianos como organizadores que nutriam grande simpatia pela cultura indígena. Os pastores mais bem aceitos e que cativavam a atenção de suas comunidades eram aqueles que conseguiam entender e interagir com os problemas cotidianos do povo da fronteira. A formação teológica realizada em universidades não era muito valorizada, mas sim os sermões realizados de improviso e que tocavam às necessidades

27 Donald McNeilly. *The Old South Frontier: cotton plantations and the formation of Arkansas Society, 1819-1861*. Fayetteville: The University of Arkansas Press, 2000, p. 67.

28 *Ibidem*, p. 67.

29 S. Charles Bolton. *Arkansas, 1800-1860: remote and restless*. Fayetteville: The University of Arkansas Press, 1998, p. 108.

do povo simples da fronteira. A população fronteiriça preferia pastores secularizados que dividiam seu tempo com a fazenda, a família e a pregação do que aqueles que eram pagos com salários e se tornavam profissionais da fé, pois queriam que seus ministros chegassem junto à população para enfrentar, discutir e ajudar a resolver seus problemas, deste modo, se tornavam necessários e populares.

A religiosidade no Arkansas cresceu muito a partir do *Grande Despertar* que aconteceu por lá entre 1800 e 1805, transformando o evangelho cristão numa cultura que dava uma base comum de entendimento entre brancos e negros no sul, como também, deu à região uma nova reputação de devoção. Durante o período colonial, a igreja da Inglaterra tinha mantido templos em Maryland, Virgínia e Carolina do Sul, mas a sua hegemonia regional estava fragmentada pela imigração de alemães, escoceses e irlandeses presbiterianos e de novos batistas no interior do território durante o século XVIII. A partir da guerra civil americana, a influência dos dissidentes foi forte o bastante para desestabilizar as igrejas tradicionais. Um quarto de século depois, após a separação da Igreja do Estado, a livre competição entre as igrejas começou.[30]

O *Segundo Grande Despertar* aconteceu em outras regiões no começo do século XIX. No sul, uma série de encontros que se originaram no Kentucky, no final dos anos 1790, se desenvolveram no meio rural na forma de encontros coletivos, nos quais havia grandes conversões em massa. Pastores metodistas, presbiterianos e batistas organizavam tais eventos e faziam sermões para a plateia durante dois a três dias seguidos. Os participantes destes encontros rurais respondiam com manifestações de grande entusiasmo e envolvimento, espalhando esta experiência por todo o sul. Embora o calvinismo não tenha sido completamente descartado, os sulistas passaram a acreditar na prática da disciplina pessoal combinada com a pregação dos Evangelhos. Ao analisar a presença de ideias religiosas contraditórias, Donald G. Matthews afirmou que o convívio paradoxal entre

30 *Ibidem*, p. 108.

as noções sobre o livre arbítrio e a onipotência de Deus se resolveu "em favor do senso comum sobre a habilidade do homem de se comprometer com Deus".[31]

No sul, o evangelismo comprometeu mais as mulheres do que os homens, uma vez que elas representavam 65% dos membros das igrejas e se envolviam mais na religiosidade da família. De acordo com o ideal de algumas seitas, a família deveria orar reunida, de duas a três vezes ao dia, ler as Escrituras pela manhã e ao entardecer conversar sobre o estado da alma de cada um. Os sulistas acreditavam que as mulheres eram mais religiosas do que os homens e deveriam ser as responsáveis pela divulgação da fé no lar.[32]

O metodista era o maior grupo religioso do sul no período anterior à guerra civil, pelo menos em quantidade de templos existentes, o batista vinha em segundo, o presbiteriano, incluindo os de Cumberland, em terceiro.[33]

Os metodistas, batistas e os discípulos de Cristo tinham estruturas semelhantes com relação ao gasto de despesas, uma média de quatrocentos dólares por ano. Os presbiterianos e os episcopais frequentavam templos com estruturas mais sofisticadas e caras, incluindo uma porção significativa de membros ricos da comunidade; no entanto, a Igreja Católica era ainda a mais sofisticada de todas. Na década de 1860, mais templos religiosos passaram a existir do ponto de vista *per capita* do que na década anterior. A população branca e negra tinha dobrado neste período, e as igrejas, triplicado; havia 580 pessoas por igreja nos anos de 1850 e 432 nos anos de 1860.[34]

Uma temática de grande importância social foi desenvolvida no *Segundo Grande Despertar*: a reforma moral. Este debate começou no norte onde o foco era o indivíduo, seu pecado e a salvação, depois,

31 Donald G. Mathews. *Religion in the old south*. Chicago: University of Chicago Press, 1977 *apud* Bolton, *op. cit.*, p. 109.

32 Bolton, *op. cit.*, p. 109.

33 *Ibidem*, p. 115.

34 *Ibidem*, p. 116.

se deslocou para a moralidade da sociedade, envolvendo temas como abolicionismo, moderação, reforma penal, melhoras no tratamento dos insanos.[35]

Depois que os abolicionistas começaram o ataque à escravidão, nos anos de 1830, os sulistas passaram a defender com mais vigor as suas próprias instituições, muito embora parecessem ter menos entusiasmo sobre temas como a "perfeição humana" do que os nortistas. Apesar da ênfase sobre a ideia de livre arbítrio, os batistas e os presbiterianos do sul permaneceram voltados para uma visão calvinista, na qual não estimulava o pensamento utópico. Os metodistas do sul eram também menos entusiasmados do que os do norte sobre o tema da "condição humana". Os evangélicos do sul apoiaram as leis contra os duelos, jogos e estimularam a alfabetização na sociedade, uma vez que a leitura da Bíblia era fundamental nas suas práticas religiosas.[36]

Quadro 2. As Igrejas no Arkansas entre 1850 e 1860

Denominação	N 1850	N 1860	Valores (a) 1860
Batista	114	281	383
Presbiteriana de Cumberland (b)	-	71	526
Cristianos	-	33	383
Episcopal	2	7	1.571
Metodista	168	505	367
Presbiteriana	52	65	1.045
Católico Romano	7	9	2.589
Outras	19	37	-
Total	362	1008	-

Fonte: Bolton, *op. cit.*, p. 115

a – Valor em dólares

b – Membros da seita Discípulos de Cristo

35 *Ibidem*, p. 116.

36 *Ibidem*, p. 116.

Os metodistas se constituíam no maior grupo, vindo em segundo lugar os batistas. Os prebiterianos, incluindo os de Cumbeland, ficam em terceiro. Outros temas foram objeto de acirrados debates, tais como a abstinência e a moderação. As igrejas metododistas, batistas e cristãs, de modo geral, tinham estrutura e o custo médio semelhantes.

A bebida passou a ser vista como um pecado que fragilizava as famílias, enfraquecia a igreja e desestabilizava o Estado entre todos os ramos religiosos. Os pioneiros do oeste eram grandes produtores de uísque e o bebiam em grandes quantidades, por isso as igrejas procuraram organizar inúmeras sociedades civis que tinham como lema "não beber, não comprar, não servir bebida".[37]

A adesão aos princípios das igrejas evangélicas no Arkansas foi trazida pelos metodistas. William Stevenson, um pastor local, sem treinamento formal e ordenação, viajou pelo sudoeste, no ano de 1814, praticando inúmeros serviços religiosos em diferentes localidades. Segundo seus relatos, rezar e ler os evangelhos na família era algo inovador naquela época. Seus sermões reuniam centenas de pessoas nos campos e bosques, ao longo dos rios, nos acampamentos e piqueniques. Foi assim que aos poucos a adesão da população sulista aumentou em relação à frequência das práticas religiosas.[38] Outro pastor chamado Eli Lindsey, ainda muito jovem, usava métodos também poucos ortodoxos para atrair paroquianos. Visitava muitos lugares simples, permitia, por exemplo, os jovens dançarem antes de rezarem, quando estavam reunidos ao ar livre. Em muitas ocasiões aconteciam eventos inusitados, por exemplo, às vezes, no momento das orações ao ar livre os cachorros começavam a latir, significando que algum tipo de animal selvagem estava se aproximando, tais como ursos e outros. Neste momento, os homens saíam em disparada para caçar o animal, voltando em seguida ao lugar de orações. Aí o pastor agradecia a Deus pelos homens que sabiam caçar e pelas mulheres que sabiam orar! De forma entusiasta e acolhedora

37 *Ibidem*, p. 117.

38 *Ibidem*, p. 110.

os pastores tinham muito sucesso ao seduzir milhares de pessoas às suas igrejas.[39]

As conferências da igreja metodista foram criadas a partir de 1816 e muitos pastores foram enviados para diversas regiões do Arkansas com o objetivo de expandir sua influência. Muitos eventos ocorreram no ano de 1831, marcando o crescimento desta igreja. Os batistas, ao entrarem cedo no Arkansas, cresceram em relação à quantidade de templos, muito embora, algumas de suas subdivisões fossem hostis à criação destes, como lugares específicos destinados a orações; outro ramo não aceitava o batismo praticado fora da igreja, e havia ainda aqueles que eram contrários aos trabalhos missionários.

Os primeiros presbiterianos que chegaram ao Arkansas vieram do Kentucky, em 1810, sendo a maioria do ramo de Cumberland. Este ramo desejava mais liberdade para a formação dos ministros, pois acreditava que a habilidade de realizar sermões não tinha uma relação necessária com o treinamento mais formal e estava em desacordo com a fatalidade da predestinação, tal como foi apresentada nas Confissões de Westminster, tendo grande influência na ênfase proclamada sobre o livre arbítrio.[40]

A igreja presbiteriana ortodoxa organizou a sua primeira congregação em Little Rock, no ano de 1828, quando James Wilson Moore lá chegou. A segunda foi criada no condado de Jackson e a terceira em Hempstead.[41]

Bolton afirma que muito embora a religiosidade da fé estivesse crescendo de forma vigorosa, o sul era mais convencional do que o norte, no qual o *Segundo Grande Despertar* levou à criação de novas subdivisões, tais como a Igreja dos Santos dos Últimos Dias e os Adventistas do Sétimo Dia. Novas ideias ainda foram introduzidas por Thomas Campbell, ministro presbiteriano, o qual acreditava que a Bíblia era a única fonte de autoridade religiosa e seus fiéis poderiam

39 *Ibidem*, p. 111.

40 *Ibidem*, p. 113.

41 *Ibidem*, p. 113-114.

interpretá-la como quisessem. Os seguidores de Campbell passaram a se chamar de Discípulos de Cristo, cuja seita foi organizada na Pennsylvania em 1811 e suas ideias foram divulgadas em periódicos na Virgínia do Oeste.[42]

A Igreja Episcopal Protestante veio para o Arkansas em 1839 com o bispo Leonidas Polk. Em 1842 foi construído um templo cuja arquitetura a tornou mais suntuosa de todo o Estado. O formalismo desta igreja teve grande dificuldade de ser aceito em ambientes nutridos por leituras, orações e cantos informais da Bíblia.[43]

Muitas ramificações evangélicas no sul aceitavam a instituição da escravidão e encorajavam a cristianização dos escravos. A única exceção foi a dos metodistas, que passaram a renunciar seus cativos.[44]

O caso dos mórmons no Texas

O grupo religioso dos mórmons foi muito perseguido nos Estados Unidos, seu líder foi assassinado e seus fiéis foram expulsos sucessivamente de Ohio, Missouri e Illinois. Muitos americanos acreditavam que este credo era incompatível com os ideais da república e da cidadania. Sentimento semelhante também era dirigido aos praticantes católicos. A origem deste tipo de hostilidade dizia respeito aos princípios da revelação da fé, pois Deus poderia falar aos líderes destas igrejas e isto causava no espírito protestante uma percepção de blasfêmia. Outro problema era que a alta hierarquia destas igrejas negava a separação do Estado, o que tornava seus fiéis submissos à autoridade maior da igreja e não ao Presidente da República. Por isso, para muitos, estes fiéis não poderiam ser considerados cidadãos livres, pois acreditavam que católicos e mórmons eram pervertidos e imorais, do ponto de vista sexual, por causa dos escândalos dos padres e freiras e da poligamia aceita entre os mórmons.[45]

---

42 *Ibidem*, p. 114.

43 *Ibidem*, p. 114.

44 *Ibidem*, p. 117.

45 Michael Scott Van Wagenen. *The Texas Republic and the Mormon Kingdom of God.*

A República do Texas vivia sob a ameaça constante das potências vizinhas, entre elas Espanha, França e México, quando o presidente Houston elaborou planos para desenvolver uma estratégia de defesa em áreas limítrofes deste território. Naquela ocasião, intencionava unir a imigração com povoamento como resposta aos planos de defesa territorial. Por outro lado, dirigentes da igreja mórmon e seus fiéis estavam interessados em buscar uma nova região para professar sua fé, uma vez que já tinham sido expulsos de inúmeros outros Estados. Houston planejou um acordo que colocava os mórmons servindo de escudo às zonas de conflito do Texas com o México e, ao mesmo tempo, poderiam desenvolver sua fé com liberdade, protegendo toda a região. Houve, portanto, uma confluência de interesses que ligavam a formação e consolidação da República do Texas com o estabelecimento da igreja de Jesus Cristo dos Últimos Dias e de seus súditos nas terras recém colonizadas pelos norte-americanos.[46]

O Texas também tinha uma tradição católica que vinha da época do governo hispânico e instituições como casamentos mistos e uniões livres, os quais passaram a ser reconhecidos após a instauração do governo americano na região.[47]

A cultura religiosa afro-americana

Para historiador Eugene Genovese a religião popular afro-americana é resultado da presença das correntes originadas da África, da Europa e da tradição judaico-cristã, assim como da ameríndia, muito embora tenha se tornado de modo predominante uma fé cristã, negra e norte-americana.[48] Durante muitos anos, autores clássicos, dentre

College Station: Texas A & M University Press, 2002, p. 5-12 e 71-73.

46 *Ibidem*, p. 5-12 e 71-73.

47 Mark M. Carroll. *Homesteads ungovernable: families, sex, race and the law in frontier Texas, 1823-1860*. Austin, Texas: University of Texas Press, 2001, p. 4-5; p. 112-113.

48 Genovese, *op. cit.*, p. 314. Veja também o artigo de Fábio Pereira Carvalho. "E tomarão lugar à mesa do reino de Deus: Eugene D. Genovese e o evangelho nas senzalas". *Revista Outros Tempos*, vol. 8, n. 12, dez. 2011, p. 189-204.

eles Melville J. Herkovits, defendiam a tese da continuidade de sobrevivências culturais africanas, enquanto outros, entre eles, Franklin Frazier, enfatizavam a ruptura de tais influências.[49] Teria sido, portanto, o desenvolvimento histórico do cristianismo afro-americano o que teria salvo os escravos do desastre que alguns historiadores, erroneamente – diz Genovese –, supõem ter-se abatido sobre eles: o de ficarem a meio caminho entre a cultura africana perdida e a cultura europeia proibida.

A religião dos escravos teria ajudado a construir um cristianismo não apenas nacional, mas também norte-americano, assim como um cristianismo de característica tipicamente negra, e possibilitou a afirmação nacional do povo negro, criando uma dualidade – no sentido dialético da palavra –, isto é, de ao mesmo tempo cultivar algo *próprio* e *alheio*, algo *separado* e ao mesmo tempo *unido*, de vir a ser uma religião dentro de outra religião e de uma nação dentro de outra nação.[50]

A religião negra teria sido muito mais do que uma religião de escravos, uma vez que os melhores pastores do sul eram negros livres. Por sua vez, a condição de escravidão teria possibilitado a emergência da *identidade tipicamente negra* que não chegaria a se fragmentar em *classes*, mas antes, formaria uma *nação*, conclui Genovese.

O povo negro, ao criar e reafirmar uma leitura própria do cristianismo, teve que lidar com contradições dentro da senzala. Em primeiro lugar, tal leitura da Bíblia conferiu uma força de conjunto, coletiva – uma identidade –, mas, também, propiciou um individualismo perigoso. Em segundo lugar, criou uma comunhão entre senhores e

---

49 Melville Herskovits. *The mith of the negro past*. Boston: Beacon Press, 1958 e Franklin Frazier. *The Negro Family in Chicago*. Chicago: The University of Chicago Press, 1966.

50 Genovese, *op. cit.*, p. 396. Para uma discussão antropológica de modelos culturais veja: S. Mintz & R. Price. *O nascimento da cultura afro-americana: uma perspectiva antropológica*. Rio de Janeiro: Pallas, 2003.

escravos, ao mesmo tempo em que situações cotidianas manifestavam um forte antagonismo entre tais sujeitos.[51]

O estilo de orar, a sensibilidade do sentir, e a compreensão da teologia cristã específica – singulares à leitura negra da Bíblia – foram produto da adoção da noção de fraternidade cristã. Tal adoção não os levou a verem os senhores como demônios, mas a um tipo de sentimento cultivado de modo separado, isto é, um modo singular de sentir e perceber o mundo. O responsável por tal cultivo teria sido o universalismo cristão, pois para os cativos, os senhores eram irmãos em Cristo e também estavam sujeitos ao poder divino. Ao separar os senhores entre indivíduos bons e maus, possibilitou a criação de uma percepção relativa sobre o que entendiam como um dever necessário, uma vez que o fato de os brancos terem escravos, não os impedia de serem vistos como cristãos, muito embora os cativos considerassem a escravidão inapropriada. Tal percepção os levou a odiar a escravidão e não a seus senhores.[52]

A leitura negra da Bíblia possibilitou-lhes uma compreensão de seu próprio valor diante de Deus e dos homens. Tal interpretação fazia-lhes acreditar que nenhum homem se torna propriedade de outro a não ser que queira. Também acreditavam que a escravidão absoluta seria impossível, pois os escravizados teriam sempre uma possibilidade de escolha, por mais que o corpo e o espírito estivessem castigados.

A doutrina da igualdade entre as pessoas presente no cristianismo reforçou o sentimento de solidariedade entre os negros. Tal solidariedade estava presente no apelo à convivência, na pregação que convoca os homens para um modo de vida específico.[53]

Ler, reler e recriar uma interpretação própria da Bíblia possibilitou uma identidade, um orgulho coletivo e uma consciência protonacional – o que levou Genovese a denominá-la de variante negra do cristianismo.

---

51 *Ibidem*, p. 397.

52 *Ibidem*, p. 398.

53 *Ibidem*, p. 399.

No entanto, ao mesmo tempo, "ofereceu um perdão universal e uma reconciliação definitiva com a América branca. Deu aos escravos meios para se preservarem e de amarem seus irmãos das senzalas, ainda que tenha impedido o surgimento de uma consciência política e impossibilitado a criação de uma autoridade negra legítima."[54]

A consciência política foi resultado de uma da prática da religião cristã mediante um estilo de pregar o evangelho através da narração de histórias, de relatos contendo muita imaginação, de um estilo dramático e teatral de oratória que contava experiências de pessoas e buscava construir mensagens positivas de esperança.[55]

O pastor negro Henry H. Mitchell afirmava que o pregador negro não era um oficial do exército que convocava seus homens para a morte, mas ao contrário, era uma testemunha que deveria propor um modo como os homens deviam viver a vida. Esta passagem demonstra como a liberdade de interpretação da Bíblia criou influências poderosas no comportamento da população negra, tendo como resultado o fortalecimento do indivíduo à custa de uma afirmação política coletiva.[56]

Como vimos páginas atrás, este método era também praticado pela população branca através de movimentos de revivências. No entanto, a população negra acrescentou ao método mais alegria, mais música e muita dança, elementos vivos presentes na memória dos negros escravizados.

Os brancos fundamentalistas viviam os evangelhos como exemplo de verdades imutáveis, não conseguiam criar uma identidade compartilhada, comum e fraterna, pois a cultura liberal e as noções de livre-concorrência tendiam a corroer a tessitura de seus vínculos exteriores às suas relações sociais primárias.

---

54 *Ibidem*, p. 400.

55 Cf. Henry H. Mitchell. *Black preaching: a recovery of a powerful art*. Nashville: Abingdom Press, 1990, p. 107, 113, 130.

56 *Ibidem*, p. 399.

Genovese reconhece que o cristianismo professado e praticado pelos negros não conseguiu transformá-los em operários disciplinados, como o fez a vertente metodista cristã. Eles continuaram encarando o trabalho não como dever, mas como um momento de compartilhamento, de fazer juntos, de alegria. A característica comunitária e coletiva do trabalho na *plantation* ajudou-os a manter a alegria quando se sentiam acompanhados de companheiros de tarefas, mesmo que pesadas e extenuantes. Cantavam de modo coletivo como o faziam na África. A tradição Iorubá harmonizava bem o espírito comunitário e a iniciativa individual nos momentos de capinagem e semeadura.

No espaço de 45 anos, ou seja, em apenas duas gerações, as regiões que se constituíram em fronteira nos EUA passaram de 400 mil para 2 milhões de habitantes. Seria de se esperar que um crescimento tão vertiginoso da população com características étnicas[57] tão variadas, de nacionalidade, língua, religião, diversidade de origem campo/cidade até ocupações, provocasse muitos conflitos e tensões.

Novas ondas culturais vindas da Europa aportaram nos EUA, assim como em suas fronteiras. Os ideais iluministas davam grande ênfase no poder da razão humana, na observação da natureza regida por leis, nos direitos naturais dos indivíduos (o autogoverno, por exemplo) e a progressiva melhoria da sociedade. Mas, tais ideias atingiam apenas as camadas mais altas da sociedade, os estudantes universitários, jornalistas e advogados.

Na base da pirâmide social estavam presentes as ideias pietistas, as quais davam grande ênfase na convicção religiosa e na forma de manifestá-la, através de comportamentos imbuídos de fortes emoções em reuniões da congregação ou em encontros campestres.

57 Veja a discussão do conceito etnia em Regina Weber. "Estudos Étnicos e Historiografia". In: *Anais eletrônicos do 22º Simpósio Nacional de História*, UFPB, João Pessoa, 2003. Veja também da mesma autora: "Imigração e identidade étnica: temáticas historiográficas e conceituações". *Dimensões – Revista de História da UFES*, Vitória, n. 18, 2006, p. 236-250.

Os estudiosos sobre a cultura da população escravizada norte-americana se perguntam: o que teria promovido tal consciência singular?

Genovese sugere que as respostas podem ser encontradas nos momentos em que os negros se reuniam e compartilhavam a prática da religião cristã. O método de pregação dos evangelhos envolvia a narração de histórias, vivências individuais e coletivas, muita imaginação, um estilo dramático e teatral da oratória que contava experiências de pessoas e de famílias e contagiava a todos, buscando sempre construir uma mensagem positiva e de esperança ao final. Reafirmava-se um tempo diferente da experiência negra em relação à dos brancos, pois o espírito tinha que agir de modo verdadeiro e intenso, iluminando tanto o intelecto quanto a emoção da congregação escravizada. Era necessário um tempo diferente do dos brancos para envolver toda a congregação negra, pois ela, primeiro, necessitava esvaziar-se de seus problemas mundanos e, depois, se jogar de corpo e alma no compartilhamento de emoções e da razão.

O já citado reverendo Henry H. Michell afirma que a cultura afro-americana, com seu estilo próprio de pregar o evangelho, foi de grande importância para produzir a autoconfiança necessária ao fortalecimento de sua cultura religiosa. Os negros, deste modo, extraíram da Bíblia aquilo que mais lhes interessava e nela procuravam ajuda, inspiração para suas experiências de vida compartilhada e a busca de uma moral e esperança entre seus membros.[58] Sabemos que a emancipação espiritual do indivíduo é a tarefa de toda a religião. Porém, a comunhão do povo escravizado, em circunstâncias tão prementes, aumentou a tendência das senzalas a se enfraquecerem, diz Genovese. Ao tentar criar um sentimento de solidariedade por meio do respeito e do amor mútuos, reforçou a doutrina da igualdade das pessoas, completa o autor, minimizando o sentimento de revolta e insurreição.[59]

---

58 Henry H. Mitchell, *op. cit.*, p. 107, 113, 130.

59 Genovese, *op. cit.*, p. 399.

Outro ritual cultural relativo à morte – o funeral – foi relido e ressignificado de modo diferenciado da dos brancos. Ao participar deste ritual de modo compartilhado, os escravizados se sentiam parte de uma só comunidade que comungava da mesma dor. A herança africana criou, assim, uma adaptação no ritual do funeral, com semelhanças ao do branco, mas com uma nova leitura e nova significação. Vejamos o relato nas palavras de Genovese:

> O funeral de um escravo era um espetáculo, um acontecimento da maior importância e uma realização, ao mesmo tempo solene e pujante, de toda a comunidade. Os escravos queriam ter um serviço religioso, mas não dispensavam facilmente uma exibição. Dessa forma, davam continuidade à tradição da África ocidental, segundo a qual um funeral digno levava ao descanso o espírito de quem partira e assegurava que não voltaria sob a forma de um fantasma, ideia que alguns negros das áreas rurais sulistas ainda conservam no século XX. Portanto, os funerais atuavam como condutores para que aquele que se fora entrasse no mundo dos espíritos. Ao mesmo tempo, eram uma forma de os escravos vivenciarem experiências tradicionais e limítrofes às dos brancos, experiências que seguiam um mesmo rumo. [60]

Mais adiante completa:

> Os costumes funerários africanos mantiveram-se no Velho Sul e persistem no século XX, mas no final da primeira década do século XIX se amalgamaram aos dos brancos e dos índios e assumiram uma nova feição. Por todo o período da escravidão, a prática de enterrar alimentos junto com os mortos, oriunda da África ocidental, existiu em sua forma direta na Geórgia e na

60 *Ibidem*, p. 300.

> Carolina do Sul, e com algumas variações na Virgínia e em outros lugares.[61]

Genovese, ao analisar a noção de trabalho e de tempo presentes na cultura africana, afirma que os pastores negros faziam uma leitura da Bíblia na qual resgatava-se uma concepção de alegria que os negros vivenciavam na África ao realizarem tarefas de modo partilhado e coletivo. O orar e o trabalhar eram momentos a serem compartilhados por emoções sentidas e divididas na vivência conjunta.

Por sua vez, a população branca, influenciada pela seita metodista, via o trabalho como um dever, uma obrigação, algo que deveria ter método e disciplina, um lugar no qual dever-se-ia poupar tempo, em outras palavras, ganhar tempo. Genovese entende que o ascetismo religioso dos brancos protestantes – aquele sentimento que rejeitava o mundo terreno – não conduzia à fuga dele, mas a uma luta contínua contra ele, contra os prazeres mundanos, em favor da racionalização de tudo e da imposição da conduta sistemática a todas as esferas da vida. Esta visão de mundo transformou-se em uma força social e política, tendo que se fundar e se refundar todos os dias nas opções do consentir do homem livre, isto é, nas escolhas baseadas na noção de liberdade individual.

A busca da salvação era lida de modo diverso pela interpretação da população negra em referência à branca, pois era realizada por pastores negros que constituíam suas próprias comunidades escolares, seu público específico a ser alfabetizado, seus leitores, e suas congregações de fiéis. A ética negra da prática religiosa emergiu desta relação que os negros escravizados tinham com uma interpretação e decodificação específica da Bíblia a partir de suas experiências. No tocante à ética do trabalho, eram contra a exploração econômica excessiva e esta se forjou de modo antagônico e em antítese à do trabalho branco.[62]

---

61 *Ibidem*, p. 301.

62 Cf. Ernst Troeltsch. *Social teaching of the christian churches*, vol. I, p. 321 *apud* Genovese, *op. cit.*, p. 441.

O conceito de trabalho no catolicismo medieval foi elaborado pela alta hierarquia da igreja e decorria da fraqueza e do pecado do homem. Era, ao mesmo tempo, um castigo e um caminho para a salvação diante do desígnio divino. A doutrina luterana insistia mais na salvação do que na ideia de castigo. O calvinismo, por sua vez, elevou a ideia de trabalho como *vocação* do luteranismo ao nível de *dever religioso*, tornando-o expressão da Graça, ou seja, um fim em si mesmo.[63]

Ernst Troelthsch esclarece que:

> Para pessoas educadas dentro dos princípios calvinistas, o hábito indolente de viver de rendas herdadas parece um pecado imperdoável; seguir uma vocação sem finalidade definida e que não gera lucro material parece uma tola perda de tempo e energia, e o fato de não conseguir aproveitar plenamente as oportunidades de obter lucro material dá a impressão de indiferença para com Deus. Do ponto de vista calvinista, a preguiça é o mais perigoso dos vícios.

Portanto, os princípios e ideais do protestantismo ascético podem ser resumidos assim: a ruptura interior entre o sentimento de deleite e todos os instrumentos de trabalho; o aproveitamento do trabalho sempre em função de um objetivo que não é deste mundo, e que portanto deve ser uma tarefa vitalícia; o despreendimento de toda a posse, de todas as coisas mundanas, cuja importância se situa apenas no nível da utilidade; o hábito da diligência, a fim de que seja eliminado qualquer impulso de indolência e distração; e a utilização voluntária do lucro em prol da comunidade religiosa e do bem-estar geral...".[64]

Um dos fatores que mais influenciou e moldou a cultura religiosa norte-americana é resultado das interpretações de como os pastores,

63 Cf. E. Troeltsch, *op. cit.*, p. 321 *apud* Genovese, *op. cit.*, p. 441.

64 Cf. E. Troeltsch, *op. cit.*, II, p. 554, 609, 611, 808-809 *apud* Genovese, *op. cit.*, p. 441-442.

os religiosos e pessoas comuns leram os textos religiosos. Qualquer pessoa comum poderia interpretar a verdade religiosa e esta não poderia ser apenas o resultado da leitura de sábios da alta cúpula ou da hierarquia da Igreja anglicana ou católica. A livre interpretação do texto bíblico deu a possibilidade para qualquer cidadão buscar e encontrar suas próprias verdades. Esta liberdade de interpretação incrementou o debate de modo geral, incluindo o religioso e o político, assim como a necessidade de alfabetização da população em geral. Em tais debates religiosos se discutia os fins e os meios para se atingir a salvação na terra e no reino de Deus, como também a busca da felicidade, à luz das necessidades presentes na experiência cotidiana da população de imigrantes.

Como vimos, os negros liam e interpretavam a bíblia cristã de modo particular, e tal especificidade criou um sentimento comum e vivências compartilhadas.

II. A RELIGIOSIDADE NO BRASIL

A reforma protestante e a contrarreforma católica na Europa tiveram como referência a organização do Concílio de Trento, que se deu entre 1545 e 1563. Os historiadores admitem que uma nova sensibilidade religiosa começou a surgir neste século. A alta cúpula da igreja católica passou a se preocupar mais com o comportamento cotidiano dos indivíduos e a pureza da doutrina, do que sua política passada que valorizava muito mais a execução de atos litúrgicos, característica fundamental do cristianismo medieval.

À medida que o Estado centralizado foi se consolidando na Europa, alguns monarcas passaram a exigir maior apoio da Santa Sé e, em troca, eles passaram a dar maior apoio à mesma. Por sua vez, com a explosão da reforma protestante, Roma também passou a buscar cada vez mais apoio dos reis católicos, em especial da Espanha, que eram, naquela época, baluartes da fé. A igreja almejava se fortalecer, ganhar fiéis perdidos aos protestantes e se expandir nas novas terras recém descobertas nas Américas com o apoio das monarquias europeias.

A Igreja católica no Brasil, como uma organização, passou a existir a partir da criação do bispado da Bahia, dois anos após a chegada dos primeiros jesuítas, no governo-geral de Tomé de Souza, em 1551. Na bula *Super Militantis Ecclesiae*, o Papa Júlio III outorgou direitos do padroado a D. João III, rei de Portugal e seus sucessores. Os poderes temporal e espiritual ficaram concentrados na figura do rei, como afirma o título que recebera de "perpétuo administrador espiritual e temporal da milícia de Jesus Cristo da Ordem de Císter, tornando-se delegado da Santa Sé e Grão-mestre administrador durante todo o tempo de sua existência".

Deste modo, o monarca português tornara-se o pontífice efetivo da Igreja em formação na América portuguesa, ao qual competia a tarefa de evangelização e catequese, a promoção do culto, a nomeação e o sustento dos padres. A Coroa ainda contava com o Tribunal da Mesa de Consciência e Ordens, que foi criado em 1532 com o objetivo de preparar as decisões régias sobre assuntos espirituais, tendo uma importância comparável ao Conselho Ultramarino que cuidava das matérias civis e temporais.

Na visão de Riolando Azzi o chamado catolicismo "tradicional" foi implantado desde a colonização portuguesa e teve um caráter luso-brasileiro, leigo, medieval, social e familiar. Após algumas reformas, o catolicismo "renovado" apresentou outras características tais como: traços romano, clerical, tridentino, individual e sacramental. Nos três primeiros séculos de colonização teria dominado o "tradicional", muito embora os jesuítas e alguns bispos tenham tentado introduzir o "renovado", sem grande êxito. Durante o Império houve uma grande luta entre ambas as correntes, mas o catolicismo "tradicional" ou "popular" tinha apoio do governo e das famílias, e o "renovado", apenas dos bispos reformadores. A partir do século XIX o catolicismo recebeu influências tanto do espiritismo quanto do protestantismo. Muitos católicos passaram a frequentar terreiros de umbanda, reuniões espíritas e assembleias protestantes ao mesmo tempo. A partir do período republicano, houve uma grande influência do catolicismo renovado, enquanto o tradicional passou a ser progressivamente marginalizado pela hierarquia da Igreja.[65]

À medida que o Estado português foi se fortalecendo através do apoio dado pelos grandes mercadores, a aristocracia foi ficando em segundo plano, e os comerciantes passaram a financiar cada vez mais o Estado através de empreendimentos realizados via comércio colonial. No entanto, deve-se ressaltar que esta classe mercantil não desenvolveu uma ideologia própria, ao contrário, assimilou o ideal guerreiro e religioso característicos da aristocracia portuguesa da época. Se a expansão colonial teve uma face econômica, a religião serviu para fornecer a base de legitimação do ponto de vista ideológico, a qual tinha uma natureza sagrada. O ideal religioso não fazia parte da burguesia em ascensão, mas da tradição nobre através do espírito de cavalaria. Como disse um historiador, o comércio lusitano integrou-se à prática da Cristandade, vinculando-se ao mundo religioso.[66]

A Coroa portuguesa tinha uma política específica dirigida às famílias coloniais, brancas e livres, no sentido de proclamar o matrimônio religioso enquanto o único legítimo formador de famílias coloniais. Por sua vez, a Igreja e seus funcionários tinham a função de doutrinar as populações indígenas, mestiças e cativas pouco afeitas ao catecismo católico. Neste sentido, as ordens religiosas tiveram função especial de convertê-los à fé católica, como também de organizar os estudos formais, inclusive da fé. [67] Mas, deve-se ressaltar que a cultura católica medieval de Portugal foi também trazida ao Brasil pela elite mercantil que desenvolveu negócios, assim como, pelo povo simples que de lá veio com seus familiares, criando raízes nas novas terras.

---

65 Riolando Azzi. *O catolicismo popular no Brasil*. Petrópolis: Vozes, 1978 e Augustin Wernet. *A igreja paulista no século XIX*. São Paulo: Ática, 1987.

66 Américo J. Lacombe. "A Igreja no Brasil Colonial". In: Sérgio Buarque de Holanda (org.). *História geral da civilização brasileira*. t. I, vol. 2: *Administração, Economia e Sociedade*. São Paulo: Difel, 1977, p. 53.

67 Luciano Figueiredo. "Mulheres nas Minas Gerais". In: Mary Del Priore (org.). *História das mulheres no Brasil*. São Paulo: Contexto, 1997, p. 169.

A doutrina católica propiciava aos praticantes mais pios e crédulos uma visão profundamente mística, chegando até a autoflagelação física e espiritual; acreditavam no Juízo Final e no Inferno, eram movidos pelo prazer interior que auferiam desse virtuoso estilo de vida, muito similar ao do masoquista sexual – diz Luiz Mott; e completa: "muitos penitentes com certeza chegavam próximo ao orgasmo místico quando maceravam a carne com disciplinas e cilícios, ou aceitavam humildemente reprimendas e castigos mesmo quando eram inocentes das culpas de que lhes acusava", interpreta este autor.

Ser culpado sem culpa era a máxima nos escritos teológicos do padre Baltazar Álvares, pois era importante aniquilar o orgulho e a vontade para que se caminhasse na trilha da perfeição. Deus era onipotente, castigava não só os pecadores como também os relapsos, mandava pragas, pestes e todo o tipo de desgraça, desde doença até tempestade da natureza. Outros acreditavam "comprar" o céu deixando grandes somas de bens e valores monetários em seus testamentos para as igrejas que tinham a missão de celebrar missas. Alguns adquiriam uma espécie de paranoia por achar que não tinham realizado a confissão completa de seus pecados e que estavam condenados ao fogo do Inferno. Obsessiva devoção aos santos era também uma característica dos mais crédulos. Cada devoto montava sua corte privada de adoração: o anjo da guarda, os santos protetores específicos de cada momento importante da vida, vários tipos de Nossas Senhoras e a Virgem Maria. Promessas eram pagas como dívidas entre o devoto e o santo, constituindo verdadeiras economias de trocas espirituais. A oração era considerada um momento importantíssimo na vida do fiel. Para elevar a alma a Deus, o fiel deveria praticar jaculatórias e orações do amanhecer ao anoitecer, todos os dias, 365 dias no ano. Nos mosteiros e conventos as orações eram realizadas várias vezes ao dia que era dividido em oito momentos: *matinas*, seguidas de *laudes*, às três da madrugada, *prima*, às seis da manhã, *terça*, às nove da manhã, a *sexta*, ao meio-dia, *noa* às três da tarde, *vésperas*, quando surgia a estrela vespertina, e as *completas*, às oito horas da noite. O povo era lembrado de rezar por badaladas de sinos às seis horas da manhã (a hora do *ângelus*), ao meio-dia (a hora do diabo) e às seis da tarde (a hora das ave-marias). A missa era obrigatória nos domingos e dias santos, que deveriam ser guardados. Havia um total de 98 feriados santos. O lado místico se revelava pela prática dos sacramentos tais como a confissão, a comunhão, batismo e outros. A vivência católica tinha, portanto, um lado *contemplativo* através da oração pessoal, e outro *litúrgico*, através do culto público e oficial instituído pela igreja.[68]

Manifestações do catolicismo popular

Desde o século XVII, o culto religioso no Brasil foi celebrado principalmente nos oratórios, nas ermidas e nos santuários. Gilberto Freyre afirmou que as famílias proprietárias tiveram um papel muito mais importante do que a própria instituição igreja: "menos pela ação oficial do que pelo braço e pela espada do particular [...] através de grandes famílias proprietárias e autônomas: senhores de engenho com altar e capelão dentro de casa, e índios de arco e flecha ou negros armados de arcabuzes às suas ordens".[69] Depreende-se desta passagem que a vida privada, ou ainda, a família teve um papel importante na disseminação da cultura religiosa no Brasil. Daí surgirem traços específicos e populares.

As primeiras *ermidas* no Brasil foram construídas por leigos para devoção de alguma santa ou santo por terem atingido uma graça solicitada. Quando, porém, construídas por religiosos, tinham o objetivo de transformá-las em culto público. Ao lado delas, frequentemente surgia outra construção para dar apoio e hospedagem aos romeiros e, com o tempo, se transformavam em albergues e casas de romeiros.[70]

68 Luiz Mott. "Cotidiano e vida religiosa: entre a capela e o calundu". In: NOVAIS, Fernando (dir.). *História da Vida Privada no Brasil*. Vol. 1: *Cotidiano e vida privada na América Portuguesa*. São Paulo: Companhia das Letras, 1997, p. 159, 163-164, 171-173, 176-178.

69 Gilberto Freyre. *Casa-Grande & Senzala*. 6ª ed. São Paulo, p. 95-96.

70 Azzi, *op. cit.*, p. 35-50.

Os *oratórios* eram pequenos armários que abrigavam um crucifixo ou uma imagem de santo de devoção pessoal e familiar. Eram mantidos dentro das casas, às vezes, em cômodos especiais, outras vezes, fora, nas ruas, em praças ou logradouros; nesta última situação eram levados por devotos em peregrinações. Existiam tanto no mundo rural quanto no urbano. Em 1766, a igreja de Nossa Senhora da Lapa, no Rio de Janeiro, foi criada a partir da devoção de algumas pessoas que, no final do século XVII e início do XVIII, construíram um oratório em sua homenagem e, todos os dias, como era costume, no começo da noite, rezavam um terço.[71]

José Lins do Rego, em sua obra *Menino de Engenho,* traçou um retrato muito significativo do culto familiar num engenho do nordeste brasileiro nas primeiras décadas do século XX.[72] Euclides da Cunha narrou trechos da vida religiosa dos sertanejos: "ao cair da noite, ante o oratório tosco ou registro paupérrimo, à meia-luz das candeias de azeite, orando pelas almas dos mortos queridos, ou procurando alentos à vida atormentada...".[73]

Frei Antonio Rolim, ao analisar o culto popular, destacou que "os santos se misturavam com as preocupações da vida terrena dos fiéis. A religião adquire um aspecto doméstico, com os oratórios em casa, com os santos pregados nas paredes, invocados a cada instante, contra os desastres, contra os achaques das doenças, em momentos difíceis da vida".[74]

Muitos beatos e eremitas saíam pelos logradouros e sítios pedindo esmolas e levando um oratório ambulante. João Camilo de Oliveira Torres comentou sobre vários beatos em Minas Gerais e no nordeste,

---

71 Vivaldo Coaracy. *Memórias da cidade do Rio de Janeiro.* Rio de Janeiro: José Olympio, 1955, p. 44.

72 José Lins do Rego. *Menino de engenho.* Rio de Janeiro, 1971, p. 39-41.

73 Euclides da Cunha. *Os sertões.* Rio de Janeiro, 1923, p. 142.

74 Frei Antonio Rolim. "Em torno da religiosidade popular". *REB,* vol. 25, 1965, p. 17.

a exemplo de Antonio Conselheiro e dos monges do Contestado, os quais sobreviveram até começo do século XX.[75]

As famílias mais poderosas e ricas solicitavam ao bispo o direito de que seus oratórios fossem considerados lugares oficiais para a celebração de culto público. Inúmeros bispos em visitas paroquiais relataram a presença destes realizados em locais privados.

Muito embora as Constituições Primeiras do Arcebispado da Bahia de 1707 propugnasse que os espaços oficiais de culto deveriam ser aprovados pela igreja:

> [...] porque é mais conveniente não celebrar do que dizer missa em lugar não sagrado, destinado pela Igreja para este santo sacrifício, o direito e o Sagrado Concílio proíbem o celebrar-se fora das igrejas, capelas, oratórios e ermidas aprovadas, e visitadas pelos ordinários, conformando-nos com sua disposição, ordenamos e mandamos que nenhum sacerdote secular ou regular diga missa em casas particulares e fora da igreja, no campo, ou outro qualquer lugar, posto que aí seja convocado o povo, nem em igreja interdita, violada ou poluta, nem em ermida, capela ou oratório particular, não sendo por nós visitado ou aprovado. E todo o sacerdote que não guardar o disposto nesta constituição, pagará cada vez quatro mil réis do aljube, e haverá as mais penas que nos parecer. [76]

No entanto, o próprio arcebispo da região passou a reconhecer as dificuldades vividas pelo povo:

> Porém, como as distâncias grandes que há no sertão impedem aos paroquianos a assistência nas igrejas, declaramos que não é nossa intenção proibir aos

75 João Camilo de Oliveira Torres. *História das idéias religiosas no Brasil*. São Paulo, 1968, p. 93.

76 Constituições Primeiras do Arcebispado da Bahia, São Paulo, 1853, II, título IV, 338.

> párocos celebrar nas casas em lugar decente, para dar o santíssimo viático aos enfermos em caso de necessidade, como sempre se costumou; nem aos religiosos da Companhia de Jesus, enquanto andam em missão, conforme os seus privilégios.

Nota-se que apesar da igreja tentar disciplinar a conduta sacerdotal dos padres, a vida cotidiana, as gigantescas distâncias, levaram as autoridades eclesiásticas a abrirem exceções no que diz respeito aos lugares destinados às práticas religiosas no Brasil colonial.

As *confrarias*[77] eram outro tipo de manifestação popular que reunia leigos e tinham como objetivo a promoção da devoção a um determinado santo. Eram de dois tipos: as irmandades e as ordens terceiras. As primeiras se constituíam em sobrevivência das antigas corporações de artes e ofícios medievais e, as segundas, das ordens religiosas também medievais, como a dos franciscanos, dos carmelitas e dos dominicanos. Ambas tiveram seu auge no período colonial e imperial, todavia, no republicano, a igreja oficial começou a marginalizar estas organizações e a valorizar outras, mais controladas pelo clero, como o Apostolado da Oração, as Congregações Marianas e as Filhas de Maria.[78]

A *Irmandade das Misericórdias* promovia a assistência social aos pobres e enfermos, coletava esmolas e organizava cuidados aos doentes nos centros urbanos. Surgiu em Portugal, em 1481, pelo Frei Miguel Contreras, espanhol da Ordem Santíssima Trindade, depois de ser transferido para lá. Sua obra albergou uma multidão de pobres, famintos e doentes que perambulavam pelas ruas e igrejas. Criou uma enfermaria e obteve auxílio do rei D. Manuel, que visitou a instituição. Um dos privilégios desta Irmandade era acompanhar os enterros, os quais no Brasil colonial tinham uma natureza social

77 Maria Beatriz Nizza da Silva considera que o termo *irmandade* era usado pelas organizações mais ricas e o de *confraria* pelas pobres. Veja seu livro *Cultura e sociedade no Rio de Janeiro (1808-1821)*. São Paulo: Nacional, 1977, p. 81.

78 Azzi, *op. cit.*, p. 89-105.

muito importante, sendo composta unicamente por homens. A Irmandade do Santíssimo tinha como objetivo promover o culto ao Sacramento da Eucaristia e organizar a procissão do Corpo de Deus. A do Rosário de Nossa Senhora tinha como missão cultuar o rosário de Nossa Senhora, sendo composta por homens e mulheres. A partir do século XVIII passou a congregar só pessoas de cor, livres ou escravos, os quais passaram a adorar santos que tinham a cor preta. A Irmandade de São Miguel das Almas destinava-se a promover o culto das almas do purgatório. Para os devotos era um privilégio ser enterrado na igreja de sua devoção, pois todo templo religioso era considerado cemitério no Brasil colonial. Havia os *adros* das igrejas que se constituíam numa espécie de vão que tinham a função de cemitérios exteriores, sendo neles o lugar de onde se começava as procissões religiosas. [79]

As *Ordens Terceiras* no Brasil colonial eram compostas por beneditinos, carmelitas, franciscanos, capuchinhos, jesuítas e outras. As três primeiras são ordens de fundação medieval. Os capuchinhos representavam um ramo da Ordem Franciscana reformada do século XVII. Os jesuítas eram considerados uma congregação nova formada por clérigos regulares nos moldes da reforma tridentina. Os carmelitas e franciscanos tiveram grande influência no Brasil através da Ordem Terceira do Carmo e da Ordem Terceira da Penitência, as quais não foram influenciadas pelo clericalismo pós-tridentino.[80]

As *festas* também tinham um lado sagrado e profano nos períodos colonial e imperial. Sendo o Estado declaradamente católico, em razão da existência da instituição do padroado, as autoridades civis tinham grande interesse em prestigiar as festas da Igreja. Portanto, não havia uma rígida separação entre o sagrado e o profano. As festas religiosas eram ao mesmo tempo reuniões sociais, onde havia músicas, danças, cantos, fogos de artifício, quermesse e comidas típicas.[81]

---

79 Veja Emanuel Araújo. *Teatro dos vícios*. Rio de Janeiro: José Olympio, 1997.

80 Azzi, *op. cit.*, p. 100-105.

81 *Ibidem*, p. 106-133.

Como disse Afonso de Taunay, os momentos de diversão do povo eram os períodos de festa religiosa "como que um prolongamento das idades medievais, ainda eram as festas religiosas os melhores pretextos para que as populações brasileiras setecentistas se divertissem...".[82] Alguns memorialistas chegaram a manifestar ideias pouco lisonjeiras: "misturava-se intimamente o profano ao pretexto religioso, sendo difícil separar o que era inspirado pela devoção do que constituía simples válvula de expansão da exuberância natural recalcada pelos preconceitos e convenções. Eram muitas vezes grosseiras ou grotescas as manifestações...".[83] Em Minas Gerais, José Ferreira Carrato destaca o encontro do profano com o sagrado "... como estas festas se constituem no fundo um divertimento popular, por um tácito e geral consentimento, vão aos poucos, se deixando penetrar do poderoso sincretismo das raças em fusão e acabam tornando-se verdadeiras peças folclóricas, desfigurando completamente a intenção litúrgica primitiva." Mais adiante continua o autor comentando a transformação que as festas religiosas sofriam:

> [...] a festa dos Magos se transmuda na "folia dos Reis", a Semana Santa, já tão espetaculosa nas terras ibéricas, se acrescenta de novos elementos decorativos, desfile pomposo das Irmandades, malhação do Judas, etc. a festa do Divino também acaba em "folia do Imperador Divino", a de São Gonçalo no seu "terço cantado" para atrair casamentos a donzelas trintonas, e o Natal desanda nas representações teatrais dos "presépios" ou nas danças e autos de pastorinhas. E tudo isto com muita cor, fantasia, música, fogos, foguetes e bombas, repiques de sinos e clarinadas militares, incensos e velas.[84]

---

82 Afonso Taunay. *História da cidade de São Paulo no século XVIII.* São Paulo, 1934, II, p. 105. Veja também Coaracy, *op. cit.*, p. 411-412.

83 Coaracy, *op. cit.*, p. 411-412.

84 José Ferreira Carrato. *Igreja, Iluminismo e escolas mineiras coloniais.* São Paulo: Nacional, 1968, p. 48-49.

As festas natalinas era uma das mais importantes, duravam de 24 de dezembro a 6 de janeiro, comemoradas dentro e fora das igrejas, se destacavam os cantos pastoris e os presépios nas praças e igrejas, os quais eram visitados pelo povo. A festa de Reis também se transformava em "folia dos Reis Magos". No norte e nordeste apresentavam-se os reisados e bumba-meu-boi, no Ceará, os fandangos em que representavam personagens cristãs e mouras. A chegança era outro auto que aparecia em quase todas as festas. As pastorinhas apresentavam o Arcanjo Gabriel, pastores, caboclo, galegos, ainda existiam o auto dos congos, com reis do Congo e príncipes de Luanda, todos com música e danças.[85]

As festas pascoalinas se constituíam na principal liturgia católica, quando se comemorava a ressurreição de Cristo e o tema da libertação da morte e do pecado. Na Idade Média europeia, assim como no Brasil, o tema mais comemorado era o da morte de Cristo. Assim, de certa forma, revivia-se todo o sofrimento e a agonia de Cristo, época em que os católicos demonstravam pesar e luto, não se ouviam músicas nem risadas, as pessoas falavam baixo, e dentro das casas se ouvia o zunido das vozes orando em tom baixo. A partir da quinta-feira os habitantes vestiam luto, e na sexta-feira Santa não se abria casa comercial, nem botequins, fazia-se jejum e orava-se.[86]

Em seguida, vinha o ciclo de Pentecostes que era a comemoração das Festas do Divino Espírito Santo, a qual foi instituída pela rainha Santa Isabel de Aragão e El-Rei Dom Diniz, no século XIII. Era uma festa que comemorava o consumo, enquanto a de São João, a da produção, onde havia esperança na colheita e na promessa de casamento. Estas festas celebravam a alegria, o pagamento de promessas e os agradecimentos aos santos. As folias colhiam alimentos pelos bairros rurais, fazendas e sítios, despertando a coesão social

85 Azzi, *op. cit.*, p. 109-114

86 *Ibidem*, p. 114-119.

e a cooperação. As festas do Rosário e de São Benedito tinham a participação especial das irmandades de negros.[87]

Muitos estudiosos apontaram a presença de elementos de civilizações celtas e godas, misturando-se com os portugueses e coloniais brasileiros em relação às festas juninas, nas quais comemoravam os santos Antonio (dia 13), João (dia 24) e Pedro (dia 29). Por exemplo, a colheita de flores, a orvalhada, os presságios, exprimiam desejo de sorte no casamento e no amor. Tais festas marcavam o começo da produção agrícola e o fogo era elemento central, onde a fogueira, balões e rojões tinham significados especiais.[88]

Para Azzi, a Igreja Católica transformou os elementos heterogêneos, promovendo experiências comuns entre o povo, aproveitando vários elementos existentes e convertendo em assimilação os conflitos que existiam como resultado das diferenças dos estoques tribais que viviam sob o mesmo teto.[89]

As *procissões*, segundo as Constituições Primeiras do Arcebispado da Bahia, de 1707, eram uma oração pública feita a Deus através de uma reunião de fiéis, disposta em certa ordem, que se desloca de um lugar sagrado a outro. A prática de procissões era tão antiga na Igreja Católica que alguns autores atribuem sua origem ao tempo dos apóstolos, se constituindo em cultos religiosos com os quais se reconhecia a Deus "como supremo Senhor de tudo e piismo distribuidor de todos os bens, e por isso se sujeitavam a Ele, esperando de sua divina clemência as graças e favores que Lhe pedimos para salvação de nossas almas, remédio dos corpos e de nossas necessidades".[90]

Os festejos mais populares constituíam expressão da devoção coletiva e eram de três naturezas: as *festivas*, que se realizavam nos dias dos santos padroeiros com intuito de homenageá-los; as

---

87 *Ibidem*, p. 119-125.

88 *Ibidem*, p. 125-133.

89 *Ibidem*, p. 127-130.

90 Cf. Constituições Primeiras do Arcebispado da Bahia, de 1707. Título XVIII, n. 489 *apud* Azzi, *op. cit.*, p. 134-151.

precatórias, onde se pediam as bençãos para os frutos e as colheitas da terra; e as *penitenciais*, que expressavam arrependimento dos pecados ou oravam para afastar alguma desgraça que se considerava como castigo divino.[91]

Vivaldo Coaracy interpreta as experiências coletivas das populações coloniais praticadas até meados do século XX em regiões rurais do Brasil. Nas palavras do autor:

> Proporcionavam as procissões [...] ao povo para se reunir nas ruas, em maior ou menor multidão, com o emotivo conforto de se sentir parte de um todo, de comungar num só estado de espírito, de tomar cada um para si uma parte da alegria ou comoção dos outros, dos que, ali perto, a seu lado, experimentava o mesmo sentimento. Esta integração que dá consistência e relativa unidade a qualquer massa humana, é o motivo inconsciente dos agrupamentos populares. É o que constitui fator aglutinante que reúne na liberdade das ruas o povo nas ocasiões de festas, de manifestações, de carnaval, e de procissões...[92]

Como se viu, o catolicismo tradicional teve uma forte presença de elementos de origem *lusitana* e esteve vinculado à cultura do povo simples no Brasil. Em consequência, fé e cultura, sagrado e profano interagiam não se podendo distinguir o religioso do cultural, ou o sagrado do profano.[93]

Tais práticas religiosas tradicionais como procissões, romarias, promessas, confrarias e irmandades estavam presentes em solo lusitano no período medieval, sendo que alguns elementos foram de lá transladados para a América portuguesa. Ressalte-se que esta tradição nem sempre manteve fidelidade ao espírito do evangelho, fazendo

---

91 Azzi, *op. cit.*, p. 106-133.

92 Coaracy, *op. cit.*, p. 39-41.

93 Azzi, *op. cit.*, p. 153-156.

com que a igreja de Roma tentasse intervir com propostas doutrinárias renovadoras e purificadoras, segundo documentos oficiais.[94]

A característica *familiar* do catolicismo tradicional deveu-se ao fato de que a família promoveu, muito mais do que a própria organização eclesiástica, eventos e práticas religiosas, conforme afirmou Gilberto Freyre. Segundo Azzi, constituiu uma tradição portuguesa que veio para o Brasil. A própria catequese acontecia no ambiente da família onde os pais ensinavam as orações e as práticas de devoção aos membros de toda a família extensa e patriarcal. Nos oratórios familiares e nas ermidas os santos participavam tanto das alegrias como das dores da família.[95]

A natureza *social* do catolicismo tradicional exprimia-se enquanto instrumento de como se realizava a socialização da vida colonial. A religião era um dos motivos mais fortes que a população encontrava para romper seu isolamento em unidades rurais longínquas. As manifestações como procissões, romarias e festas dos santos padroeiros constituíam o principal veículo de manifestação coletiva.[96]

Outro traço marcante do catolicismo tradicional foi sua natureza *leiga*. Os leigos não tinham uma participação passiva, meramente assistencial, eram responsáveis pela promoção de inúmeros eventos religiosos e de manifestação da fé. A instituição do padroado contribuiu em grande medida para esta característica.[97]

Por último, tinha também uma concepção devocional e mística de religião, enfatizando os milagres, os prodígios, as promessas e ex-votos. A salvação, neste contexto, era atribuída mais à devoção aos santos e não tanto à prática sacramental da mentalidade tridentina.[98]

O denominado catolicismo "renovado" pelas concepções tridentinas teve uma natureza mais próxima ao que era professado em Roma

---

94 *Ibidem*, p. 153-156.

95 *Ibidem*, p. 153-154.

96 *Ibidem*, p. 154.

97 *Ibidem*, p. 154-155.

98 *Ibidem*, p. 153-156. Veja também Mott, *op. cit.*

e na Europa, pois estava mais dissociado da tradição cultural do povo brasileiro, se tornando mais presente no mundo urbano do que no rural. Muitos bispos reformadores tinham estudado nos seminários europeus onde aprenderam os ritos e a prática sacramental, e quando chegavam ao Brasil, passavam a ser auxiliados por inúmeras congregações religiosas que vieram da Europa e se instalaram no país.

Augustin Wernet ao tratar do catolicismo popular escreveu:

> As procissões, novenas e festas, dominadas pelo culto externo, pela pompa das cerimônias, e pela retórica dos sermões, deram um caráter vivencial à religião mais do que a liturgia oficial à qual se assistia apenas como espetáculo, em língua que não se entendia e na qual se executavam atos cujo significado, se desconhecia, mas cujo mistério se respeitava.[99]

Para este autor, o catolicismo popular ou o chamado tradicional no Brasil são conceitos que não apresentam grandes distinções em seu significado.[100]

A presença da cultura iluminista no Brasil

O Iluminismo representou um conjunto de ideias nas quais a razão e a experiência constituíam elementos importantes na busca da verdade. Expressava uma nova forma de entendimento da existência do homem sob a face da Terra, enfatizando mais as capacidades humanas de realização na vida temporal do que na espiritual. Empiristas e racionalistas procuravam compreender de que maneira as forças naturais governavam o mundo, acreditavam que o homem poderia aspirar à liberdade e à realização da felicidade na Terra, o que levou muitos pensadores a terem a convicção de que a razão seria capaz de construir o paraíso celeste neste mundo. Deus tinha

99 Wernet, *op. cit.*, p. 26

100 Cf. *ibidem*, p. 17, especialmente a nota número 5, onde o autor apresenta sutis diferenças entre catolicismo popular e o tradicional na literatura especializada.

o papel de dar o impulso inicial que um dia teria posto tudo em movimento, e caberia aos homens e mulheres a liberdade de escolha que Ele havia lhes dado. Deste modo, a religião passava a ter um novo papel, situando-se dentro dos limites da razão. Os indivíduos deveriam cumprir seus deveres naturais, não podendo fazer nada para agradar a Deus. A igreja, nesta condição, deveria atuar como um meio para educação moral dos povos. Os sacerdotes seriam educadores e moralizadores do povo. O sermão deveria ter um caráter menos dogmático e mais instrutivo, não propondo distinção nas atitudes e comportamentos dos clérigos e leigos. Em suma, deveria relativizar os limites entre o natural e o sobrenatural.[101]

Na terra de Camões, o Iluminismo foi introduzido com as reformas promovidas na Universidade de Coimbra no ano de 1772. Foi no período da administração do Marquês de Pombal que a cultura iluminista penetrou no Brasil através dos cursos de filosofia ministrados aos alunos que se tornariam padres, como também, nos seminários dos Beneditinos e Franciscanos no Rio de Janeiro e Olinda. Em São Paulo, o Iluminismo só chegou com o governador D. Luís Antônio de Sousa Botelho Mourão, o morgado de Mateus, amigo de confiança de Pombal, e com o bispo D. Frei Manuel da Ressurreição, no bispado que começa em 1771 e vai até o ano de 1789.[102]

As aulas de Filosofia e Teologia eram ministradas no antigo Colégio dos Jesuítas, onde funcionou o seminário episcopal. Naquela época, os alunos utilizavam de uma biblioteca composta por 1.548 volumes, formada por inúmeras obras de prestígio da cultura francesa, tanto em matéria de religião como de ciência. Destacavam-se a grande presença de obras antijesuíticas, muitas obras de Santo Agostinho, São Boaventura e a ausência das obras de São Tomás de Aquino.[103]

Entre 1794 e 1824, D. Mateus de Abreu Pereira continuou dando sequência à ênfase filosófica iluminista no seminário preparatório,

101 *Ibidem*, p. 27-28.

102 *Ibidem*, p. 29-32.

103 *Ibidem*, p. 29-32.

onde os alunos frequentavam aulas de Gramática Latina, Retórica, Humanidades, Artes, Filosofia e Teologia. Os candidatos ao sacerdócio não viviam afastados do ambiente social, não residiam em seminários internos, mas viviam como qualquer estudante, expostos aos progressos da cultura e das ciências daquele período e à realidade da sua futura profissão.[104]

Naquela época, Olinda, Rio de Janeiro e São Paulo eram focos de ideias subversivas e liberais. Por sua vez, a Academia Jurídica de São Paulo que formava a elite paulista também seguia esta mesma linha filosófica.[105]

Embora na Europa as ideias iluministas tenham sido, em grande medida, combatidas por setores da Igreja Católica, uma vez que se constituíam em ideologia que favorecia a classe burguesa em luta contra a aristocracia e o clero, no Brasil, este pensamento foi assimilado pela elite agro-mercantil, tendo sido, apenas, pontualmente contestado.[106]

Para a sensibilidade do povo este tipo de manifestação de ideias não passava de "ateísmo". Por outro lado, para a elite católica ilustrada, o catolicismo tradicional era cheio de superstições, fetichismo e politeísmo primitivo.[107]

Os estudiosos da história da filosofia no Brasil, como Miguel Reale e outros denominam, a filosofia iluminista presente no Brasil de "eclética", tal foi a presença de elementos nativos existentes. Na compreensão dos estudiosos desta corrente filosófica no Brasil, as elites paulistas, desta época, sentiam a necessidade de conciliar o pensamento filosófico da ilustração com as crenças tradicionais do catolicismo brasileiro, buscando atualizar o pensamento científico-filosófico e inseri-lo na modernidade.[108]

---

104 *Ibidem*, p. 35.

105 *Ibidem*, p. 39.

106 *Ibidem*, p. 39.

107 *Ibidem*, p. 40.

108 Maria Odila Leite da Silva Dias. "Aspectos da ilustração no Brasil". In: *A interiorização da metrópole e outros estudos*. São Paulo: Alameda, 2005, p. 145; Miguel Reale. *A filosofia em São Paulo*. 2ª ed. São Paulo: Edusp/Grijalbo, 1976, p. 60 ss.

A própria Coroa portuguesa tinha grande interesse em difundir algumas ideias Iluministas no Brasil. Maria Odila Leite da Silva Dias em seu estudo sobre "Aspectos da Ilustração no Brasil" defende a ideia de que Portugal teve grande interesse em incentivar, publicar e difundir tais conceitos, pois, além de estimular a produção de rendimentos a serem direcionados a Portugal, marcou também o surgimento de uma consciência de nação, assim como a demonstração de "como os homens do período da Independência tinham para manejar a realidade de sua terra." Pombal, através de sua política de modernização, incentivou a produção de matérias-primas no Brasil, sob a influência das ideias fisiocratas, quando na época acontecia a decadência do ouro e a revitalização da agricultura no Brasil. Para esta autora:

> O despertar da preocupação com a realidade social brasileira é um fruto da ilustração da época, e o processo do seu desenvolvimento torna-se inclusive mais claro quando estudado nesse panorama mais amplo: principalmente se procurarmos suas origens nos trabalhos práticos e nos estudos pragmáticos dos brasileiros dos fins do século XVIII, em que parece evoluir para uma forma mais concreta, mais diretamente relacionada com a realidade do mundo que tentavam transformar.[109]

O vínculo dos intelectuais brasileiros com a sua realidade seria tão significativo a ponto de "não se limitarem [...] à leitura de obras dos *philosophes*. Voltaram-se para a experiência colonial das outras nações europeias; procuraram traduzir estudos referentes aos trópicos, sempre em busca de uma ligação aplicável ao Brasil." Em seguida, a autora exemplifica o caso da criação da Casa Literária do Arco do Cego, que tinha como missão divulgar traduções de obras sobre a agricultura nos Estados Unidos e nas Antilhas, procurando adaptá-las ao meio ambiente nacional. Mais adiante, afirma que com

109 Maria Odila L. da Silva Dias, *op. cit.*, p. 77.

a criação da Imprensa Régia houve a tradução de inúmeros compêndios e manuais de medicina, cirurgia, tratados de Matemática, Álgebra, Trigonometria, Geometria, Física e Mecânica.[110] Descreve vários casos de adaptação de técnicas europeias à realidade brasileira, indicando padres que também exerciam a atividade de fazendeiros e procuravam adaptar novas técnicas agrícolas em São Paulo, assim como a introdução da vacina na Bahia, a aclimatação de raças bovinas europeias, e a adoção do engenho a vapor e outras novidades. Em relação ao sentimento separativista que os ligava a Portugal, comentou "quase não se vislumbravam ideias de separação entre os ilustrados brasileiros. Sobretudo, depois da vinda da família Real para o Brasil, pareciam inteiramente identificados com a ideia de um grande império português, [...]". E conclui que muitos lutavam por um liberalismo econômico moderado que fazia parte da Ilustração, mas, por outro lado, ressaltou a contradição que a elite rural escravista brasileira vivia, pois seus filhos não poderiam ir muito além e propor um liberalismo democrático. Refletindo sobre os limites do sucesso da presença da Ilustração no Brasil, afirma que apesar dos inúmeros livros e folhetos publicados e dos esforços da burocracia imperial em distribuí-los, não teriam surtido grandes efeitos.[111]

Sérgio Buarque de Holanda também destacou certos elementos da cultura portuguesa possuidora de características do experimentalismo presente no Iluminismo, pois se manifestava "frequentemente avesso à especulação desinteressada e raramente avesso à preocupações utilitaristas".[112]

Apesar dos esforços do governo português e de sua burocracia no sentido de prover a Colônia das ideias inovadoras do século que tinham como objetivo a prosperidade material e a ampliação do ensino, o alto grau de analfabetismo imperava na América portuguesa,

---

110 *Ibidem*, p. 80-81, 87-89, 91-92.

111 *Ibidem*, p. 98 ss.

112 Sérgio Buarque de Holanda. "Introdução". In: *Obras econômicas de Joaquim José de Azeredo Coutinho (1794-1804)*. São Paulo: Companhia Editora Nacional, 1966, p. 14.

chegando a patamares assustadores de 95% da população, em muitas localidades, conforme apontamos páginas atrás.

Que significado tinha a expressão modernizar a agricultura num país baseado no uso da mão de obra escrava? A elite agroexportadora e seus filhos embora defendessem alguns princípios do liberalismo eram muito temerosos em relação à extensão dos direitos de cidadania a toda à população, incluindo aí os negros. Com a revolta dos escravos no Haiti, grande parte da elite se tornou receosa no que diz respeito ao processo político de construção do Estado no Brasil. Para Sérgio Buarque de Holanda foi muito sugestivo a substituição na Constituição de 1824 da expressão direitos individuais por direitos civis e políticos.[113]

Com as reformas pombalinas, a Coroa portuguesa não aceitou a submissão dos jesuítas a Roma, nem sua autonomia administrativa nas missões. Por causa do conflito entre inacianos e Pombal explodiu a guerra guaranítica (1753-1756) que acabou unindo jesuítas espanhóis e portugueses, contra as determinações da Coroa portuguesa dirigidas à fronteira sul e aos casamentos interétnicos que tinham como meta o aumento da população. Objeto de uma campanha difamatória violenta, a Companhia de Jesus foi acusada de atentado contra a vida do rei D. José I (1758) e acabou sendo expulsa do Brasil, depois da França e da Espanha. Em 1763, o Papa extinguiu esta ordem e seus bens foram apropriados pelo patrimônio real assim como beneficiou muitos particulares.

As reformas pombalinas (1768-1773) também diminuíram o poder da Inquisição, proibindo o uso do termo cristão-novo e acabando com os processos de acusação relativos às crenças e práticas judaicas.[114]

---

113 *Idem*. "A Herança Colonial, sua desagregação". In: *Idem* (org.). *História da Civilização Brasileira*. 5ª ed., t. II, vol. 1. São Paulo: Difel, 1982, p. 36-39, e também Maria Odila L. da Silva Dias. "Ideologia liberal e a construção do Estado". In: *A interiorização da metrópole*, *op. cit.*, p. 127-139.

114 Ana Maria dos Santos *et al*. *História do Brasil: de terra ignota ao Brasil atual*. Rio de Janeiro: Logon Informática, 2002. p. 102-103.

Embora a Ilustração tenha sido divulgada tardiamente em Portugal, acabou sendo identificada como uma ameaça aos setores mais tradicionais, a exemplo do que aconteceu na Revolução Francesa. Por sua vez, a reação conservadora se limitou a desenvolver uma Ilustração moderada, enfatizando o uso dos recursos naturais do reino e seus territórios ultramarinos, utilizando conhecimentos científicos atualizados, mas não criticavam certos costumes tradicionais da sociedade, como por exemplo, a utilização de questões religiosas para fins políticos, assim como não promoveu a defesa da redução da crença religiosa a uma questão de consciência individual.[115]

A reforma conservadora no Brasil: a presença do ultramontanismo

As ideias da reação católica conservadora presentes na Europa chegaram a São Paulo através da nomeação do bispo D. Antonio Joaquim de Melo, em 1851, que passou a defendê-las. Foi indicado à diocese de São Paulo com a total anuência do imperador D. Pedro II. Naquela época, Itu era o centro das ideias liberais e o imperador, preocupado com a situação destes revoltosos, determinou a indicação de um bispo conservador, com o objetivo de contrabalançar os efeitos de ideias subversivas republicanas presentes naquela região. Este bispo promoveu uma série de reformas no sentido de aproximar a igreja paulista ao espírito da reforma tridentina.[116]

O clero estava dividido em: conservador, que criticava a modernidade e o iluminista, defensores das ideias de Pombal. A facção conservadora se aproximava da Cúria Romana e reagia contra o Iluminismo, o Liberalismo e o Capitalismo. As ideias inovadoras representavam uma grande ameaça à alma, pois se baseava na liberdade de pensamento e consciência.[117]

---

115 *Ibidem*, p. 79-81.

116 Wernet, *op. cit.*, p. 41-52.

117 Ivan Aparecido Manoel. *Igreja e educação feminina: uma face do conservadorismo – 1859-1919*. São Paulo: Editora Unesp, p. 35 ss.

O Iluminismo era núcleo irradiador de conflitos intelectuais e doutrinários contra o pensamento ultramontano (conservador) da Igreja. Neste sentido, o historiador comenta:

> o iluminismo não só confirmou a dúvida como princípio metodológico científico, como também dotou a ciência de um caráter utilitarista, e estabeleceu um procedimento antes inimaginável, ou seja, a crítica como condição de existência da fé e da ciência. Com ele, não apenas o monopólio intelectual da Igreja ficava abalado, mas a instituição mesma ficava aberta a críticas e questionamentos.[118]

Cita o documento redigido pelo Papa, a 80ª Proposição do Syllabus no qual condenava aqueles que entendessem que ele devia conciliar-se com os temas do Liberalismo e da Civilização Moderna.[119]

O projeto de educação elaborado pelo bispo D. Antonio Joaquim de Melo se afinava com a visão de mundo da elite escravocrata, patriarcal e monárquica, pois a doutrina católica era a única forma de educação que chegava até o povo, sendo os padres das centenas de vilas interioranas a única referência cultural. O projeto de educação feminina, assumida pela elite oligárquica paulista, tinha um formato conservador e ultramontano, pois a ideia era educar nos preceitos católicos provenientes da Cúria Romana. A educação católica também era vista como a ideal para o gênero masculino. A laicização do ensino só chegaria possivelmente no período republicano através da implantação de escolas públicas. [120]

Ao fazer o balanço das mudanças promovidas na igreja, Augustin Wernet aponta que teve êxito parcial em relação à reforma dos costumes do clero, pois os padres continuaram tendo concubinas e filhos, não levando um modelo de vida asceta, espiritual e zeloso. Outro

---

118 *Ibidem*, p. 40.

119 *Ibidem*, p. 41.

120 *Ibidem*, p. 54-56.

êxito teria sido a prolongada preparação dos padres em seminários do tipo internato, onde o aluno estava privado de contato com a família e do ambiente social. No entanto, os livros de tendência racionalista-iluminista foram banidos pela linhagem clerical ultramontana.[121]

Wernet conclui que, com a reforma do catolicismo ultramontano, o poder religioso passou a se concentrar cada vez mais no mundo clerical, onde a hierarquia máxima estava no papa, depois vinha o bispo e, por último, o clero, no tocante ao poder da Igreja com um todo, da diocese e da paróquia. Percebe-se, pois, que a estrutura de poder se organizou de modo a se concentrar no mundo clerical e, por sua vez,os leigos passaram a ocupar uma posição mais subalterna e passiva.[122]

Embora as reformas levadas a cabo tenham tido um campo restrito de ação, a tentativa de moralizar o clero e o povo paulistas e de reformar práticas costumeiras das confrarias, trouxeram novas ordens religiosas ao Brasil no século XIX, mais sintonizadas com as orientações do movimento missionário, que contribuiu em grande medida para a "europeização" e "romanização" da igreja, a partir do momento em que tais organizações passaram a assumir paróquias, colégios, seminários, hospitais e retiros. Esta nova onda de atividade missionária foi acompanhada pela expansão colonial que se deu em paralelo com a expansão capitalista.[123]

Os objetivos desta nova onda missionária era transmitir a todos os povos da terra a única mensagem válida para a igreja católica romana, que era a identificação dos valores cristãos com a civilização ocidental. E afirma:

> Existem, portanto, laços estreitos entre cristianização e a colonização, mesmo que, à primeira vista, pareça estranho que o catolicismo ultramontano seja compatível com o capitalismo, pois a sua postura antiliberal

121 Wernet, *op. cit.*, p. 165 et *passim*.

122 *Ibidem*, p. 185.

123 *Ibidem*, *passim*.

> e antimodernista aparenta total incompatibilidade com a ideologia liberal burguesa normalmente associada ao capitalismo.[124]

Como mostra Ivan Manoel, no Brasil, no entanto, esta relação teve um caráter bem menos conflituoso, uma vez que a elite paulista, fosse monarquista ou republicana, preconizava o mesmo projeto educacional, resguardando seus filhos do contato com a modernidade. A implantação de colégios religiosos estava ligada às ideias do catolicismo ultramontano, "ideias estas que não se opunham à visão de mundo da própria oligarquia paulista e brasileira".[125]

Ao analisar o papel da antropofagia de Oswald de Andrade na década de 1920, Maria Isaura Pereira de Queirós afirma que este movimento cultural construiu uma nova interpretação do país, a partir da qual as três heranças culturais heterogêneas, a aborígene, a branca e a negra devoraram os traços culturais de uns e outros, digerindo-lhes, e criando uma nova civilização. A cultura vivenciada pelas camadas inferiores através da umbanda incorporava as três heranças, lidando com o sobrenatural e valorizando a composição mista da cultura brasileira.[126] Deste modo, a experiência religiosa possibilitou "aos africanos conseguirem manter sua especificidade através de modificações em sua religião, à qual estavam estreitamente ligados seus cantos, suas músicas, suas danças."[127]

E concluiu: "a criação cultural, embora se expressando em comportamentos e práticas provenientes das civilizações-fonte, modelou-os de modo diverso do que já existia. Os grupos e a própria

124 *Ibidem*, p. 184.

125 Manoel, *op. cit.*, p. 72, especialmente o capítulo 2. Veja também em Wernet, *op. cit.*, p. 184; Luiz Carlos Bresser Pereira. *As revoluções utópicas*. Petrópolis: Vozes, 1979, p. 65 ss.

126 Maria Isaura Pereira de Queiroz. "Identidade Nacional, religião, expressões culturais: a criação religiosa no Brasi". In: Viola Sachs *et al.* (orgs.). *Brasil & EUA: religião e identidade nacional*. Rio de Janeiro: Graal, 1988, p. 76-77.

127 *Ibidem*, p. 76-77.

sociedade, ao se sentirem ameaçados, criaram configurações originais que lhes permitiram reafirmar uma personalidade própria." E "[...] os diversos grupos e a própria sociedade perceberam-se como únicos, mantendo suas diferenças em relação a conjuntos hegemônicos mais amplos no qual corriam risco de se anular".[128]

No estudo sobre a vida privada no Brasil, Luiz Mott mostra que estes diversos grupos desenvolveram uma religiosidade de característica, sobretudo, privada, se manifestando no "recôndito das matas ou no secreto das casas", sendo resultado do que chama de multiplicidade de estoques culturais presentes desde os primórdios da ocupação territorial.[129]

Mesmo a religião oficial se desenvolvia também no lado privativo da vida em sociedade, nos lares, nos oratórios, conventos e capelas. Os tribunais eclesiásticos proibiam com castigos e rigorosas punições as manifestações judaicas, presentes na sociedade colonial, assim como as de origem africana e indígena.

Como apontou Mott, havia um conjunto gradativo e matizado de católicos no Brasil. Os *autênticos* que aceitavam com convicção os dogmas e ensinamentos impostos; os praticantes *superficiais* que cumpriam apenas os rituais e deveres religiosos obrigatórios, mais como encenação do que convicção; os *displicentes* que evitavam os sacramentos por indiferença e descaso, muitas vezes, incluindo no seu cotidiano sincretismos; e finalmente, os *pseudocatólicos,* constituídos pelos cristãos-novos, animistas, libertinos e ateus que agiam por camuflagem e conveniência para se protegerem dos rigores dos tribunais da inquisição.[130]

O monopólio da Igreja Católica no Brasil e a falta de liberdade na manifestação de ideias religiosas levaram os colonos a adquirirem diferentes tons e matizes religiosos que surpreenderam aos viajantes e fiéis metropolitanos seguidores da igreja romana e sua cúpula.

128 *Ibidem*, p. 79-80.

129 Mott. *op. cit.*, especialmente p. 220.

130 *Ibidem*, p. 175.

A circularidade de ideias iluministas no âmbito da difusão da religião católica teve disseminação restrita às altas esferas da hierarquia da igreja. O grupo conservador que controlava a Igreja Romana se opunha às ideias de liberdade de pensamento, consciência e expressão individual da fé, pois temia as diretrizes da modernidade. A elite intelectual brasileira, embora segmentada em oligarquias regionais, atuava como um bloco no que diz respeito à implantação de escolas católicas femininas e masculinas onde se aprendia, sobretudo, a obediência, uma visão de mundo providencialista, antiliberal e antimodernista, estimulando o conformismo, a resignação com vistas à realização do sobrenatural como ideal.

O deslocamento de inúmeras congregações religiosas de ensino da Europa para o Brasil teve como objetivo combater esta crise do mundo moderno, a educação leiga e implantar a educação católica como instrumento para enfrentá-la.

A cultura religiosa afro-brasileira

Roger Bastide, ao escrever *O Mundo dos Candoblés na Bahia*, entendeu que existiam duas formas de misticismo: uma na qual a alma ascende em direção a Deus, aí, incluíam-se o cristianismo e o islamismo, e a forma africana, na qual Deus ou o Espírito toma conta da alma de seu fiel.[131] Levando em consideração diferenças religiosas abissais, a evangelização da população escravizada, africana, crioula ou ladina, teve o propósito de integrá-las de maneira dócil ao sistema produtivo econômico. Catequizá-las e batizá-las seriam as primeiras fases para submetê-las, assim pensavam os agentes da administração colonial e as autoridades metropolitanas, aliadas da política do Sumo Pontífice para o doutrinamento dos gentios e povos das novas terras conquistadas.[132]

---

131 Roger Bastide. *Estudos afro-brasileiros*. São Paulo: Perspectiva, 1973, p. 249.

132 Renato da Silva Dias. "Na África nasci, no Brasil me criei: a evangelização dos escravos nas Minas do Ouro". In: Isnara P. Ivo & Eduardo F. Paiva (orgs.). *Escravidão, mestiçagens e histórias comparadas*. São Paulo: Annablume, 2008, p. 293.

Diversas legislações, dentre elas, As Ordenações do Reino e As Constituições Primeiras do Arcebispado da Bahia, assim como inúmeras ordens régias, instruíam os párocos e os bispos das dioceses para que os escravos fossem arrolados em listas que seriam enviadas aos Ouvidores-gerais. Assim que os navios aportassem, tais "mercadorias" deveriam ser remetidas em listas com os nomes daqueles que não tivessem sido batizados na África, para que fosse providenciado tal sacramento nas terras brasílicas.[133]

Uma reclamação muito presente foi a de que os cativos provenientes de Angola e da Costa da Mina não falavam português. Deste modo, os governadores solicitavam que os clérigos enviados às minas tivessem o conhecimento das línguas africanas para que pudessem doutriná-los. Assim, o batismo era muitas vezes ministrado em português ou latim, sem o prévio aprendizado do significado do sacramento por parte dos africanos. Não devemos esquecer que o direito de conquista de terras novas afirmava-se na obrigação dos reis católicos de propagarem a fé. A doutrina *Ecclesia Militia* vinculava o poder espiritual ao temporal do rei português e, ao mesmo tempo, legitimava a base moral da exploração econômica. Deste modo, percebe-se a vinculação do político à dimensão do sagrado.[134]

Os governadores e funcionários coloniais registraram inúmeras vezes a despreocupação dos eclesiásticos com a administração da catequese, especialmente no interior, nos sertões e lugarejos rurais. As reclamações eram constantes: adultos sem catequese e batismo e escravos batizados sem prévia preparação para recepção do sacramento.

Outro motivo foi apontado por funcionários coloniais para que a catequese não fosse disseminada de modo apropriado entre os africanos: "muitos dos senhores escravistas [...] não catequizavam os escravos e não permitiam que isso fosse feito, para que, assim, eles produzissem mais".[135] A má vontade dos proprietários era um fato

133 *Ibidem*, p. 294.

134 *Ibidem*, p. 297-301.

135 Carta de Assumar ao Rei. Vila do Carmo, 4 set. 1719. SC-04, fl. 713-716 *apud*

incontornável, uma vez que, no limite, conflitava com os interesses metropolitanos da produção colonial. Por sua vez, as determinações da igreja reafirmavam que os domingos e os dias santos deveriam ser guardados para descanso e oração. Os casamentos entre cativos não podiam ser desfeitos e eram percebidos como um empecilho à venda dos mesmos pelos proprietários, especialmente, no período anterior à abolição do tráfico; no entanto, a partir de 1850, muitos senhores passaram a entender a importância da existência da família cativa para os escravizados e dos matrimônios consagrados pela igreja.[136]

O reformismo católico exerceu pouca influência nas práticas religiosas da América portuguesa, não tendo desenvolvido o papel de converter-se em instrumento significativo para reformar multidões de mestiços. Permaneceu mais próximo de práticas milagrosas, destinadas a garantir aos fiéis a obtenção de certas vantagens terrenas: a cura de doenças, a proteção contra os perigos da natureza, a realização de casamento, a localização de um simples objeto perdido, eram razões para se invocar santos e santas. Neste sentido, a salvação seria obtida através do cumprimento dos sacramentos e da execução de ritos, muito mais do que uma vida propriamente cristã.[137]

Para os estudiosos da Igreja Católica, o conceito *cristandade brasileira* contempla três grandes populações religiosas com características próprias: a primeira, abarca a população de pretos, mulatos e mestiços, a segunda, ausência de elementos romanos, e por fim, uma cristandade constituída por elementos conflitivos.[138] Esta cristandade esteve sob o manto predominante do Estado cujo papel se sobrepunha ao

---

Renato da Silva Dias, *op. cit.*, p. 303.

136 Cf. Manolo Florentino & José Roberto Goés. *A paz das senzalas: famílias escravas e tráfico atlântico, Rio de Janeiro, c. 1790-c. 1850.* Rio de Janeiro: Civilização Brasileira, 1997; José Flávio Motta. *Corpos escravos, vontades livres: posse de cativos e família escrava em Bananal.* São Paulo: Annablume, 1999; Robert W. Slenes. *Na senzala, uma flor: esperanças e recordações na formação da família escrava.* Rio de Janeiro: Nova Fronteira, 1999.

137 Ana Maria Santos *et al.*, *op. cit.*, p. 100-101.

138 Eduardo Hoornaert *et al.* (org.). *História da igreja no Brasil.* vol. I. Petrópolis: Vozes, 1979, p. 246 ss.

da Igreja em muitos temas, cujo domínio teve origem com a presença da instituição denominada *padroado*, a qual existia em Portugal antes do descobrimento do Brasil. Não podemos deixar de assinalar que a expansão marítima e comercial portuguesa se enquadrava dentro do projeto de cristianização e evangelização como partes integrantes do processo geral de expansão comercial e colonial.

A experiência do catolicismo foi diversa e múltipla, tendo relação com as diferenças étnicas, o grau de inserção e a vivência com os rituais africanos. Nas vilas mineiras, por exemplo, a possibilidade de obtenção da liberdade distinguia os escravos dos libertos, os boçais dos crioulos, os negros dos mestiços. Deste modo, as expectativas e esperanças não eram semelhantes entre tais grupos. Em comum havia a determinação de lutarem pela reversão de sua condição para a de livres.[139]

Ao contrário dos negros norte-americanos, os brasileiros permaneceram ligados a divindades africanas tradicionais de modo impressionante e, apesar deste vínculo, conseguiram transformar seu particularismo religioso em estratégia de sobrevivência e de autonomia de grupo.[140]

Muito embora a Igreja Católica tenha combatido ritos africanos, os absorveu quando não pareciam ameaçadores. Por toda a América espanhola existiram confrarias de negros que funcionavam como controle político e ideológico ao mesmo tempo em que facilitavam a aceitação dos negros pelas sociedades dominadas pelos brancos.[141]

Considerações parciais

A presença da cultura iluminista teve uma disseminação muito maior nos EUA no campo religioso do que no Brasil, especialmente no tocante ao tema da liberdade de expressão. Tal propagação deve-se – sobretudo – ao alto grau de alfabetização da população imigrante,

139 Renato da Silva Dias, *op. cit.*, p. 309.

140 Genovese, *op. cit.*, p. 282.

141 Veja a excelente obra Mariza de Carvalho Soares. *Devotos da cor: identidade étnica, religiosidade e escravidão no século XVIII*. Rio de Janeiro: Civilização Brasileira, 2000.

que se interessava pelas novas seitas religiosas que incentivavam o livre debate e a interpretação da Bíblia. O índice de alfabetização norte-americano era alto ao longo do século XIX, quando comparado ao Brasil e até com alguns países da Europa mediterrânea. Enquanto lá tal indicador atingia o patamar em torno de 80% ou mais, aqui, na América portuguesa, girava em torno de 5% quando muito 20%, sendo tais proporções distribuidas entre as zonas rurais e urbanas, respectivamente. As pessoas comuns nos EUA entendiam a importância do significado de ir à escola, muito embora em algumas zonas rurais da fronteira ainda apresentasse, naquela época, dificuldades crônicas relativas à instalação de prédios escolares e à infraestrutura adequada ao trabalho escolar, num período no qual a demanda por braços, mesmo infantis, para a colheita, ainda fazia a diferença para os agricultores.

A cultura iluminista foi nutrida também pela vivência cotidiana e pelos novos interesses experimentados pelas populações desenraizadas. A liberdade de culto está incluída neste campo, pois coaduna-se com os princípios iluministas. Esta foi revigorada pela prática da livre interpretação dos textos sagrados, que sustentou e ajudou a expandir os já altos índices de alfabetização, através do estímulo à leitura, ao conhecimento, à prática e à interpretação dos mesmos.

O Iluminismo no Brasil não atingiu e não foi além de uma pequena população que fazia parte da alta hierarquia da Igreja, da elite universitária e de alguns poucos indivíduos radicais, integrantes da reduzida imprensa, atuante no país e de parte minoritária da população urbana.

A união do Estado com a Igreja no Brasil perdurou até o final do século XIX, momento em que houve a separação. Embora por questões pontuais a Igreja tenha estabelecido relações tensas com o Estado, como no episódio dos jesuítas em relação à escravização dos indígenas, na falta de comprometimento em relação à aplicação dos sacramentos aos cativos, na questão religiosa do final do Império, e em outros tantos episódios, houve muito mais colaboração do que acentuação de tensões entre estas instituições que conviveram de modo mais colaborativo do que conflitivo.

A religião católica era considerada a oficial pela Coroa portuguesa e depois pelo Estado Imperial. Os vigários eram pagos pelo governo e eram considerados funcionários públicos como os civis. Suas côngruas eram frequentemente pagas com grandes atrasos que de resto, atingia toda a população civil e militar do quadro administrativo do Estado. Não podemos deixar de sublinhar a falta crônica de infraestrutura adequada para desenvolver funções previstas pela máquina pública em todo período colonial, imperial e republicano, assim como até às últimas décadas do século XX.

Como a diversidade de manifestação de seitas religiosas era proibida no Brasil, as populações de origem cativa, negra e indígena adotaram métodos próprios de culto religioso, tais como manifestações de sincretismo, conforme os estudos antropológicos apontam. A convivência de santos católicos e entidades africanas fazia parte de tais cerimônias, as quais, ainda no final do século XIX, passaram a ser frequentadas por parte da população branca, o que demonstra interação, aceitação e funcionalidade mística extendida aos demais grupos sociais e étnicos.

A leitura e a interpretação da Bíblia realizada de forma plural pela população escravizada norte-americana possibilitaram a criação de uma cultura autônoma e peculiar, a qual não apresentou traços semelhantes com a da experiência brasileira. Muito embora esta última tenha apresentado um movimento no sentido da busca de autonomia, um conteúdo diferenciado emergiu, com características de maior conteúdo místico do que aquela descrita por Genovese para os escravizados norte-americanos. Tais traços acentuam o lado místico bastante característico do catolicismo popular brasileiro.

Para Genovese, a força do paternalismo dos proprietários do sul norte-americano encontrou nas populações cativas das grandes plantações o ingrediente que moldou a cultura cristã afro-americana. No entanto, como apontou Douglas Libby, não se deve confundir aquela cultura com a que foi moldada por centenas de milhares de pequenas e médias escravarias norte-americanas, nas quais não havia um administrador presente entre o senhor e seus cativos, como havia nas grandes *plantations*, onde o absenteísmo do senhor, no trato cotidiano com os escravos, era bem maior.[142]

Tal distanciamento entre escravizados e senhor possibilitou uma leitura mais singularizada e própria dos cativos em relação ao texto da Bíblia, muito embora, casos de grande aproximação entre senhoras e cativas não podem deixar de ser registrados como experiências autênticas de cooperação, como nos exemplos ilustrados por Genovese.

A liberdade de interpretação dos livros sagrados teve um papel preponderante na formação da cultura afro-descendente norte-americana. Tal autonomia de leitura teve relação com manutenção das estruturas rígidas de certas igrejas mais abastadas e consolidadas, que desde tempos antigos não foram sensíveis ao apelo das novas seitas concorrentes que demonstravam mais sensibilidade à condição cativa, assim como também aos problemas do cotidiano da gigantesca população de imigrantes desenraizados.

---

142 Para a discussão sobre o paternalismo nas Américas, veja: Douglas Cole Libby. "Repensando o conceito do paternalismo escravista nas Américas". In: Eduardo França Paiva & Isnara Pereira Ivo (orgs.), *op. cit.*, p. 27-39. Veja também o estudo comparativo: Enrico Dal Lago. "Patriarcalismo e paternalismo no sul dos EUA *antebellum* e no *Mezzogiorno* italiano oitocentista: uma comparação entre proprietários de escravos e terratenentes". *Revista de História*, São Paulo – FFLCH/USP, n. 156, 2007, p. 193-225.

Capítulo 3

Convívio familiar nas fronteiras do Novo Mundo

O objetivo deste capítulo é descrever e analisar, em perspectiva comparativa, o tamanho e a composição dos domicílios rurais em regiões de fronteira nas Américas. Os historiadores demógrafos e os historiadores econômicos consideram através de vários estudos, desde o clássico Chayanov[1] até os mais atuais como Laslett[2] e Abramovay,[3] que a sobrevivência bem como as estratégias de acumulação material em sociedades tradicionais dependiam, até certo ponto, do tamanho e da composição dos grupos domésticos. Examinar-se-ão de forma comparativa os agrupamentos domésticos que se localizavam nas fronteiras do noroeste e sudoeste norte-americano em relação aos do sudoeste do Brasil, mais precisamente, Araraquara, oeste da província de São Paulo,

---

1 Alexander V. Chayanov. *La organización de la unidad econômica campesina*. Buenos Aires: Ediciones Nueva Visión, 1974.

2 Peter Laslett. "Família e domicílio como grupo de trabalho e grupo de parentesco: comparações entre áreas da Europa Ocidental". In: Maria Luiza Marcílio (org.). *População e Sociedade*. Petrópolis: Vozes, 1984.

3 Ricardo Abramovay. *Paradigmas do capitalismo agrário em questão*. 2ª ed. São Paulo: Hucitec, 1998.

a qual se constituída em fronteira de ocupação inicial durante a primeira metade do século XIX.

Pesquisas recentes realizadas por Maria Luíza Marcílio,[4] Donald Ramos,[5] Iraci Del Nero da Costa,[6] Marisa Correa,[7] Eni de Mesquita Samara[8] e Dora Isabel Paiva da Costa[9] têm demonstrado a presença de grupos domésticos bastante reduzidos, quando comparados à literatura clássica produzida por Gilberto Freyre,[10] Sérgio Buarque de Holanda[11] e Antonio Candido de Mello e Souza[12] sobre as famílias de elite do Brasil rural agroexportador. Samara e Costa colocaram em questão a visão clássica, a qual percebia os agrupamentos familiares de forma monolítica em relação a diversas regiões e épocas no Brasil. Para estas duas últimas autoras, a complexidade desta organização no Brasil colonial e imperial variou não só por classe social, por etnia, como também pela estrutura econômica, na qual a família estava inserida. Para além das variáveis observáveis acima, Dora

4 Maria Luíza Marcílio. *Crescimento demográfico e evolução agrária paulista, 1700-1836.* Tese (livre-docência) - FFLCH/USP, São Paulo, 1974.

5 Donald Ramos. "Marriage and Family in Colonial Vila Rica". *Hispanic American Historical Review*, Durham/N.C., vol. 55, n. 2, 1975, p. 200-225.

6 Iraci del Nero da Costa. *Vila Rica: População (1719-1826).* São Paulo: IPE/USP, 1979.

7 Marisa Correa. "Repensando a família patriarcal brasileira". In: Antonio Augusto Arantes *et al. Colcha de retalhos: estudos sobre a família no Brasil.* 3ª ed. Campinas: Editora da Unicamp, 1994.

8 Eni de Mesquita Samara & Dora Isabel Paiva da Costa. "Family, Patriarchalism and Social Change in Brazil". *Latin American Research Review*, vol. 32, n. 1, 1997, p. 212-225.

9 Dora Isabel Paiva da Costa. "Arranjos domésticos e formação de *plantations*". *População e Família*, São Paulo/CEDHAL/USP, vol. 3, 2000, p. 129-155.

10 Gilberto Freyre. *Casa-Grande & Senzala.* 6ª ed. Rio de Janeiro: José Olympio, 1946.

11 Sérgio Buarque de Holanda. *Raízes do Brasil.* 15ª ed. Rio de Janeiro: José Olympio, 1982.

12 Antonio Candido de Mello e Souza. "The Brazilian Family". In: T. L. Smith; A. Marchand (eds.). *Brazil: Portrait of half a continent.* Nova York: Dryden Press, 1951, p. 292-311.

Costa notou em outra pesquisa que a composição do arranjo doméstico variava também em relação ao gênero do chefe do domícilio.[13]

Retomo a problemática acima, em perspectiva comparativa, assumindo que, muito embora o conhecimento acumulado em pesquisas aponte também para a importância de *fatores externos,* tais como as relações de sociabilidade e a solidariedade vinculadas às famílias de diversos grupos sociais,[14] nas quais os agentes históricos buscavam um ideal de vida patriarcal, cujos elementos possibilitavam a composição de um tecido social favorável à mobilidade social e/ou dependência, outros *fatores internos,* como o tamanho e a composição dos domicílios podiam atuar na reafirmação de valores patriarcais ou na afirmação de valores autonomistas e individualistas, dependendo do modo como tais atores sociais negociavam suas estratégias de vida e de sobrevivência. Não devemos esquecer que embora a cultura hegemônica fosse senhorial, escravista e patriarcal, outros grupos sociais como os de negros e indígenas atuavam dentro de sua própria cosmovisão de comunidade, interagindo com a cultura hegemônica branca e a sua própria, atuando como indivíduo e agente de sua vontade circunscrita à margem pessoal de liberdade possível. Cabe ainda às novas pesquisas problematizar a dimensão da dependência/subalternidade, uma vez que o espaço relativo de autonomia constitui forças com características próprias em diversos contextos históricos. Basta olharmos para a linha de pesquisa da história da família em Hareven,[15]

---

13 Dora Isabel Paiva da Costa. "As mulheres chefes de domicílios e a formação de famílias monoparentais: Brasil, século XIX". *Revista Brasileira de Estudos de População,* Campinas (ABEP/NEPO), vol. 17, n. 12, jan./dez. 2000.

14 Sheila de C. Faria. *A colônia em movimento: fortuna e família no cotidiano colonial.* Rio de Janeiro: Nova Fronteira, 1998; Cacilda Machado. *A trama das vontades: negros, pardos e brancos na construção da hierarquia social do Brasil escravista.* Rio de Janeiro: Apicuri, 2008.

15 HAREVEN, T. "The history of the family and the complexity of social change". *American Historical Review,* vol. 96, nº 1, 1991, p. 95-124.

McDaniel,[16] Cornell,[17] Brettell,[18] Osswald,[19] Kertzer & Brettell (1990),[20] bem como os estudos sobre estratégias de família e os *household studies* (Cornell, 1986, 1987) para constatarmos que se prestam a este último propósito, pois permitem, em certa medida, examinar o sucesso e/ou insucesso, o enquadramento ou não do indivíduo ou grupos sociais nas determinações históricas mais amplas, sejam econômicas ou culturais.

Os vínculos estabelecidos entre os domicílios podiam gerar dependência, reafirmando o domínio de valores patriarcais, como entendem alguns autores.[21] Poderiam ainda reforçar as relações clientelistas, como entendem outros autores.[22] A organização das unidades domésticas ocorria em contextos econômicos diversos, compostos por maior ou menor estratificação social, maior ou menor complexidade étnica, maior ou menor desenvolvimento econômico. Os laços de solidariedade horizontal se davam em comunidades com menor grau de estratificação, como as de pequenos lavradores e/ou camponesas. Os laços verticais ocorriam em economias agroexportadoras, onde havia maior complexidade da estratificação social. Ambos constituíam uma rede intrincada de relações sociais que, em determinados momentos

---

16 McDANIEL, A. "The power of culture: a review of the idea of Africa's influence on family structure in Antebellum America". *Journal of Family History*, vol. 15, nº 2, 1990, p. 225-238.

17 CORNELL, L. L. "Hajnal and the household in Asia: a comparativist history of the family in preindustrial Japan, 1600-1870". *Journal of Family History*, vol. 12, nºs 1-3, 1990, p. 143-162.

18 BRETTELL, C. B. "Emigration and Household Structure in a Portuguese Parish, 1850-1920". *Journal of Family History*, vol. 13, nº 1, 1990, p. 33-57.

19 OSSWALD, H. "Dowry, norms and household formation: a case study from north Portugal". *Journal of Family History*, vol. 15, nº 2, 1990, p. 201-224.

20 KERTZER, David & BRETTELL, Caroline. "Advances in Italian and Iberian Family History". *Journal of Family History*, vol. 12, ns. 1-3, 1987, p. 87-120.

21 Faria, *op. cit.*; Machado, *op. cit.*

22 José Murilo de Carvalho. "Mandonismo, coronelismo e clientelismo: uma discussão conceitual". *Dados*, vol. 40, n. 2, 1997; Richard Graham. *Clientelismo e política no Brasil do século XIX*. Rio de Janeiro: Editora UFRJ, 1997.

e contextos, podiam tornar mais flexíveis as relações patriarcais e/ou clientelistas em direção às forças autonomistas.

No Brasil, os valores senhoriais e escravistas, de modo geral, excluíam a maior parte da população e colaboravam para dificultar a sobrevivência de forma mais autônoma e independente dos grupos domésticos de pequenos lavradores, tal como a *farm* americana. Esta última estava imersa em relações contratuais baseadas no trabalho livre assalariado e/ou nas relações denominadas de *indentured servents,* que tinham um caráter temporário. Aqui os pequenos lavradores eram obrigados a se submeterem a uma relação de subalternidade com os grupos dos grandes proprietários para que pudessem se arranchar nas terras fronteiriças aos grandes domínios senhoriais. Outra forma possível de estabelecer este tipo de unidade doméstica se dava através da posse da terra, que foi o meio mais comum, após o fim da instituição da sesmaria, decretada pelo governo que proclamou a emancipação política do Brasil. Não se deve perder de vista, também, que a política de acesso a terras foi mais aberta aos grupos de imigrantes recém chegados aos EUA do que no Brasil.[23] Lá, houve muitos incentivos, desde a realização da agrimensura, a definição dos lotes e o baixo preço praticado pelo governo central, até disputas entre as elites regionais que redundaram na aprovação de leis, durante a guerra civil, que favoreceram os imigrantes com menores recursos. Por sua vez, o capital que imigrou para a sociedade norte-americana direcionado a investimentos diretos na época, foi proporcionalmente muito maior do que aquele que veio para o Brasil, bem como a implantação de uma extensa rede ferroviária e hidroviária[24] favoreceu o envio de produtos alimentícios às regiões mais urbanizadas, que pouco a pouco se integravam à rede de pequenos e médios produtores de alimentos das regiões mais distantes e fronteiriças.

---

23 Richard Graham. "Slavery and economic development: Brazil and United States South in the nineteenth century". *Comparative Study of Society and History,* Cambridge, 1981.

24 *Ibidem.*

I. FONTES E METODOLOGIA

Os métodos comparativo e quantitativo têm o objetivo de medir o tamanho e a composição dos agrupamentos familiares da fronteira oeste paulista (Araraquara) com os da fronteira noroeste e sudoeste norte-americanas. Esta última região possuía mão de obra cativa e agricultura voltada para a exportação bem como para o mercado interno. A fronteira noroeste muito embora apresentasse um elemento díspar, tal como a inexistência da mão de obra escrava, o que, em princípio, deveria, por hipótese, manifestar uma redução do tamanho dos domicílios, na verdade, observou-se, surpreendentemente, o oposto: em média, o tamanho das unidades rurais da fronteira noroeste, não escravista era significativamente maior do que a do sudoeste norte-americano e a do sudoeste brasileiro.

As informações referentes aos anos de 1820 e 1840 foram extraídas dos censos demográficos norte-americanos e, em relação às paulistas, das Listas Nominativas referentes aos anos de 1824 e 1850. A opção de analisar dois recortes temporais deveu-se à possibilidade de observar as mudanças na organização e nas formas de convivência ao longo do período de formação das respectivas fronteiras.

Após a independência, o governo dos Estados Unidos realizou recenseamentos da população, década a década, a partir de 1800. Antes de serem consolidados em quadros-síntese, os manuscritos nos quais eram coletadas as informações brutas permaneceram intactos e preservados até os dias de hoje. Muitos pesquisadores norte-americanos têm lançado mão, ainda hoje, deste material original. No Brasil, embora a frequência de realizações dos censos não se equiparem com a dos EUA, existem muitas semelhanças na forma de coleta das informações, pois estas eram anotadas tomando-se por base os agrupamentos domésticos. Muito embora os dados norte-americanos sejam mais completos na amplitude e no detalhamento em relação aos do Brasil, é possível estabelecer balizas comparativas entre tais agrupamentos domésticos. Também houve muitos problemas na realização dos censos, pois alguns governos locais e estaduais do sul dos EUA, contrários às doutrinas políticas e ideológicas do norte, obstruíram de muitas maneiras a condução da realização destes levantamentos em muitos locais,[25] no entanto, em muitas outras localidades realizaram-no com sucesso.

A definição de fronteira operacionalizada pelos recenseadores norte-americanos circunscrevia-se a dois aspectos: a quantidade de pessoas presentes deveria estar entre 2 e 6 por milha quadrada e esta proporção deveria permanecer constante entre os censos decenais. No Brasil, os recenseamentos não chegaram a tal nível de conceituação e detalhamento, como também, houve problemas no estabelecimento das medições das terras, uma vez que o governo central não conseguiu apoio político para efetivar medições e demarcações, como o fez o norte-americano através do envio de equipes de agrimensores federais ao oeste americano.[26] As regiões que não se enquadravam nesta definição de fronteira foram denominadas pelos recenseadores de "povoados do norte e do sul", conforme as informações contidas nos manuscritos, quando da coleta do material, por ocasião da realização dos censos. Tais denominações aparecem nas tabelas deste capítulo, servindo de comparação às comunidades situadas nas fronteiras. Tais povoados eram comunidades de habitantes com maiores densidades populacionais, as quais foram consideradas fronteiras décadas atrás pelos recenseadores coevos.

A fronteira noroeste dos EUA, em 1820, era composta por 5 condados: Pope (Illinois), Fayette, Lawrence e Vigo (Indiana) e Darke (Ohio). A fronteira sudoeste era composta por Hall (Geórgia), Lawrence, Marion e Pike (Mississippi) e Hardin (Tennessee). Em 1840, ambas as fronteiras tinham se modificado, sendo constituídas, no noroeste, por 7 condados: Stephenson (Illinois), Adams e Noble (Indiana),

25 M. J. Anderson. *The american census: a social history.* New Haven: Yale University Press, 1988.

26 Richard White. *"It's your misfortune and none of my own": a history of the american West.* Norman: University of Oklahoma Press, 1991, p. 119-121; Lígia Osório Silva. *Terras devolutas e latifúndio: efeitos da Lei de 1850.* Campinas: Editora Unicamp, 1996, p. 115-212.

Louisa (Iowa) e Clinton, Genesee, Kalamazoo (Michigan); a do sudoeste por 3 condados Hempstead (Arkansas) e Barry e Pettis (Missouri).

Em 1824, Araraquara apareceu pela primeira vez nas Listas Nominativas, fazendo parte da terceira companhia de ordenanças do município de Piracicaba, possuindo 223 domicílios e 1.228 habitantes. Em 1850 aparece como sexta companhia e possuía 477 famílias com 2.544 habitantes. Os primeiros vestígios de habitantes brancos que chegaram à região de Araraquara datam de 1817, ano em que foi criada a freguesia de São Bento de Araraquara.

Quinze anos após a chegada de seus pioneiros, em 1832, Araraquara foi elevada à categoria de vila, quando pôde eleger seu primeiro conselho de vereadores da câmara municipal, adquirindo certa autonomia administrativa local. A autonomia judiciária aconteceu quando se tornou independente da comarca de Piracicaba, em 1866, passando a ter seu próprio juiz de direito, lista de jurados etc.

Nas Listas Nominativas de Habitantes produzidas desde a época colonial, apareciam as divisões administrativas circunscritas à capitania e/ou província, as quais eram subdivididas em *vilas* e *comarcas*, e estas últimas, em *termos*, os quais englobavam *bairros* e *distritos rurais*.

As unidades domésticas analisadas são agrupamentos de famílias formadas por pessoas livres, agregadas e cativas, as quais eram arroladas, periodicamente, pelo sargento-mor das companhias de ordenanças. Em muitas ocasiões o pároco auxiliava ou realizava esta tarefa. Estas companhias surgiram no período da administração pombalina, no final do século XVIII, especialmente no sudoeste do Brasil com o intuito de proteger a parte meridional da colônia dos ataques hispânicos. Foram inúmeras as correspondências realizadas entre os governadores da capitania de São Paulo e o primeiro ministro português, enfatizando a necessidade de povoar e fixar os povos destas regiões, através do desenvolvimento de atividades agrícolas.[27]

---

27 TEIXEIRA, P. E. *O outro lado da família*. Campinas: Editora da Unicamp, 2004, p. 35-45.

A partir desta documentação analisar-se-ão como se organizavam os agrupamentos domésticos em unidades formadas pela população total (livre + agregada + cativa), as quais constituíam as UDCEA (unidades domésticas *com* escravos e agregados) e as UDSEA (unidades domésticas *sem* escravos e agregados). Estas siglas foram criadas pela pesquisadora e constituem categorias analíticas destinadas a produzir efeitos e análises comparativas.

II. ENTRE O NORTE E O SUL: UM OLHAR COMPARATIVO

A tabela 1 abaixo mostra que os agrupamentos domésticos da fronteira oeste paulista não eram grandes, pois, ao se medir o tamanho médio, observou-se que em torno de 5,5 moradores habitavam cada unidade do tipo UDCEA. Comparados com as unidades da fronteira sudoeste escravista dos Estados Unidos, tal índice não se apresenta muito distante, atingindo lá a magnitude de 5,7. Seria de se esperar que com a presença da escravidão tais dimensões se apresentassem bem maiores, especialmente no Brasil, seguindo a lógica freyriana de família extensa (ampliada). No entanto, cabe ressaltar que o cativeiro nesta região do Oeste paulista se caracterizava por pequenas escravarias, pois num total de 112 proprietários de terras, apenas 64 declararam possuir cativos, e destes, somente 3 tinham acima de 20 escravos, enquanto 49 declararam possuí-los entre 1 e 9, e 12, entre 10 e 19.[28] O que mais chama a atenção é a média encontrada para o tamanho dos domicílios da fronteira norte dos EUA, 6,1 pessoas por unidade, a qual comparada à fronteira do sul escravista de 5,7 nos surpreende.

Faragher,[29] que estudou a região de Sugar Creek no Illinois, fronteira noroeste, apontou que a primeira geração das mulheres brancas pioneiras casava-se com a idade de 19 anos e a segunda aos 21 anos.

---

28 Dora Isabel Paiva da Costa. "Fronteira, mercado interno e crescimento da riqueza no Brasil, século XIX". *Anuario IEHS*, Buenos Aires – Universidad Nacional del Centro de la Provincia de Buenos Aires, n. 23, mar. 2008, p. 297.

29 John Mack Faragher. *Sugar Creek: life on the Illinois Prairie.* New Haven: Yale University Press, 1986, p. 87-95.

As baixas médias de idade ao casar poderiam contribuir para aumentar o tamanho dos domicílios, pois este raciocínio pressupõe prematuro início do ciclo de natalidade numa região onde a ajuda do braço familiar era bem vinda. Mas, por outro lado, poderiam também favorecer a fissão do núcleo familiar quando a prole feminina atingisse idade equivalente à da geração anterior, caso as características de formação do domicílio se mantivessem idênticas à das gerações anteriores, tanto do ponto de vista dos fatores internos quanto externos à unidade domiciliar. A produção e a reprodução desta situação significariam a disponibilidade de condições semelhantes que favoreceriam a formação de novos domicílios com aquelas mesmas características.

Tabela 1. Tamanho médio dos domicílios

Regiões EUA/Brasil	1820/1824	1840/1850
Fronteira Norte	6,1	5,6
Povoados do Norte	6,1	5,7
Fronteira Sul	5,7	6,3
Povoados do Sul	5,8	5,6
Araraquara	5,5c/5,6s	5,4c/4,4s

Fonte: Censos Populacionais in James E. Davis. *Frontier in America 1800-1840: a comparative demographic analysis of the frontier process.* Glendale, CA: The Arthur H. Clark Company, 1977.
Legenda: a presença da letra *c* significa unidades *com* escravos, e da letra *s*, *sem* escravos.

Muito embora a ocupação da fronteira noroeste americana não tenha recebido um contingente significativo de cativos,[30] o que mais chama a atenção é o tamanho médio dos grupos familiares do norte (6,1 pessoas), o qual ultrapassou o tamanho médio dos do sudoeste escravista dos Estados Unidos, assim como o do sudoeste paulista, também escravista. A surpresa reside no fato de que tanto o sul dos Estados Unidos quanto o do Brasil foram regiões constituídas por unidades

30 James E. Davis. *Frontier in America 1800-1840: a comparative demographic analysis of the frontier process.* Glendale, CA: The Arthur H. Clark Company, 1977, p. 121-135.

agrícolas escravistas, sendo plausível encontrar maiores agrupamentos domésticos. A presença proporcional de cativos na fronteira do noroeste foi irrisória, com o índice de 0,5% em 1820, enquanto que na do sudoeste atingiu 27% em relação à proporção da população livre. Em 1840, não houve registro de cativos na fronteira norte, onde havia sido proclamada a emancipação. No sul, chegou ao índice de 13%.[31]

Muito embora a organização da produção agrícola das unidades da fronteira noroeste tivesse por base a mão de obra livre e familiar, e apresentasse uma média maior no tamanho das unidades do que a do sudoeste norte-americano, que era formada por *plantations* escravistas e exportadoras, nota-se que as famílias nucleares eram a norma, tanto no sul, pois jogavam um papel funcional importante na ocupação da fronteira, quanto no norte; neste, a imigração se dava por meio dos comboios de famílias que se dirigiam à fronteira, enquanto no sul os senhores levavam suas famílias acompanhadas de suas escravarias, havendo deslocamento de uma família por vez.[32] Segundo os estudiosos, o tipo de imigração realizada no norte teria produzido uma maior solidariedade e espírito comunitário do que a imigração sulista de tipo escravista, senhorial e patriarcal.

A partir da década de 1840 os domicílios da fronteira norte (tabela 1) apresentaram uma tendência declinante no seu tamanho (5,6) comparada à tendência altista do sul (6,3). Como explicar este comportamento demográfico? A fronteira do norte drenava residentes em direção ao oeste e deslocava parte de sua mão de obra para as novas terras que se abriam mais a oeste. Deve-se levar em conta que esta foi a década da chegada de máquinas na agricultura no norte, enquanto no sul, houve maior valorização da presença da mão de obra cativa e dos produtos de exportação, o que implicou no aumento da produção de gênero exportáveis e na incorporação desta mão de obra.[33]

---

31. *Ibidem*, p. 125.

32 Joan E. Cashin. *A family venture: men and women on the southern frontier*. Nova York/Oxford: Oxford University Press, 1991, p. 78-98.

33 Davis, *op. cit.*, p. 81.

Ao olharmos a tabela 2, a respeito dos tamanhos modais dos domicílios, observamos uma permanência em torno de quatro membros nos dois cortes temporais, tanto nas fronteiras do norte quanto nas do sul norte-americanas, desenhando um modelo típico de domicílio composto pelo casal e dois filhos. Nos povoados, o tamanho modal em torno de cinco pessoas demonstrou maior densidade e sedentariedade populacional, alargando o modelo familiar para três filhos. Cabe destacar a impressionante permanência das magnitudes, expressando que apesar da presença de forças ideológicas díspares no norte e no sul, tal fato não chegou a influenciar a moda, isto é, os modelos mais frequentes do tamanho de núcleo doméstico, tanto no começo quanto em meados do século XIX.

Tabela 2. Tamanhos modais dos domicílios

Regiões EUA/Brasil	1820/1824	1840/1850
Fronteira Norte	4	4
Povoados do Norte	5	5
Fronteira Sul	4	4
Povoados do Sul	5	5
Araraquara	3c/4s	2c/2s

Fonte: *Ibidem*.

Legenda: *c* = significa unidades *com* escravos, e *s*, *sem* escravos.

Tanto as regiões do norte quanto as do sul dos Estados Unidos apresentam uma notável similitude, não só na perspectiva interespacial como intertemporal, quando se compara o noroeste com o sudoeste. Permanências históricas traduzem a presença de forças sociais que agem com semelhante intensidade no espaço e no tempo. Estas forças agiam com impressionante similitude tanto nas áreas que estavam submetidas à produção e reprodução do modelo republicano de trabalho livre (o Norte), quanto naquelas nas quais se encontravam longe destas aspirações e produziam unidades submetidas aos valores da sociedade patriarcal e escravista do velho sul. Este é um resultado surpreendente, pois as diferenças ideológicas e de mentalidades não foram capazes de produzir divergências significativas nos tamanhos modais das organizações domésticas. A ideologia republicana jeffersoniana defendia um modelo específico de família, de transmissão de bens e de distribuição de poderes mais equilibrada entre os membros do agrupamento familiar, enquanto no sul, havia o predomínio da visão de mundo aristocrática e escravista, forte hierarquia, regime patriarcal acentuado e uma distribuição de poderes mais desigual entre os membros da família.[34]

Nas franjas da fronteira do oeste paulista, os núcleos domésticos não pareciam tão sólidos, apresentavam reiteradamente uma organização mais reduzida com três pessoas, em 1824, e uma maior redução, ainda, com apenas duas pessoas, no segundo período, tanto nas unidades domésticas com escravos e agregados quanto naquelas sem a presença destes.

Como interpretar tais índices? Representariam a chegada de casais jovens, os quais estariam iniciando os ciclos biológico e social de família? Revelaria uma relativa autonomia no que diz respeito à formação de casais e ao acesso à terra? Representaria a chegada de famílias mais simples que se tornariam agregadas àquelas mais abastadas, detentoras de terras na região? Não se pode perder de vista que o governo imperial já vinha debatendo o problema da terra desde a emancipação política.[35] As famílias mais abastadas, preocupadas em arranchar filhos e filhas em idade de casar, frequentemente, lançavam mão de instrumentos tais como convidar casais jovens de segmento social inferior para morarem como agregados em posses ainda não confirmadas pelo governo imperial. Tratava-se de uma estratégia de enriquecimento mediante a incorporação de mais terras[36] e da possibilidade

34 James A. Henretta; David Brody; Lynn Dumenil. *America: a concise history*. 2 vols. Boston: Bedford/St. Matin's, 2002, p. 257-275.

35 Lígia Osório Silva, *op. cit.*, p. 95-14

36 Dora Isabel Paiva da Costa. *Vestígios da história: estudo sobre os registros paroquiais de terras dos Campos de Araraquara, 1855-1866.* Relatório de Pesquisa apresentado ao Departamento de Economia – FCL/Unesp, Araraquara, 2004.

de especulação com o patrimônio fundiário familiar.[37] Ambas as situações asseguravam às famílias de maiores posses domínio sobre uma maior quantidade de terras e, ao mesmo tempo, permitia aos jovens casais de lavradores menos abastados a possibilidade de se desvincularem da condição de jornaleiros e de buscarem o estabelecimento de relações sociais mais vantajosas com uma relativa autonomia.[38]

Do ponto de vista do olhar da história social da cultura, os negros usaram a família contra a escravidão.[39] Contudo, por sua vez, os brancos proprietários de terras e colonizadores da fronteira usaram da possibilidade de controlar a organização da família dos brancos pobres a seu favor [dos proprietários] e contra estes. Quero dizer com isto que o estabelecimento de uma nova unidade doméstica rural passava pelo controle político e patronal/clientelístico dos grandes proprietários em relação às famílias despossuídas.

Os pequenos lavradores livres tinham a possibilidade de tomar posse da terra, cultivar lavouras e criar gado em áreas que sofriam uma das maiores especulações em território nacional.[40] A ação de especuladores empurrava este segmento mais pobre em direção às áreas mais longínquas e distantes dos centros urbanos. Nos EUA havia associações de pequenos agricultores, as quais agiam de forma coletiva e organizada, expulsando os especuladores da região. No oeste paulista estes pequenos lavradores estavam isolados, distantes uns dos outros e arranchados em regiões ermas. Lá na América do Norte, os pequenos agricultores viajavam em comboios de 20, 30 ou mais famílias e se instalavam em comunidades, próximos uns aos outros, os quais podiam estabelecer uma relação maior de solidariedade.

37 *Idem, op. cit.*, 2008.

38 Alida Metcalf. *Family and frontier in Colonial Brazil: Santana do Parnaíba, 1580-1822*. Berkeley: University of California Press, 1992, p. 120-152; V. Stolcke. *Cafeicultura*. São Paulo: Brasiliense, 1986, p. 17-52; C. Vangelista. *Os braços da lavoura*. São Paulo: Hucitec, 1991, p. 233-270.

39 Veja o estudo por exemplo de Robert Slenes, *Da senzala, uma flor*. Rio de Janeiro: Nova Fronteira, 1999.

40 Dora Isabel Paiva da Costa, *op. cit.*, 2008.

A tabela 3, de forma surpreendente, porém congruente com os dados acima apresentados, mostra que uma maior proporção de grandes grupos domésticos (com onze ou mais pessoas) nos EUA existiu na fronteira do norte, atingindo 8% do total, enquanto, na fronteira do sul este índice girava em 6%. No sudoeste paulista esta magnitude chegava a 6% das unidades UDCEA, e 4% nas UDSEA. Vale notar o aumento da proporção dos grandes domicílios ao patamar de 11% no sul, no período de crescimento da escravidão. Em livro recente, Klein apontou que o tamanho mais comum das famílias da Nova Inglaterra e das colônias vizinhas era ter de seis a oito filhos, totalizando dez pessoas.[41]

Espantosamente, uma maior proporção de grandes grupos domésticos existiu na fronteira noroeste norte-americana (não-escravista) nos primeiros anos de povoamento. Este resultado levanta novas questões em relação à historiografia clássica que aponta a presença de grandes grupos domésticos na vida da família brasileira escravista do passado.

Na verdade, o mundo agrário brasileiro de outrora foi tão diversificado quanto uma colcha de retalhos, apresentando áreas com a presença de grandes famílias patriarcais, à moda freyriana, mas, também, outras com características de famílias não patriarcais, não patrimonialistas, nem seguidoras de uma ética acumulativa.

Deste modo, percebe-se que enquanto nos EUA o governo federal sucessivamente estimulou o povoamento dos territórios fronteiriços com políticas atraentes, no Brasil, o estímulo ao colono da fronteira, ao produtor de alimentos, ficou apenas no plano da retórica e das disputas entre as várias facções da elite, por ocasião da discussão no congresso nacional dos vários projetos sobre mudanças nas leis de terras.[42] Por sua vez, o colono norte-americano foi beneficiado pela disputa acirrada entre as elites do norte e do sul, durante a guerra civil, pois no auge do desgaste da guerra, o governo central, para mobilizar maior apoio político da população, fez passar leis que

41 Herbert S. Klein. *The population history of the United States*. Cambridge, United Kingdom: Cambridge University Press, 2004, p. 51.

42 Lígia Osório Silva, *op. cit.*, p. 57-213.

favoreceram os pequenos proprietários fundiários que não conseguiam pagar seus lotes.

Ainda na tabela 3, podemos observar que na fronteira noroeste houve um declínio proporcional dos grandes domicílios de 8% para 5%, enquanto, na fronteira sudoeste houve um aumento de 6% para 11%, em meados do século XIX. No norte, nas áreas de fronteiras dos EUA, quanto maior fosse o tamanho dos domicílios e apresentassem em sua composição interna uma maior quantidade de jovens adultos em idade de iniciar uma família, portanto uma nova unidade produtiva, o governo federal facilitava a aquisição de lotes de terras, uma vez que havia como política oficial a expansão da fronteira e o encurralamento estratégico das populações indígenas para zonas áridas e montanhosas. Por sua vez, na fronteira do sul, era a quantidade de cativos possuída que determinava o tamanho dos lotes a serem adquiridos.[43] No Brasil, a historiografia afirma que as terras utilizadas para o cultivo de alimentos eram disputadas por aquelas voltadas para agroexportação, enquanto a classe senhorial detentora de cativos podia solicitar facilmente sesmarias às autoridades governamentais ou tomar posse simplesmente mediante ocupação, os lavradores pobres apenas poderiam tomar posse da terra, tendo dificuldades adicionais para nelas permanecer e legalizá-las.

Tabela 3. Percentagem dos domicílios com onze ou mais pessoas

Regiões EUA/Brasil	1820/1824	1840/1850
Fronteira Norte	8	5
Povoados do Norte	7	5
Fronteira Sul	6	11
Povoados do Sul	6	5
Araraquara	6c/4s	9c/2s

Fonte: *Ibidem*.

Legenda: c = significa unidades com escravos, e s, sem escravos. Os números foram arredondados.

43 Davis, *op. cit.*, p. 53-84.

Em 1850, no sudoeste brasileiro, houve um aumento proporcional da participação das grandes unidades domésticas de 6% para 9% em relação às unidades com escravos e agregados, enquanto houve de modo simultâneo uma redução na participação das unidades sem escravos e agregados de 4% para 2%. O incremento se deve ao crescimento da presença da população cativa nas unidades da fronteira do oeste paulista e o crescimento da oferta de gêneros alimentícios, principalmente o gado ao mercado interno regional.[44] Estes indicadores mostram que no momento de crescimento da inserção das unidades domésticas ao mercado, o tamanho e a composição dos domicílios rurais faziam diferença em relação à situação de subsistência no período escravista.

Embora uma vertente da historiografia tenha minimizado a importância do estudo do tamanho de tais agrupamentos, ao afirmar que "se as famílias coloniais eram mais ou menos extensas, se numa habitação moravam poucos indivíduos ou dezenas deles, eis um dilema de pouca relevância, [...] pois em nada ofuscava o patriarcalismo dominante",[45] não é o que mostra os estudos de Nazzari, quando sugere uma mudança na sociedade e nas relações patriarcais durante os séculos XVII, XVIII e XIX no Brasil. Neste sentido, o regime patriarcal deve ser problematizado também a partir do modo como se constituía os agrupamentos domésticos e a divisão interna de poderes. Em inúmeros estudos realizados em perspectiva comparativa, relacionando unidades domésticas do sul e do Norte da Europa, observou-se uma variedade de tamanho, composição e organização interna de poderes, diversidade que apontava para diferentes sistemas de formação de famílias e grupos domésticos.[46]

Os primeiros deslocamentos em direção à fronteira noroeste dos EUA foram registrados entre 1800 e 1810, e, na década de 1820, novos povoadores tinham imigrado para lá, aumentando a proporção de grandes unidades domésticas. Foi uma época inicial

44 Dora Isabel Paiva da Costa, *op. cit.*, 2008.

45 Ronaldo Vainfas. *Trópico dos pecados: moral, sexualidade e Inquisição no Brasil*. Rio de Janeiro: Campus, 1988, p. 110.

46 David Kertzer & Caroline Brettell. "Advances in Italian and Iberian Family History". *Journal of Family History*, vol. 12, n. 1-3, 1987, p. 87-120.

de intensa atividade de construções de pontes, canais, barcos a vapor e estradas de ferro.[47]

Nos EUA, tanto na fronteira norte quanto na do sul, as famílias eram constituídas do ponto de vista da organização interna, por um maior número de corresidentes ou convivas quando confrontadas com as do Brasil. Em regra geral, os jovens norte-americanos casavam-se cedo e os agrupamentos familiares logo se viam fracionados, na fronteira, em função dos novos enlaces matrimoniais que se davam em faixas etárias anteriores, quando comparados aos de seus primos ingleses, franceses e noruegueses, os quais demoravam mais tempo.[48] Devemos lembrar ao leitor de que, por esta época, a Europa não possuía terras novas a serem ocupadas. No Brasil, as moças camponesas casavam-se, em média, com 20,6 anos e os rapazes com 21,6,[49] enquanto na elite plantacionista a média era 19 para as moças e 27,7 para os rapazes.[50] O aumento em relação à participação dos grandes domicílios nas fronteiras do sul dos dois países traduziu o recrudescimento do sistema escravista no sul dos EUA, como também o incremento da participação das escravarias de tamanho médio (10 a 19 cativos) presentes na fronteira paulista, motivado pelo crescimento do mercado interno.[51] Esta década testemunhou um crescimento das exportações de produtos primários, em especial, o algodão para as fábricas têxtis da Inglaterra que saíam dos portos do sul dos EUA, assim como dos brasileiros.[52]

A tabela 4 mostra a proporção da população residente que vivia em domicílios que tinham onze ou mais pessoas. No primeiro período as porcentagens dos convivas nesta condição chegavam a patamares próximos, tanto no norte quanto no sul do EUA, porém, havia acentuado

47 Davis, *op. cit.*, p. 43-54.

48 Klein, *op. cit.*, p. 50-51.

49 Maria Luíza Marcílio. *Caiçara: estudo de demografia histórica e história social de Ubatuba*. São Paulo: Paulinas/Cedhal, 1986, p. 150.

50 Carlos Bacellar. *Os senhores da terra*. Campinas: CMU/Unicamp, 1997, p. 62.

51 Dora Isabel Paiva da Costa, *op. cit.*, 2008.

52 Eric Hobsbawm. *A Era do Capital*. Rio de Janeiro: Paz e Terra, 1977, p. 49-86.

destaque para a proporção de 16% na fronteira noroeste. No Brasil, esta cifra se aproxima da americana apenas quando levamos em consideração as unidades de tipo UDCEA (com escravos e agregados). No segundo período, as fronteiras escravistas do sul dos Estados Unidos e do Brasil apresentam proporções mais elevadas 22% e 25%, respectivamente. Devemos deixar claro que foi o período de recrudescimento da escravidão nas lavouras agroexportadoras do sul dos EUA, em razão do aumento do comércio de alguns bens agrícolas no plano internacional e regional. Na região do oeste paulista, conforme foi esclarecido anteriormente, aumentou-se a produção de bens para o mercado interno.[53]

Tabela 4. Percentagem da população residente em domicílios que têm onze ou mais pessoas

Regiões EUA/Brasil	1820/1824	1840/1850
Fronteira Norte	16	11
Povoados do Norte	13	10
Fronteira Sul	13	22
Povoados do Sul	13	11
Araraquara	17c/7s	25/4s

Fonte: *Ibidem*.
Legenda: *c* = significa unidades com escravos, e *s*, sem escravos.

A tabela 5 abaixo trata dos domicílios solitários – compostos por apenas um indivíduo – os quais tiveram um papel funcional no povoamento do norte e do sul dos Estados Unidos. Em geral, se constituíam em caçadores de peles e *trailblazers* (rastreadores) e, no sudeste do Brasil, se constituíam em feitores, carpinteiros, ferreiros, sapateiros, todos ainda, à época, solteiros, os quais passaram a ser declarados em maior proporção a partir de 1850, não havendo registro deste tipo de domicílio em época pregressa. Vejam as proporções de 6% e 8% de unidades domésticas com e sem escravos e/ou agregados. Em Campinas, um estudo anterior mostrou que este tipo de domicílio

53 Dora Isabel Paiva da Costa, *op. cit.*, 2008.

vinculado a tais grupos sociais floresceu concomitantemente com o crescimento da presença de grandes grupos domésticos escravistas, configurando a constituição de um processo o qual tornava a sociedade mais estratificada e complexa, à medida que intensificava sua inserção nos mercados internacionais.[54]

Tabela 5. Percentagem de domicílios onde há apenas uma pessoa residente

Regiões EUA/Brasil	1820/1824	1840/1850
Fronteira Norte	2	3
Povoados do Norte	2	1
Fronteira Sul	6	3
Povoados do Sul	4	5
Araraquara	-	6c/8s

Fonte: *Ibidem*.

Legenda: *c* = significa unidades com escravos, e *s*, sem escravos.

A tabela 6, abaixo, mostra as percentagens dos domicílios onde há pelo menos um adulto ausente. Este tipo de unidade doméstica revela a saída de homens adultos que partiam em busca de novas terras com o intuito de começar sua vida familiar em propriedades vendidas pelo governo federal a oeste nos EUA. Não encontramos este tipo de informação nas Listas Nominativas para o caso em exame. Porém, para contornar a falta de informação, usamos a técnica do cálculo da razão de masculinidade para homens livres e cativos. Anotamos os índices 112 e 146 para o ano de 1836, 106 e 120 para o ano de 1872, respectivamente. Estes indicadores mostram a superioridade na quantidade de homens livres e cativos em relação às mulheres livres e cativas na região focalizada.[55] Este desequilíbrio sinaliza a presença de unidades domésticas em áreas de fronteira onde a população masculina encontrava maior quantidade de

54 *Idem. Herança e ciclo de vida: um estudo sobre família e população em Campinas, São Paulo, 1765-1850.* Tese (Doutorado em História) – UFF, Niterói, 1997, p. 232-257.

55 *Idem, op. cit.*, 2008, p. 300-1.

postos de trabalho, aumentando, portanto, a razão de masculinidade. Já os povoados do Norte e do Sul, áreas onde tradicionalmente enviavam pessoas para a fronteira, mostram maiores índices de ausência de adultos, isto é, da saída de contingentes humanos em direção a novas terras.

Tabela 6. Percentagens de domicílios onde há pelo menos um adulto ausente

Regiões EUA/Brasil	1820/1824	1840/1850
Fronteira Norte	4	3
Povoados do Norte	6	4
Fronteira Sul	5	4
Povoados do Sul	49	9
Araraquara	-	-

Fontes: Os censos manuscritos de Araraquara não informam a ausência de adultos, a nossa inferência se dará por meio da razão de sexo.

Destaca-se de modo notório a grande ausência de habitantes masculinos (49%) que saíram de povoados do sul dos Estados Unidos e emigraram em direção às novas terras do sudoeste, na década de 1820. Este resultado confirma a historiografia que trata das imigrações internas, a qual mostra que a maior parte dos contingentes migratórios que povoou a fronteira sudoeste se originou das regiões do sudeste, próximas ao oceano Atlântico por esta época.[56] A presença de um índice bem menor relativo à ausência masculina nos povoados do norte traduz o fato de que este fenômeno não foi tão significativo para esta população quanto àquele relativo aos povoados do sul, e que a estabilidade familiar tendeu a ser maior no norte do que no sul. A maior proporção dos que emigraram para o norte teve procedência da Europa e, em menor grau, dos povoados do nordeste dos EUA.[57] A

56 Donald McNeilly. *The Old South Frontier: cotton plantations and the formation of Arkansas Society, 1819-1861*. Fayetteville: The University of Arkansas Press, 2000, p. 32-52.

57 Merle Curti. *The making of America Community: a case study of democracy in a frontier county*. Stanford: Stanford University Press, 1959, p. 55-84.

década de 1840 revela uma redução de índices de adultos ausentes, traduzindo maior estabilidade e sedentarismo da população residente na fronteira e nos povoados.

Os dados da tabela 7 abaixo mostram que uma maior proporção de núcleos domésticos organizados na fronteira paulista se enquadrava no de tamanho médio, os quais possuíam entre duas a oito pessoas residentes. Cabe destacar as grandes proporções deste tipo de unidade rural tanto nas áreas de fronteira quanto nos povoados. A região norte, tanto as fronteiras quanto os povoados, mostra maior crescimento deste tipo de unidade para os anos 40, enquanto no sul, os patamares permanecem quase constantes, demonstrando uma permanência deste tipo de organização familiar. Chamo a atenção das altas proporções deste tipo de organização doméstica para a fronteira brasileira em exame. Este tipo de organização doméstica, formada por um casal e até seis filhos, possibilitava com ajuda de algumas máquinas, presentes na agricultura do norte dos EUA, naquela época, uma inserção nos mercados regionais.[58] Este tipo de organização familiar, sem o auxílio de tecnologia adequada, de uma malha ferroviária e hidroviária implantadas, apenas permitiria uma inserção mais eventual nos mercados regionais. Em estudo anterior,[59] mostramos que houve um incremento da oferta de gêneros alimentícios, em particular o de carnes, nesta região da fronteira brasileira. Enquanto em 1860 o Brasil possuía 176km em ferrovias, o sul dos EUA tinha construído 14.750km, perfazendo, comparativamente, 0,02km por pessoa no Brasil e 1.325km por pessoa nos EUA.[60] Foi irrisória a participação das ferrovias no escoamento da produção agrícola interna brasileira quando comparada à norte-americana.

58 Graham, *op. cit.*, 1981.

59 Dora Isabel Paiva da Costa, *op. cit.*, 2008.

60 Graham, *op. cit.*, 1981, p. 626.

Tabela 7. Percentagem de domicílios que possuem entre duas e oito pessoas residentes

Regiões EUA/Brasil	1820/1824	1840/1850
Fronteira Norte	75	83
Povoados do Norte	76	84
Fronteira Sul	76	75
Povoados do Sul	76	79
Araraquara	85c/92s	80c/85s

Fonte: *Ibidem.*

Legenda: *c* = significa unidades com escravos, e *s*, sem escravos

A tabela 8 mostra que a proporção de domicílios das fronteiras nos quais não havia crianças, estando presente apenas o casal sem a prole constituída, aumentou do primeiro para segundo período, de modo quase generalizado, significando que, ainda em meados do século XIX, estas regiões estavam recebendo novos casais jovens, recém constituídos, sem filhos. No entanto, surpreende a quantidade proporcional deste tipo de domicílio nos povoados, uma vez que embora fossem regiões mais sedentarizadas, os jovens casais procuravam retardar o nascimento do primeiro filho. O que mais se destaca nesta tabela foi o crescimento proporcional deste tipo de unidade doméstica na região paulista, pulando de 14% para mais de um quarto, da década de 20 para a de 50. Este índice nos dá uma ideia de como parte do povoamento foi realizado através da chegada destes casais, os quais eram, muitas vezes, convidados pelos grandes posseiros de terras, cuja permanência tinha como objetivo lavrar e vigiar as terras contra a invasão de outros pretendentes ao domínio. Como apontou Alida Metcalf,[61] estes lavradores pobres se interessavam em migrar e adquirir, desta forma, uma relativa autonomia em relação à sua condição anterior de jornaleiros. Cacilda Machado[62] demonstrou em estudo recente a vinculação entre tais grupos domésticos de diferentes etnias e status social

61 Metcalf, *op. cit.*, p. 120-152.

62 Machado, *op. cit.*

no Paraná e apontou a presença de relações de dependência nesta sociedade de pequenas escravarias, o que a fez caracterizá-la como sociedade patriarcal. Tais áreas tinham características semelhantes às de Araraquara, que era constituída por uma significativa proporção de pequenas escravarias e constituía uma espécie de fronteira contígua àquela estudada por Machado. No entanto, importa salientar que outros autores, tais como Queiroz[63] e Graham,[64] interpretam tais relações como de patronagem/clientelismo, com os quais compartilho minha opinião. Obviamente, não se pode deixar de reconhecer também as características patriarcais desta sociedade.

Tabela 8. Percentagem de domicílios nos quais não havia criança[65] presente

Regiões EUA/Brasil	1820/1824	1840/1850
Fronteira do Norte	15	19
Povoados do Norte	21	18
Fronteira Sul	15	16
Povoados do Sul	16	22
Araraquara	14c/14s	26c/26s

Fonte: *Ibidem*.

Legenda: *c* = significa unidades com escravos e *s*, sem escravos.

A tabela 9 nos mostra a proporção de domicílios nos quais havia apenas uma criança residente. Em todas as fronteiras americanas houve um crescimento destas proporções no segundo período, exceto a região dos povoados do sul. Na fronteira paulista houve permanência em patamares semelhantes aos das primeiras décadas do século XIX, não apresentando nenhuma modificação, traduzindo

63 Maria Isaura Pereira de Queiroz. "O coronelismo numa interpretação sociológica". In: Boris Fausto (org.). *História geral da civilização brasileira*. vol. 1. 2ª ed. São Paulo: Difel, 1977, p. 155-190, t. III.

64 Graham, *op. cit.*, 1997.

65 Nos Estados Unidos se considerava criança aquele indivíduo que tinha 16 anos ou menos até a realização do censo de 1830. A partir dos censos de 1840 passaram a ser consideradas adultas (Davis, *op. cit.*, p. 64).

uma contínua chegada do mesmo padrão de casais jovens, recém formados, com o objetivo de povoar, cultivar e vigiar os domínios territoriais. É plausível afirmar que houve continuidade da presença de relações de clientelismo nesta fronteira que vinculava tais casais a núcleos familiares anteriormente constituídos. Este padrão de relações de subordinação/dependência durou pelo menos até meados do século XX, conforme demonstra a literatura histórica e sociológica que trata do coronelismo do período republicano.[66]

Tabela 9. Percentagem de domicílios com apenas uma criança residente

Regiões EUA/Brasil	1820/1824	1840/1850
Fronteira do Norte	18	22
Povoados do Norte	22	24
Fronteira do Sul	19	20
Povoados do Sul	22	20
Araraquara	16c/16s	16c/16s

Fonte: *Ibidem.*

Legenda: *c* = significa unidades com escravos, e *s*, sem escravos.

Considerações parciais

O exame de como as fronteiras das Américas foram povoadas e ocupadas leva-nos a entender como as autoridades políticas pensavam a formação do território nacional, assim como a organização familiar em unidades rurais funcionais.

As características da promulgação da lei de terras, os traços gerais do tipo de regime escravista, o modo pelo qual foram criados os novos territórios, as formas de organização dos governos locais, a educação formal proporcionada através de instituições escolares, a composição étnica e socioeconômica dos povos que para a fronteira imigraram, assim como a cultura religiosa professada,

66 Maria Isaura P. de Queiroz, *op. cit.*, 1977.

foram fatores que agiram de forma simultânea sobre a vida cotidiana destas populações.

A partir do exame criterioso do tamanho e da composição dos agrupamentos domésticos, podemos concluir que o tamanho médio das unidades localizadas na fronteira noroeste era maior do que o da fronteira sudoeste, muito embora a moda se mantivesse em patamares constantes em situações semelhantes, tanto do ponto de vista espacial quanto do temporal, nos EUA.

Muito embora "tio Sam" tenha produzido maiores proporções de grandes domicílios (com onze ou mais pessoas), a fronteira paulista atingiu os patamares da fronteira norte apenas em 1850, quando houve o aumento da participação da população cativa nas unidades domésticas à proporção de 1/4 da população, reproduzindo, contudo, de modo funcional a organização senhorial agroexportadora.

Outro ponto que se destaca no conjunto dos dados é a grande percentagem de domicílios onde não havia criança residente, atingindo o alto patamar de 26%, no Brasil, em meados do século XIX, enquanto nas fronteiras norte-americanas havia a tendência de apresentar proporções menores de famílias sem crianças. Nota-se que os grupos familiares rapidamente declaravam uma criança residente nestas unidades, enquanto, no Brasil, havia maior permanência desta situação em patamares que giravam em torno de 16%.

Os resultados acima mencionados confirmam o tipo de povoamento que se deu na fronteira noroeste americana, tendo o grupo familiar nuclear como base da colonização dos novos territórios. Enquanto no Brasil e no sul dos EUA, o tipo de povoamento senhorial, escravista e aristocrático buscava subordinar as populações de menores recursos aos grandes proprietários e/ou posseiros de terras. Vale destacar que foram as políticas estabelecidas pelos sucessivos governos federais norte-americanos de estímulo ao povoamento, assim como à proximidade dos mercados regionais, à relativa facilidade de aquisição de terras e à imigração intensiva de capitais investidos em ferrovias e hidrovias no Norte dos EUA que viabilizaram este tipo de povoamento, baseado no trabalho livre e na organização de grandes famílias nucleares. No Brasil, no entanto, as famílias de lavradores pobres livres tiveram que estabelecer negociações com o senhorio no sentido de mantê-las unidas ao máximo, uma vez que a política fundiária em vigor levaram-nas à inexistência de vínculo forte permanente de posse com a terra. Para melhorar de vida, esta população partia à procura de novas oportunidades e recomeços contínuos de vida em regiões mais afastadas, onde formavam-se novas fronteiras ou submetiam-se aos ditames da política clientelística local.

Capítulo 4

Organização econômica e social nas fronteiras

O objetivo deste capítulo é investigar o modo pelo qual se organizaram as unidades produtivas agrícolas nas fronteiras, dando destaque especial à mão de obra, à origem dos imigrantes, ao tempo de permanência na região de fronteira, à repartição da riqueza e à constituição de grupos sociais.

I. A FRONTEIRA NOROESTE: O CASO WISCONSIN

Quando Turner escreveu seu ensaio afirmou que havia maiores proporções de pessoas jovens na fronteira do que nas áreas de colonização mais antiga, assim como mais homens solteiros do que mulheres, uma estrutura social menos equilibrada do ponto de vista da pirâmide de sexo e etária do que nas áreas mais antigas.

Na região de Black River, Wisconsin, observou-se que a idade mediana era menor durante os primeiros anos de povoamento do que anos depois em relação às ocupações declaradas no censo, assim como era maior a percentagem da população com menos de 40 anos. Entre 1850 e 1870, houve um aumento da idade mediana de 29 para 35 anos. Mais significativo do que o aumento da idade mediana é o aumento nas proporções de jovens e velhos em diferentes anos dos censos.

Em populações estáveis, a proporção de pessoas com menos de 40 diminui e acima de 40 aumenta, significando que a população adulta tornou-se mais madura e as crianças tornaram-se jovens adultos.[1]

A idade média dos grupos ocupacionais reflete a jovialidade da população da região do Black River. Em 1860 é 25, em 1870, 32, e em 1880, 22 anos. Os artesãos tinham a média de 29 anos em 1850, 32 em 1860, 37 em 1870, e 35 em 1880. As médias de idades dos comerciantes nos quatro censos eram 30, 36, 35, 34. As médias de idade para o segmento denominado *operador de fazenda*[2] eram de 38 anos em 1860, 41 em 1870 e 43 em 1880.

De acordo com o censo de 1850, 67% dos homens empregados eram solteiros, em 1860 eram 31% e em 1870, 34%. Curti confirma a hipótese turneriana, pois nos primeiros anos do povoamento a proporção de solteiros era maior do que aquelas que existiram 20 anos depois na mesma região.[3]

Os censos demonstram que nos primeiros anos a estrutura ocupacional era mais simplificada do que nas décadas posteriores. Em 1850, 103 homens ou 44% eram empregados na extração e no corte de madeiras e nenhum açougueiro, merceeiro, tecelão, banqueiro, corretor de terras, advogado ou ministro de igreja, foi encontrado. Dez anos depois, em 1860, o censo declarou a chegada de um novo grupo ocupacional, os fabricantes de tijolos e telhas (oleiros), mas até então, nenhum hotel ou pensão tinha sido listado no censo.

Ao examinar os grupos ocupacionais existentes na fronteira do Wisconsin, Curti elaborou a classificação que segue:

1 Merle Curti. *The making of America community: a case study of democracy in a frontier county*. Stanford: Stanford University Press, 1959, p. 55-56

2 O significado desta categoria está na obra de Merle Curti segundo o que foi definido no recenseamento norte-americano à época: tratava-se de uma pessoa que declarou ter a ocupação de fazendeiro, ou aparecia como operador de fazenda, ou ainda, declarava possuir apenas plantações e benfeitorias (veja Curti, *op. cit.*, p. 59).

3 *Ibidem*, p. 57

I – *Agrícola*:

A. Operadores de fazendas (inclui também criadores e cultivadores de sementes).

B. Fazendeiros sem terras cultivadas (administradores e jardineiros).

C. Trabalhadores agrícolas (inclui também caçadores de animais e peles).

II – *Não-agrícola*:

Profissionais e semiprofissionais (professores e outros);

Negociantes;

Artesãos;

Trabalhadores gerais;

Trabalhadores domésticos.

Lugar de nascimento

Outro ponto importante para Turner é o lugar de origem de nascimento. Para ele, os imigrantes originados de países mais pobres como a Irlanda e a Polônia, se encontravam nos segmentos mais baixos, de menor qualificação; contudo, o tempo lhes traria melhoras nas condições econômicas. Esta tendência representava, segundo Turner, o resultado do processo de americanização promovido pela fronteira. Deste modo, a imigração promoveria uma mistura de nacionalidades a qual se transformaria em característica especial do Meio Oeste, um cadinho de etnias de imigrantes que se fundiriam em uma única raça misturada.

Para examinar até que ponto teria havido democracia na fronteira em relação às diferentes origens geográficas dos imigrantes e a possibilidade de mobilidade social, Curti classificou a população recenseada em três grandes grupos: os nascidos nos Estados Unidos;

os estrangeiros que falavam a língua inglesa (EFLI)[4] e, os estrangeiros que não falam a língua inglesa (ENFLI).[5]

A maioria das pessoas que emigraram para o condado de Trempealeau, no Wisconsin, foi composta por noruegueses, segundo os dados dos censos. Outros poucos se declararam suecos, porém, estes entraram na categoria denominada genericamente de "outros europeus".

Entre os estrangeiros nascidos em países que falam a língua inglesa, Curti encontrou pessoas provenientes da Inglaterra, Escócia, País de Gales, Irlanda e Canadá. O censo de 1850 declarou que 34% do total dos trabalhadores empregados se declararam nascidos no exterior, em 1860, 40%, em 1870, 63% e em 1880, 65%.

O percentual de imigrantes não falantes da língua inglesa aumentava ano a ano em relação aos falantes da língua. Vejamos: em 1850 e 1860, os não-falantes eram 15% e 16%, respectivamente, em 1870, eram 50%, e, em 1880, 56%.[6]

Outro tema importante foi a observação da origem de nascimentos dos imigrantes americanos por regiões:

1. Nova Inglaterra;
2. Os Estados do Meio (Nova York, Pennsylvania, Nova Jersey);
3. Os Estados do Sul;
4. Os Estados do Velho Noroeste (Ohio, Indiana, Illinois, Michigan, e Wisconsin);
5. O novo Oeste (Iowa, Texas, Louisiana e Califórnia).

A quantidade dos empregados na agricultura mostra uma grande predominância de yankees.[7] Os imigrantes vindos da Nova Inglaterra, somados aos dos Estados do Meio, perfizeram 88%, em 1860, 72% em

4 Estrangeiros que falavam a língua inglesa = EFLI.

5 Estrangeiros que não falam a língua inglesa = ENFLI.

6 Curti, *op. cit.*, p. 62-64.

7 O autor considera *yankees* aquelas pessoas nascidas na Nova Inglaterra e nos denominados Estados do Meio (Nova York, Pennsylvania, Nova Jersey).

1870 e 30% em 1880. Proporções semelhantes são encontradas em grupos não agrícolas. Os Estados que mais enviaram imigrantes foram os de Nova York e Vermont, embora depois de 1870 o número de nascidos em Wisconsin tenha crescido de forma marcante.

Em relação à hipótese turneriana, referente à existência de democracia na fronteira, isto é, se teria havido um aumento concernente à participação dos grupos de estrangeiros, incluindo, também, os não falantes da língua inglesa em ocupações que demandavam habilidades especiais, treinamento e qualificação, não seria correto esperar, do ponto de vista estatístico, que o segmento populacional imigrante, não falante da língua inglesa, com baixa escolaridade, tivesse acesso às profissões liberais na mesma proporção em relação ao grupo de imigrantes como um todo. Segundo a teoria de Turner, após um período de 30 anos, seria de se esperar, uma participação crescente de estrangeiros nas ocupações mais altas.

No ano de 1850, em Black River, o censo apontou que a porcentagem de imigrantes assalariados não falantes da língua inglesa não era maior do que a sua participação no conjunto da população empregada. Para cada um dos três segmentos analisados, isto é, os americanos de nascimento, os estrangeiros que falavam o inglês e os estrangeiros não falantes da língua inglesa, houve uma notável similaridade entre as proporções em que cada segmento participou com seu contingente natalício no mercado de trabalho, demonstrando uma democracia de oportunidades na fronteira.[8]

A única exceção apresentada refere-se ao censo de 1870, o qual mostrou uma tendência díspar, isto é, os imigrantes estrangeiros não falantes do inglês formavam 72% da população empregada, porém, forneciam apenas um contingente de 50% da força de trabalho assalariada. Este resultado está influenciado pelo grande influxo imigratório que houve na década de 1860. Em 1880, a situação se inverte de novo em relação a este mesmo segmento, o qual é representado na força de trabalho empregada na mesma proporção de sua participação no

8 Curti, *op. cit.*, p. 64.

conjunto total da população; ou seja, 54% da mão de obra estava empregada numa população formada por 56% em relação à população total. Como vimos, a presença de proporções semelhantes se mantiveram para os anos de 1850, 1860 e 1880. Os americanos de nascimento que, em 1870, forneciam mais trabalhadores assalariados do que a participação de sua nacionalidade no conjunto geral da população, passaram a fornecer menos trabalhadores, 35%, comparados com a participação de sua nacionalidade, 41%, em relação ao total da mão de obra empregada. No que diz respeito às oportunidades de trabalho, os resultados dos censos referentes aos anos 1850, 1860 e 1880 mostram que os imigrantes estrangeiros encontraram, proporcionalmente, tantas colocações de trabalho quanto a proporção existente do seu segmento nacional, o que demonstra a existência de democracia de oportunidades segundo o que a teoria da fronteira propõe.[9]

Estabilidade populacional na fronteira

Outro ponto importante a ser analisado é a estabilidade ou ainda quanto tempo os povoadores permaneceram na fronteira? Esta questão pode esclarecer informações a respeito da mobilidade geográfica e o rodízio de pioneiros, pois a não permanência, isto é, o grande contingente de partida de famílias pode ser considerado como um indicador de insucesso.

As razões apresentadas por Curti para o pioneiro não permanecer na fronteira foram a grande distância dos mercados, as altas taxas de juros, o declínio dos preços do trigo, assim como as pestes de insetos. Os segmentos mais vulneráveis seriam os pobres, especialmente, os vindos da Polônia e da Noruega, bem como dos países não falantes da língua inglesa, pois, teriam mais dificuldades de adaptação.

Vejamos as proporções dos que ficaram e as dos que partiram.

Em ambos os censos de 1860 e 1870, os homens solteiros, cerca de 13%, partiram em maiores proporções do que os casados. Os homens com um número maior de dependentes partiram em proporções

9 *Ibidem*, p. 64-65.

semelhantes àqueles com uma quantidade menor de dependentes. Os mais jovens partiram em maiores proporções, isto é, aqueles que estavam nas faixas de 20 a 29 e 30 a 39 anos. Também se observou uma saída significativa de pessoas nas faixas dos 50 e 59 e 60 e 69, porém, este fato foi interpretado como maior incidência de falecimentos.[10]

Uma maior proporção dos não falantes de inglês partiu em relação aos americanos de nascimento em 1860 e 1870. No entanto, os estrangeiros falantes de inglês partiram em menor proporção do que os americanos na década de 1870, porém, na década anterior, partiram em maiores proporções.

Encontrou-se sempre uma minoria que permanecia. Em nenhum dos grupos pesquisados a metade permaneceu. Os fatores como menor nível de posses e idade muito jovem tenderiam a engrossar a decisão daqueles que partiram. Todavia, é importante destacar que estes dois fatores acima apontados estão correlacionados, um influenciando ou outro e vice-versa.

Outro ponto a ser examinado é se houve algum grupo ocupacional estrangeiro que sofreu maior incidência de partidas. Em geral, o grupo não agrícola mostra uma maior proporção de partida, 76% em 1860, 78% em 1870, do que o agrícola, 72% em 1860 e 70% em 1870. A explicação para este fenômeno está relacionada ao fato de que a terra era a principal atividade agrícola. No entanto, o que mais chama a atenção do pesquisador é o alto percentual de partidas em todos os grupos examinados.[11]

As proporções de estrangeiros não falantes de inglês que partiram foram maiores do que as dos americanos de nascimento e do grupo dos estrangeiros falantes de inglês. Embora, em 1870, este último grupo tenha mostrado maior persistência do que o de

10 Os que partiram são aqueles que não foram declarados nas listas dos censos das décadas seguintes. No entanto, alguns problemas na documentação utilizada como mudanças de sobrenomes e a contagem dos falecidos devem ser considerados como problemas (ver Curti, *op. cit.*, p. 66-67).

11 *Ibidem*, p. 69.

americanos, em 1860, mostrou-se menor em relação a todos os outros grupos ocupacionais.[12]

Quadro 3. Nacionalidade dos pioneiros que partiram, 1860-1870

Países de origem	N 1860	% de partida	N 1870	% de partida
EUA	394	68	983	69
G. Bretanha e Canadá	113	70	234	55
Irlanda	47	41	140	49
Alemanha	44	82	212	64
Polônia	2	100	103	84
Noruega	57	87	910	74
Outros da Europa	5	100	80	74

Fonte: Censos manuscritos dos EUA, 1860 e 1870, em Curti, *op. cit.*, p. 72

O maior rodízio de estrangeiros aconteceu para pessoas provenientes de alguns países específicos. Embora tenham existido diferentes proporções entre aqueles que partiram, é possível observar uma conclusão geral a respeito daqueles mais persistentes; isto é, os americanos de nascimento se mostraram mais perseverantes no censo de 1860. Em ambas as décadas de 1860 e 1870, com exceção apenas para os alemães no ano de 1870, houve um maior rodízio dos não falantes de inglês do que dos americanos.[13]

Quais razões possibilitaram a persistência da maioria do grupo dos operadores de fazendas? Depois de quantificar e analisar o papel da idade na dinâmica do rodízio, Curti observou que não havia evidências de que uma proporção maior de jovens alimentou o rodízio deste grupo; mas, houve indícios de que aqueles detentores de menores posses tiveram uma maior tendência a partir. Contudo, deve ser ressaltado, como o próprio autor diz, "o fato mais notável é

12 *Ibidem*, p. 72.

13 *Ibidem*, p. 69-72, ver tabela 5.

que os homens de todas as faixas etárias e de montantes variados de posses partiram em grandes proporções".[14]

As proporções dos que partiram no grupo dos *artesãos* se situaram entre 66% e 79%, enquanto entre os *operadores de fazenda* partiram nas proporções que variaram entre 58% e 61%. Os *administradores* e *os trabalhadores assalariados* atingiram níveis altos em relação a todos os grupos, alcançando magnitudes que variaram entre 76% e 79%.

A estrutura de posse de bens

À luz da teoria de Turner, seria de se esperar que a distribuição da posse de bens em sociedades de fronteira teria um perfil menos concentrado no topo da pirâmide do que nas áreas de povoamento mais antigo. Para testar esta hipótese, Curti refina a análise usando as informações dos censos manuscritos e as organiza da maneira que segue:

1. Donos de posses na fronteira;
2. Donos de posses em Vermont (área de povoamento antigo);
3. Os americanos de nascimentos no condado de Trempealeau;
4. Os estrangeiros de Trempealeau;
5. Os nascidos na Nova Inglaterra;
6. Os nascidos na Inglaterra e Escócia;
7. Os escandinavos de nascimento;
8. Outros nascidos na Europa; e,
9. Os proprietários de Trempealeau arrolados em 1870 que declararam Vermont como o lugar de nascimento.

Cada grupo foi dividido em decis, de acordo com os valores da propriedade, começando de baixo para cima. Para cada decil, calculou-se a proporção de riqueza corresponde ao valor total das propriedades detidas pelo grupo e, finalmente, a média do valor da propriedade detida pelo grupo.

14 *Ibidem*, p. 76, especialmente a tabela 8.

A hipótese de que deveria existir uma distribuição de riqueza menos concentrada na região de fronteira de Trempealeau do que nos vilarejos de Vermont, durante os anos de 1860 e 1870, não se confirmou. A estrutura de propriedade em Trempealeau nos anos acima referidos não foi acentuadamente concentrada, mas foi surpreendentemente similar à distribuição de propriedade em Vermont nos mesmos anos. Se as condições da fronteira foram favoráveis ao desenvolvimento de uma estrutura mais democrática do que nas regiões mais antigas, os efeitos destas condições não apareceram nos dois censos mencionados.

Em 1860, o primeiro decil formado por detentores de propriedades possuía 1,5% do total do valor de propriedades naquele ano. O primeiro decil correspondente para a região de Vermont possuía uma parcela menor, correspondente a 0,49% ou 0,5%. O decil mais rico de Trempeleau declarou possuir 39% do valor total das propriedades correspondentes aos anos de 1860 e 1870, assim como a mesma proporção relativa a Vermont referente aos anos de 1860 e 1870. Tais resultados animaram o pesquisador a afirmar que "É certamente possível que as pequenas diferenças observadas nas curvas para os anos de 1860 e 1870 prefigurem um desenvolvimento posterior na direção de uma sociedade mais democrática".[15]

Outra maneira de examinar as estruturas de propriedade em Trempealeau e em Vermont é segmentar as proporções de proprietários em relação aos valores das propriedades.

No ano de 1860, na fronteira de Trempealeau, a metade dos proprietários (ou os cinco primeiros decis) detiveram a totalidade de 17,8% do valor total de todas as propriedades existentes, enquanto em Vermont, área de povoamento mais antiga, a mesma proporção de proprietários deteve 13,4%.[16] Tais dados levam Curti a afirmar: "Muito embora a estrutura de propriedade de Trempealeau como um todo seja muito similar àquela dos vilarejos de Vermont, pode ser que

15 *Ibidem*, p. 79-80, veja, especialmente, a tabela 9, p. 78 e a figura 1, p. 79.

16 *Ibidem*, p. 78-80, veja, especialmente, a tabela 9, p. 78.

certos grupos tenham detido uma estrutura de posse não revelada pela extração das médias."[17]

Seria razoável supor que a distribuição fosse menos concentrada em relação aos pioneiros vindos de países mais pobres do que aqueles nascidos na Inglaterra e nos Estados Unidos. Prudentemente, Curti estudou a origem de nascimento de vários grupos. As curvas mostraram os percentuais possuídos em relação à propriedade para cada décima parte de grupos de americanos e estrangeiros, ingleses e escoceses, escandinavos e outros imigrantes de países não falantes da língua inglesa.

As curvas de distribuição de propriedade referentes aos diversos grupos são muito semelhantes umas às outras, isto é, as de Trempealeau e as de Vermont. As diferenças existentes são pequenas, isto é, as curvas de estrangeiros, de modo geral, foram maiores do que às relativas à americana e à inglesa, tanto no oitavo quanto no nono segmento, e, mais baixas, no décimo. Isto significa que os 10% mais ricos detiveram conjuntamente 40% do valor total das propriedades referentes ao ano de 1870. No grupo dos britânicos, os 10% mais ricos ficaram no segundo lugar, retendo 39%. No grupo dos estrangeiros, os 10% mais ricos detiveram 34%; e, finalmente, o grupo dos estrangeiros não falantes do inglês deteve 31%. Curti conclui: "Embora os imigrantes originados de países mais pobres tenham detido uma proporção menor da riqueza, a diferença não é tão grande, e a forma geral da distribuição é a mesma para todos os grupos de diferentes origens de nascimento."[18]

No ano de 1870, os 10% mais ricos do grupo de estrangeiros detinha a menor proporção do valor correspondente à soma de todas as propriedades da fronteira de Trempealeau, sugerindo que a média de valor da propriedade retida por cada décima parte dos grupos, podia ser menor que o valor médio detido pelos americanos e estrangeiros falantes da língua inglesa. Embora a distribuição geral da

17 *Ibidem*, p. 80.

18 *Ibidem*, p. 80.

propriedade tenha se apresentado semelhante para todas as nacionalidades, as médias dos valores das propriedades referentes aos decis, relativas a cada grupo, pertencentes a diferentes origens, podem ser mais baixas para uns do que outros.[19] E de fato o alerta faz sentido, pois:

"Nos anos iniciais do condado de Trempealeau a estrutura social e econômica foi semelhante para todos os grupos de diferentes natalidades. Estes resultados não devem surpreender, uma vez que, embora "esta fronteira possa ter promovido certo grau de igualdade, devemos aceitar a ideia de que a "igualdade" não se alcança do dia para a noite, quando se atravessa, por exemplo, a linha de fronteira. As diferenças nas tradições familiares, no caráter nacional, local e individual, o interesse em realizar empreendimentos e em empregar novos métodos para a aquisição de propriedade, assim como o montante de riqueza, todas estas diferenças vividas por gerações que tiveram diversas experiências, não podem ser apagadas do dia para a noite. Jamais será observada a igualdade de realização entre indivíduos diferentes. Porém, o ideal de democracia é que todos tenham a mesma oportunidade de realizar o que de melhor há em si."[20]

Finalmente, o autor conclui: "Temos visto neste capítulo que os imigrantes não falantes de inglês da fronteira de Trempealeau possuíram propriedades que tinham um valor médio menor do que dos imigrantes nascidos nos Estados Unidos e Inglaterra, e que, portanto, estavam mais expostos e vulneráveis à partida e ao rodízio. Embora não tenham provido maiores proporções de braços do que os falantes da língua inglesa, eles foram subrepresentados nas profissões liberais e nos negócios, mas, década a década, eles foram aumentando a sua participação nos campos mais qualificados de empreendimento humano. Tais situações sugerem que as condições existentes na

19 *Ibidem*, p. 80-82, especialmente, tabela 10 e figura 2.

20 *Ibidem*, p. 82-83.

fronteira favoreceram o crescimento de uma estrutura mais econômica e socialmente democrática".[21]

II. A FRONTEIRA SUDOESTE: O CASO ARKANSAS

O território de Arkansas possuía terras altas e baixas, nestas últimas, havia grande fertilidade, onde gêneros com grande demanda foram produzidos para o mercado internacional, usando mão de obra escrava. As terras mais elevadas tinham menor fertilidade. Ao sul do Arkansas havia os bosques de pinho das montanhas Ouachita com seus *plateaus*, e ao norte, as montanhas Ozark. Estas últimas regiões não atraíam a agricultura de grande escala, apenas a de subsistência, de produção familiar ou de tamanhos pequeno e médio, encorajando, tão somente, a produção de alimentos, a pecuária e o algodão em pequena escala.[22]

Ira Berlim chamou a atenção de seu público leitor, alertando que o uso dos conceitos como sociedade escravista e o uso da mão de obra escrava não eram intercambiáveis nem similares. Para ele, uma sociedade com escravos ou que usa mão de obra cativa pode tê-los integrados ao sistema produtivo como componentes marginais ao processo produtivo central, portanto, se constituindo numa forma de trabalho a mais, entre tantas outras. Um exemplo ilustrativo são as colônias do norte dos Estados Unidos no século XVIII, antes da abolição da escravidão. Por outro lado, uma sociedade escravista seria aquela que coloca a escravidão como elemento central no principal setor da produção econômica e, além disto, a relação senhor-escravo passa a ser modelo para as outras relações sociais. Nesta sociedade, a escravidão define e informa a cultura e a política. Por outro lado, as colônias do sul dos EUA, desde os seus primórdios, desenharam um modelo diferente com relação à escravidão do norte do país, pois seu

21 *Ibidem*, p. 83.

22 Donald McNeilly. *The Old South Frontier: cotton plantations and the formation of Arkansas Society, 1819-1861*. Fayetteville: The University of Arkansas Press, 2000, p. 2-3.

principal elemento de distinção ancorava-se na existência de produtos em alta demanda no mercado internacional, tais como algodão, tabaco e açúcar, os quais eram produzidos desde Maryland e Virgínia até o Arkansas e Texas.[23]

A sociedade do Arkansas no período pré-guerra civil encontrava--se dividida em dois mundos, tal qual a sua geografia: as terras altas do noroeste se transformaram em região de pequenos fazendeiros, em parte autossuficientes, em parte produtores para os mercados regionais, os quais tinham, às vezes, dois, três, quatro escravos; o povoamento das terras baixas começou com pequenas fazendas, mas rapidamente se tornou uma região produtora de algodão usando o sistema de *plantations*. Era uma sociedade dual, formada por dois tipos de economias e dois segmentos sociais diferentes. Os grandes plantadores uniram o território sob a égide de suas leis, impedindo qualquer forma de separativismo. Tiveram sucesso ao conseguir atrair jovens para o alistamento militar e lutar na guerra contra o norte, defendendo seus princípios e valores escravagistas.[24]

As terras baixas do Arkansas estavam, por sua vez, divididas em duas regiões naturais: as planícies da zona aluvial do rio Mississippi e as costeiras do golfo oeste. A primeira era composta por solos escuros, ricos em densidade, formada nos últimos dois milhões de anos. Estavam entre as terras mais ricas do sul, só rivalizando com as terras do Alabama, pertencente ao cinturão negro. A maior parte das terras era banhada pelos rios Arkansas, White, St. Francis e outros tributários do sistema que alimentavam os rios do vale do Mississippi. Este solo necessitava de drenagem, mas, só aqueles que chegavam com recursos poderiam fazê-lo. A região do sudoeste, das planícies costeiras, era alimentada por pequenas correntes de rios secundários que depositavam material orgânico em suas terras ribeirinhas. O solo tinha cor vermelho-amarelado e não possuía grande fertilidade,

---

23 Ira Berlin. *Many thousands gone: the first two centuries of slavery in North America*. Cambridge, Mass.: Harvard University Press, 1998, p. 8.

24 McNeilly, *op. cit.*, p. 4.

comparado com o da terra baixa, mas, era considerado bom. Os bosques de pinhos, muito comuns nesta região, transformaram o solo em regiões arenosas, limosas e ácidas.[25]

Os primeiros povoadores começaram a chegar depois da compra do território de Louisiana, em 1803, quando as terras não estavam oficialmente abertas ao povoamento, ou seja, ainda não havia levantamentos oficiais topográficos encomendados pelo governo central, e os indígenas ainda habitavam a região. Depois de 1803, e antes da guerra de 1812, os imigrantes que foram para lá vinham, na sua grande maioria, de outros estados dos EUA, especialmente do Tennessee e Kentucky. Ainda não se plantava para a agroexportação e a maioria se constituía em franceses, caçadores de peles, negociantes, criadores, e pequenos agricultores de alimentos.[26]

No censo de 1810 havia apenas 924 brancos, 136 cativos, dois negros libertos e os indígenas não foram contados. Depois da guerra de 1812, a população explodiu, chegando a 14.255 habitantes em 1819.[27]

Em seu estudo, McNeilly definiu a classe dos plantadores como aquela que possuía vinte ou mais escravos. Toda a população dos condados das terras baixas tais como o de Phillips, Lafayette e Chicot foi examinada, pelo autor, através de uma coleta de dados que partiu de uma amostra aleatória: para cada cinco grupos domésticos, um foi escolhido.

A classe média agrícola tinha como primeiro propósito de vida tornar-se autossuficiente e independente, em seguida, conseguir produzir lavouras para os mercados regionais, e, a partir daí, acumular renda e expandir a fazenda. Esta camada se distribuía em segmentos com reduzidas escravarias e fazendas. Alguns indivíduos recenseados demonstraram possuir pequenas fazendas, mas não declararam cativos.

Em estudo anterior, Lewis Gray dividiu a população do sul em brancos pobres, trabalhadores agrícolas assalariados, fazendeiros

25 *Ibidem*, p. 4-5.

26 *Ibidem*, p. 5.

27 *Ibidem*, p. 5.

que produziam para o mercado (*yeomen*), pequenos plantacionistas (um a nove cativos), plantacionistas de classe média (dez a cinquenta cativos) e a aristocracia plantacionista, com mais de cinquenta cativos.[28] Posteriormente, Gavin Wright também seguiu esta tendência e sugeriu que as categorias sociais a serem analisadas estivessem vinculadas à posse de riqueza, pois esta possibilitava a análise da inserção destes segmentos em mercados formados por diversos níveis de demanda local, regional e internacional. Do mesmo modo, permite analisar as possibilidades de acumulação.[29]

McNeilly segue esta linhagem de historiadores que lançam mão de categorias analíticas vinculando posse de riqueza e segmentos sociais, preocupado em conhecer o comportamento daqueles que oscilavam entre a subsistência e a inserção nos mercados regionais. Entende que os *yeomen* podiam ser divididos em três tipos: aqueles que possuíam terras, mas não cativos; os *yeomen* escravistas que possuíam terras e detinham pequenas escravarias, variando de 1 a 9 cativos; por fim, os pequenos plantacionistas, os quais possuíam terras e uma escravaria que variava entre dez e dezenove cativos. Afirma também que havia outras categorias nesta sociedade, mas que não foram levadas em consideração pelos recenseadores do século XIX: eram os posseiros, os andarilhos e os assalariados agrícolas.

Nos primeiros anos os negros muitas vezes trabalhavam lado a lado dos proprietários caçando, limpando terrenos e semeando, mas, aos poucos, estes vínculos foram diminuindo. Após três décadas, emergiu nesta fronteira uma sociedade de proprietários plantacionistas abastados, ciosos de determinados valores tais como honra e hombridade.[30]

O povoamento do território de Arkansas reproduziu, em certa medida, o padrão vivenciado por algumas sociedades agrárias modernas. Primeiro chegaram os caçadores, os quais viviam espalhados

28 Lewis C. Gray. *History of agriculture in the southern United States to 1860.* Gloucester, Mass.: Peter Smith, 1958, t. I, p. 481-507.

29 Gavin Wright. *The political economy of the Cotton South: households, markets and wealth in the nineteenth century*. Nova York: Norton, 1978.

30 McNeilly, *op. cit.*, p. 6-7.

e dispersos. Depois chegaram os criadores de rebanhos, que tinham características seminômades e, por fim, os agricultores sedentários que plantavam inicialmente para subsistência. Por último, chegaram os grandes plantacionistas escravocratas que cultivaram lavouras exportadas para os mercados internacionais muito distantes.[31]

Os franceses foram os primeiros caçadores encontrados no século XVIII. Depois, começaram a surgir os sobrenomes ingleses no início do século XIX, os quais, em conjunto, nunca ultrapassaram a quantia de mil habitantes. Eram seminômades e tiravam sua sobrevivência da caça aos ursos, búfalos e outros animais selvagens, cujas peles, couros e chifres tinham preços recompensadores no mercado internacional.

Muitos viajantes ao passarem por estas regiões comentavam sobre a rusticidade desta população. O inglês George Featherstonhaugh disse certa vez que se tratava de: "uma raça de homens incorrigíveis e mal-educados." Outro inglês, passando por estas paragens, chamado Thomas Nuttall disse: "um tipo de homens que não demonstra interesse de melhorar a sua condição de vida a qual parecia muito com a dos índios". O pastor Timothy Flint quando viajou com a família, em 1819, voltou desencantado, seu sermão não pareceu interessar a ninguém, mesmo quando a região tinha por volta de 14.000 pessoas, e atribuiu o seu insucesso à rusticidade dos povoadores.[32]

Alguns pioneiros plantacionistas tinham uma visão nada lisonjeadora da população da fronteira, pois, reputavam-lhes a pecha de indolentes e avessos a qualquer entusiasmo pela sociedade civilizada.

Em 1812, os povoadores começaram a chegar, quando um pastor metodista registrou em seu diário que havia vários pequenos povoados, distando entre 5 a 20 milhas um do outro. Em 1820, o território já possuía 2.200 habitantes e, no final da década, o algodão estava começando a se tornar o produto principal.

---

31 Cf. Robert D. Mitchell. *Commercialism and frontier: perspectives on the early Shenandoah Valley*. Charlottesville: University Press of Virgínia, 1977, p. 1-20.

32 McNeilly, *op. cit.*, p. 11-32.

As famílias não detentoras ou detentoras de pequenas escravarias povoaram os terrenos mais altos e menos férteis, os quais não estavam sujeitos a inundações, enquanto os donos de grandes escravarias ocuparam os terrenos mais férteis e mais apropriados ao cultivo do algodão. Eram áreas inóspitas que acabavam afastando alguns imigrantes, porque as febres do tipo malária eram comuns, no entanto, a demanda por mão de obra pelos grandes plantadores contribuía para que lá se instalassem. Muitos preferiam construir suas mansões em terrenos mais saudáveis. Os rebanhos pastavam em domínios públicos e o custo de criá-los era praticamente inexistente.

Adentrar algumas regiões do território do Arkansas não foi um empreendimento fácil: as áreas situadas ao leste do rio Mississipi foram povoadas com a correnteza dos rios ao seu favor, mas, não foi o caso de outras, cuja penetração requeria semanas de viagem, lutando contra a correnteza. Os que usavam os rios dependiam da construção e disponibilidade de barcos do tipo plano e *keelboats*. O primeiro gênero era bastante adequado para descer as correntezas de rios como Ohio e Mississippi, pois tinha quinze pés de largura com quarenta de comprimento, carregavam entre vinte e setenta toneladas. As viagens por barco a vapor eram mais caras e nem sempre estavam disponíveis quando se precisava viajar. Por terra, era ainda mais árduo e cansativo. Era frequente ver famílias, moços, idosos, crianças, criados, gado, porcos, cavalos, carneiros e animais de todos os tipos sendo levados por tais embarcações. Às vezes, alguns homens iam nos dois lados do rio, cada um segurando uma corda, andando à frente para amarrar o barco em troncos de árvores com a finalidade de não deixá-lo ser levado pela correnteza. Anos depois com a construção de *keelboats*, mais manejáveis e controláveis, tornou-se possível a realização da viagem na metade do tempo.[33]

Os rios a oeste do Arkansas, Ouachita, Saline, Vermelho e Pequeno eram relativamente fáceis de navegar, mas os rios do leste, tais como o Arkansas, o St. Francis e o White eram muito difíceis e traiçoeiros.

33 *Ibidem*, p. 19.

As primeiras quarenta milhas do início destes rios apresentavam florestas inundadas com centenas de milhas de cada lado. As lagoas com águas estagnadas apresentavam tempestades de mosquitos e outros insetos, crocodilos e serpentes venenosas metiam medo nos pioneiros que para lá se dirigiam. Havia dezenas de ramificações em canais que faziam os incautos navegadores saírem do rumo correto. Na época das enchentes, os rios inundavam os lagos e as baías, misturando águas de diversas origens. Era comum, inúmeros viajantes relatarem a quantidade de barcos naufragados que viam enquanto viajavam.[34]

Uma característica importante deste povoamento foi a ausência de formalidades legais para se estabelecer nestas novas terras. A expansão do oeste foi tão rápida, em certos momentos, que em muitas regiões os pioneiros chegaram antes das autoridades demarcarem os lotes e, simplesmente, tomavam posse do terreno. Havia relatos de muita criminalidade e oportunismo, pois ricos e pobres tiveram acesso à terra, mas os que não tinham recursos econômicos, tornavam-se posseiros e cultivavam as terras, por anos a fio, até conseguirem seus títulos de propriedade, ou, nos casos de insucesso, emigravam para outros lugares. Os primeiros topógrafos contratados pelo governo federal só chegaram lá depois da guerra de 1812 e uma corrida por terras superou as condições que o governo central tinha para organizar, medir e vender os lotes.[35]

As leis federais, de certa forma, encorajaram a posse, uma vez que a partir de certo momento, passou-se a dar prioridade para a compra àqueles que já estavam na posse e cultivando as terras. Vários territórios apresentaram leis semelhantes, Illinois, Missouri e outros. Durante os anos 1820, vastas áreas ficaram disponíveis com a remoção dos indígenas de suas terras natais. Foi a época em que o Congresso suspendeu o sistema de crédito para compra de terras, exigindo o pagamento em dinheiro. Entretanto, poucos compradores tinham, naquela ocasião, US$ 200 para 160 acres, ao preço de

34 *Ibidem*, p. 19-20.

35 *Ibidem*, p. 22.

US$ 1,25 o acre, sendo este um valor muito alto para grande parte dos pretendentes a compradores. Em consequência, muitos decidiram simplesmente tomar posse das terras do Arkansas. Os primeiros povoados fundados como o de Chicot, Ashley e Bradley, no sudeste, eram compostos, na sua maioria, por posseiros, assim como os condados de Lafayette, Hempstead e Columbia a sudoeste do território. A oportunidade de usar as terras públicas sem pagar aluguel ou impostos, mesmo que temporariamente, atraía muitas famílias. A política de impostos do Arkansas também incentivou a posse, pois a legislatura de 1835 estipulou a isenção para as construções realizadas em terras públicas. O jornal *A Gazeta de Arkansas* anunciava, em junho de 1831, que inúmeras pessoas tinham vindo de outras regiões com o objetivo de exigir títulos, uma vez que o prazo para concessão estava se encerrando. Políticos, advogados e especuladores empregavam todos os meios legais e ilegais para adquirir terras, articulavam imigrantes e organizavam forças poderosas no sentido de transformar as terras públicas em privadas.[36]

A demanda europeia e norte-americana por terras foi empurrando e encurralando os indígenas em reservas. As cinco tribos que habitavam esta região Cherokee, Osage, Choctaw, Quapaw e Caddo foram todas pressionadas, uma a uma, e transferidas em direção ao noroeste durante os séculos XVIII e XIX. Lá, elas se sedentarizaram e se transformaram em agricultores e criadores, passando a negociar a sua produção nos modelos e nas condições impostas pela população branca.

A tribo Osage foi sendo empurrada, década após década, e sem mais alternativas, no ano de 1825, ficou sem suas terras, por causa das determinações do governo federal. Com relação aos Choctaws, em respostas às demandas realizadas pelos mississipianos, em 1820, o governo federal concluiu um tratado com esta tribo no qual ela se comprometia a trocar suas terras ancestrais por outra no oeste do território do Arkansas. Depois de muitas discussões com os

36 *Ibidem*, p. 21-26.

representantes dos condados envolvidos, ficou estabelecido outro território para esta tribo viver a partir de 1836. O mesmo aconteceu com a tribo Quapaw que, depois de muitas idas e vindas, fez um acordo com o governo federal e se estabeleceu em outro território. Muitos brancos tinham medo dos indígenas, outros tinham preconceito e outros ambicionavam suas terras. Políticos, especuladores, fazendeiros e jornalistas sempre traziam à tona o tema da violência indígena que os ameaçava e os governos buscavam solução para o problema, encurralando-os em reservas indígenas. Durante todo o século XVIII, a violência foi endêmica na região superior do rio Arkansas, onde a expansão espanhola e francesa empurrava os indígenas à guerra e à defesa de seus territórios. No começo do século XIX, a violência dos indígenas contra os brancos diminuiu, no entanto, aumentou entre outras tribos, e, embora os povoadores do Arkansas estivessem em paz com eles, muitos ainda lembravam da violência vivida por seus antepassados, os primeiros povoadores brancos da região.[37]

McNeilly conclui: "...nos dois séculos de povoamento espanhol e francês, estes conseguiram apenas ganhos marginais. Nas mãos dos norte-americanos, estas terras proporcionaram ganhos espetaculares numa uma única geração, [...], e, em apenas duas décadas, as efêmeras instituições espanholas e francesas desapareceram [...]".[38]

Imigração e crescimento populacional

Para os grandes plantadores a fronteira se apresentava como uma oportunidade de fazer negócios e ganhar dinheiro. Para os fazendeiros de porte pequeno e médio a fronteira surgia como uma possibilidade de autossuficiência, independência em relação às estruturas sociais mais concorridas fechadas existentes no leste e a possibilidade de, no futuro, inserirem-se em mercados mais remuneradores. Para a população cativa que era forçada a migrar junto com seu senhor,

37 *Ibidem*, p. 29.

38 *Ibidem*, p. 32.

tais terras representaram continuidade da escravidão e a separação permanente da família que deixava para trás.[39]

O Estado de Arkansas foi um dos que menos recebeu imigrantes. Veja na tabela abaixo que os Estados vizinhos do Mississippi, Missouri, Texas e Louisina ganharam quantidades superiores de novos povoadores, chegando mesmo a duplicar o índice de habitante por milha quadrada na década de 1860 em relação aos índices de Arkansas.

Quadro 4. Densidade populacional do Arkansas e Estados adjacentes, 1850-1860

	1850		1860	
Estados	**População (milhares)**	**População (por milha*)**	**População (milhares)**	**População (por milha*)**
Arkansas	210	4,0	435	8,4
Louisiana	518	12,0	708	16,5
Missouri	682	9,9	1.182	17
Mississipi	607	12,9	791	17

Fonte: McNeilly, *op. cit.*, p. 34.

* Uma unidade de milha equivale a 1,6 quilômetros.

Em 1850, a maioria dos chefes brancos dos domicílios em Arkansas tinha nascido em estados escravocratas do velho sul. Muitas destas famílias tinham duas a três crianças nascidas num outro estado, além de seus pais, evidenciando que a imigração foi realizada passo-a-passo, enquanto as famílias estavam começando o seu ciclo de vida e construindo meios de sobrevivência. Muitas não ficaram no primeiro lugar que encontraram, e saíram em busca de um segundo, às vezes, de um terceiro, onde, finalmente, se estabeleceram de modo definitivo. Em 1850, por exemplo, das 629 famílias encontradas no condado de Phillips, 147 foram encontradas dez anos depois em outro condado. Para muitas famílias, a chegada a um determinado condado não significava residência definitiva. O censo de 1859 mostra

39 Robert D. Mitchell, *op. cit.*

que a maioria, cerca de 3/4 dos grupos familiares que ocuparam o Arkansas vieram do Tennessee, Kentucky, Missouri e Mississipi. As terras baixas onde estavam as mais caras propriedades e as famílias mais ricas atraíram a maior parte dos imigrantes do cinturão negro, isto é, das regiões do Mississipi, Alabama e Georgia, de onde vieram as maiores escravarias e riqueza.[40]

A imigração dos grandes plantadores

Plantadores ou *plantacionistas* são considerados os agricultores que possuíam vinte ou mais escravos e tinham plenas condições de produzir para um amplo mercado. Em 1850, havia 510 plantacionistas entre 6.000 proprietários de escravos, ou seja, 8,5% formavam este grupo.[41]

Nos EUA esta classe teve origem no século XVII nas terras baixas da Carolina do Sul e em Chesapeake, tendo se espalhado para o sul por todo o século XVIII e para o oeste, no século XIX. Depois da guerra de 1812, aconteceu a imigração transapalachiana em direção ao Arkansas e Texas. Esta geração de pioneiros desejavam cultivar *plantations* e recriar uma sociedade semelhante à do velho sul.[42]

Imigrar para o oeste não era uma operação fácil, era muito cansativo e exigia muita organização e planejamento. As famílias e os escravos se sentiam ameaçados pela possibilidade de ficarem sem os suprimentos de alimentos, medicamentos e armas. Os caminhos eram estreitos, às vezes, se constituíam em trilhas mal formadas, rastros irreconhecíveis, as passagens fluviais aconteciam, muitas vezes, pelos rios com água até a cintura ou mais, manobrar as carroças puxadas por bois e cavalos não era fácil e tais expedições duravam meses e meses. Sempre havia perdas de suprimentos, gado, carroças e outros imprevistos aconteciam, incluindo algumas vidas de cativos, que eram perdidas.[43]

---

40 McNeilly, *op. cit.*, p. 33-34.

41 *Ibidem*, p. 57-58.

42 *Ibidem*, p. 57.

43 *Ibidem*, p. 37.

Em muitas ocasiões os registros mostram que transladar-se para o oeste gastava-se um ano ou mais, o marido ia na frente com alguns de seus escravos, derrubava a mata, limpava o terreno, construía a casa para a família e, em seguida, voltava para apanhar o resto dos familiares e escravos. Em inúmeros relatos percebe-se a participação ativa das esposas que ficavam dirigindo os trabalhos nas fazendas localizadas mais ao leste.[44] Viajavam com 20, 30 carroças e charretes puxadas por cavalos, bois, mulas, nos quais carregavam suprimentos, móveis e utensílios.

Uma viagem do Alabama para o Arkansas podia durar de oito meses a dois anos. Algumas famílias se fixavam por meses ou anos em alguns lugares e acabavam mudando de novo por não se adaptarem às condições climáticas e às febres típicas da região. Outras famílias usavam barcos quando imigravam para regiões próximas aos rios. Era comum se ver dois barcos em comboio, um para a família branca e o outro para os escravos, refletindo a organização da estrutura social.[45]

Em relação aos barcos a vapor, o Mississipi era o rio mais usado para este tipo de embarcação que ia até o rio Arkansas à altura da capital Little Rock. Durante os anos de 1830 tais barcos começaram a navegar os afluentes secundários do Arkansas, os rios Ouachita e White e, depois de 1838, o rio Vermelho. Este tipo de navio era o mais caro e usado especialmente para as cargas e o transporte de passageiros.[46]

Quando a família de James e Amanda Trulock decidiu imigrar para o Arkansas, embarcou seus três filhos, quarenta escravos e pertences num barco que desceu o rio Chattahoochie, na Georgia, em direção a Apalachiola, na Flórida. De lá, pegaram outro barco no golfo do México para Nova Orleans, depois, rumaram em direção ao

44 Catherine Clinton, 1982, p. 30-35 e 76-77 *apud* McNeilly, *op. cit.*

45 Richard Barlett. *The new country: a social history of american frontier, 1776-1890.* Nova York: Oxford University Press, 1974, p. 307-308.

46 McNeilly, *op. cit.*, p. 38-39.

Mississipi, ao rio Arkansas e, finalmente, à nova terra, no condado de Jefferson, em Pine Buff.[47]

Em geral as expedições dos grandes plantadores chegavam no fim da estação de inverno ou no começo da primavera, quando imigravam da costa leste para o oeste. Escolhiam os melhores sítios com águas correntes e acampavam por lá. Primeiro, derrubavam as árvores, alojavam os toros para construção de casas e calefação. As madeiras levavam meses secando e mais outros meses para ficarem prontas ao uso doméstico, o que sobrava de galhos e folhas era queimado. O solo era preparado e arado para o primeiro cultivo. Amansar os solos virgens exigia muita energia dos donos e dos cativos que trabalhavam do nascer ao pôr do sol, em condições difíceis, onde se convivia com nuvens de mosquitos, montanhas de estercos, brejos e pântanos a serem drenados. Os meses de março e abril eram dedicados à aragem e semeadura e só depois da primeira colheita do milho e/ou algodão alguns proprietários pagavam o trabalho encomendado para a limpeza do terreno. A venda da primeira colheita era transportada pelo rio Mississippi até Nova Orleans, onde estava o grande centro comercial para onde confluíam os produtos a serem embarcados. Era nos grandes armazéns que se comprava tecidos para a família, a escravaria, os vinhos e as especiarias. A segunda colheita era, em geral, mais produtiva do que a primeira, tanto em relação ao cultivo do algodão quanto ao do milho.[48]

Na região oeste da província de São Paulo, a navegação fluvial existia e era realizada através do rio Mogi-Guaçu, tendo à frente a Companhia Paulista de Vias Férreas e Fluviais e atendia às regiões de São Carlos do Pinhal, Araraquara, Jaboticabal, São Simão e Ribeirão Preto, levava itens de importação e exportação, assim como alcançava, também, os sertões de Minas, Goiás e Mato Grosso,

47 *Ibidem*, p. 39-40.

48 *Ibidem*, p. 33-36.

em relação aos produtos derivados da pecuária, aos gêneros de primeira necessidade e ao sal.[49]

Longas viagens eram comuns no sul dos EUA, muitas famílias percorriam em torno de 5 a 8 milhas para imigrar, fazer negócios e, às vezes, planejar a expansão das operações da fazenda. No vale do rio Arkansas, no condado de Jefferson, os vizinhos mais próximos distavam entre si 3/4 de milha uns dos outros. Relatos coevos declaram que num território de mais ou menos 5 milhas, onde vinte famílias residiam, tinha uma única vila, e a mais próxima da região, chamada Pine Bluff, tinha apenas duas tavernas, cinco armazéns, um ferreiro e um construtor de barcos.

Quadro 5. População branca no Arkansas em relação ao tamanho das propriedades, 1850 (%)

Estado de origem	Não proprietários	Proprietários de 1 a 100 acres	Proprietários de mais de 100 acres
Tennessee	25	23	15
Kentucky	20	13	11
Missouri	16	10	10
Mississipi	13	13	13
Georgia	7	15	16
Alabama	6	11	14
Carolina do Norte	6	6	7
Carolina do Sul	2	3	6
Virgínia	2	4	7
Misc.	3	2	1

Fonte: McNeilly, *op. cit.*, p. 36. Um acre equivale a 4.046,85 metros quadrados.

Enquanto o deslocamento populacional na fronteira sudoeste dos EUA evidencia um movimento significativo de pioneiros que tiveram

49 Veja a atuação da navegação fluvial no oeste paulista em Hilário Domingues Neto. *Navegando o Mogi-Guaçu: a agroexportação cafeeira no oeste paulista e a formação de um mercado interno regional (1883-1903)*. São Paulo: Editora Unesp, 2009, p. 57 ss.

procedência de diversos Estados do Sul, na fronteira oeste paulista a grande maioria migrou a partir de localidades vizinhas ou muito próximas.[50] Tal imigração caracterizava um tipo de deslocamento populacional organizado a partir de parentes e amigos que tinham a mesma origem geográfica comum. Como apontou Antonio Candido, a mesma origem familiar formava bairros rurais no povoamento de São Paulo antes da imigração estrangeira.[51]

Quadro 6. Origem dos chefes de domicílios de Campinas, São Paulo, 1814

Municípios	Quantidade	%
Atibaia	66	12,5
Bragança	41	7,7
Campinas	67	12,7
Itu	62	11,7
Jundiaí	48	9,1
Mogi	30	5,6
Nazaré	130	24,6
S. João	33	6,2
S. Paulo	50	9,4
TOTAL	527	100

Fonte: Teixeira, *op. cit.*, p. 87.

Após anos de funcionamento das *plantations*, os pioneiros começavam a organizar o governo local e as leis, deste modo, constituíam a primeira legislatura que ocorria, via de regra, na residência dos principais membros abastados. Alguns doavam terras ao condado onde a corte de justiça seria construída, ou outros prédios públicos, como a sede do correio, da cadeia, da escola etc. Construíam lojas e alugavam para representantes comerciais, donos de armazéns com o

50 Paulo E. Teixeira. "O processo migratório na formação de Campinas, 1755-1830". *Revista Brasileira de Estudos de População*, vol. 19, n. 1, jan./jun. 2002, p. 75-93.

51 Antonio Candido de Mello e Souza. *Os parceiros do Rio Bonito.* 5ª ed. São Paulo: Duas Cidades, 1979, p. 76.

objetivo de ganharem não apenas com as atividades agrícolas, mas também com a especulação imobiliária. Esta foi a história dos povoados nos condados de Jefferson e Dallas, no Arkansas.[52]

Nem tudo era produzido nas grandes fazendas, e o grau de inserção destas nos mercados regionais era de magnitude significativa, pelo menos para os grandes plantacionistas. Em 1845, a família Trulock gastou setecentos dólares em Nova Orleans fazendo compras de açúcar, café, batatas, queijo, vinhos, roupas e outros itens. Exceto a praça comercial de Little Rock, os outros mercados de Arkansas eram formados por genéricos armazéns de secos e molhados, de modo geral, muito mais caros. Para levar provisões aos casarões, os plantadores ricos gastavam em torno de vinte dólares por passagem e mais dez para cada servente. Tais custos tornavam-se proibitivos para os pequenos e médios. Na primavera, nos meses de março e abril, Nova Orleans ficava alvoroçada com a chegada dos plantadores para fazerem negócios. No inverno, era época da colheita e do descaroçamento, em seguida, os fazendeiros viajavam e ficavam um mês fora de casa para vender seus fardos de algodão. As águas dos rios do Arkansas eram navegáveis em barcos a vapor até mais ou menos o mês de abril.[53]

A caça esportiva também tirava os maridos de suas casas para realizar expedições que duravam dias e, nos primeiros anos, esta atividade auxiliava também no abastecimento de carnes da casa senhorial. As esposas dos grandes plantadores cuidavam de toda a casa com o auxílio de criados, supervisionando as provisões, produzindo os medicamentos caseiros e cuidando das doenças, não só dos brancos, como também das dos negros. Muitas cartas enviadas pelas esposas retratam bem esta experiência, pois supervisionavam a horta de vegetais e árvores frutíferas, costuravam roupas para si e sua família com ajuda de escravas, especialmente nos primeiros anos de povoamento, deixando apenas produtos como sapatos e chapéus

52 McNeilly, *op. cit.*, p. 59-63.

53 *Ibidem*, p. 59-63.

para serem comprados nos armazéns. Também cuidavam da educação religiosa e do ensino de primeiras letras. Depois de uma ou duas décadas, começavam a contratar professores para ensinar gramática, em suas casas, e às vezes, em escolas recém instaladas.[54]

Comentando sobre o tipo de sociedade criada no Arkansas, diz McNeilly: "não tendo que substituir uma cultura de pequenos proprietários originalmente instalada [...] a nova geração [...] criou seus novos valores e aspirações ao definir sua cultura dominante, estilo de sociedade e de política no Arkansas". E continua:

> Esta geração não tinha o ideal jeffersoniano da gentry da Virgínia, nem os ideais da oligarquia de Charleston tal como pensou James Henry Hammond. Muito embora, ela possa eventualmente ter desenvolvido formas que lembram o apogeu do velho Sul, esta geração emergiu ao lado do grupo jeffersoniano. Seus membros tinham sido temperados pela minoria *Whig* que tendia a ser mais filosóficos, circunspectos, críticos da bebida alcoólica e de duelos, mas, muitos plantadores de Arkansas eram considerados rudes. Esta classe na turbulenta sociedade de fronteira era um mistura de especuladores de terras, advogados, médicos e novos-ricos de botas sujas que tinham gosto por duelar sobre questões relacionadas à honra e à virilidade. Estas eram as pessoas respeitáveis de posses do período anterior à guerra civil. Este grupo ainda parecia áspero e bruto pelos padrões dos seus primos mais refinados do velho Sul.[55]

Em uma década, entre 1850 e 1860, a estrutura da propriedade cativa não mudou significativamente no Arkansas. As proporções relativas de pequenos, médios e grandes detentores de cativos não mudou expressivamente, tendo diminuído 5% no segmento dos pequenos (1 a 10) e aumentado nos segmentos dos médios e grandes

54 *Ibidem*, p. 66.

55 *Ibidem*, p. 81 e 91.

(11 a 20 e a partir de 21) nas proporções de 2 e 3%, respectivamente. Veja o quadro abaixo.

Quadro 7. Tamanho da posse de escravos no Arkansas, 1850-1860

Tamanho da posse	1850		1860		1850-1860
	N	%	N	%	% de aumento
1	1383	23	2339	20	69
2-5	1951	33	3467	31	78
6-10	1365	23	2535	23	86
11-20	788	13	1777	15	126
21-50	382	6	1018	9	166
51-100	109	2	279	2	156
101-200	19	0	59	0	210
Totais	5997	100	11474	100	-

Fonte: McNeilly, *op. cit.*, p. 58

Robert Mitchell argumenta que foi a cultura de comerciantes que estimulou os pioneiros do oeste e os encorajou a imigrar. Formou-se a partir desta mentalidade uma nova sociedade que permanecia com alguns traços do velho sul, perdia outros e adquiria ainda novos, através da criação de novos valores como a propriedade individual, a importância dada aos interesses individuais e da família, a participação numa economia voltada ao mercado e a estabilidade garantida pela não interferência do governo nos negócios.[56]

Muito embora estudiosos do sul, como Carl Moneyhon, tenham percebido que tais plantadores devem ser distinguidos pela quantidade de riqueza, McNeilly vê a elite do Arkansas como uma construção nebulosa de plantadores, fazendeiros, negociantes, especuladores, advogados, médicos e outros segmentos, indistintos na hierarquia que levou esta sociedade à maturidade plena no período próximo à Guerra

56 Robert D. Mitchell, *op. cit.*, p. 7-8, e também *Idem.* "The north american past: retrospect and prospect". In: Robert D. Mitchell & P. A. Groves (eds.). *North America: the historical geography of a changing continent.* Totowa, N.J.: Rowman and Littlefield, 1987, p. 13.

Civil. Os possuidores de pequenas escravarias e fazendeiros sem escravos tinham relações com esta classe de modo significativo, muito embora não produzissem individualmente uma quantidade relevante de algodão, colaboravam com tal elite no sentido de darem apoio aos princípios e valores que esta defendia na época.

Os grandes plantadores e a escravidão

A revolução industrial incentivou a produção de algodão para a indústria têxtil, especialmente aquela produzida no sul dos Estados Unidos, revigorando a instituição da escravidão, uma vez que a demanda por algodão dobrou os preços desta fibra, mas também, de seus fatores de produção, isto é, da terra e dos cativos. Muitos plantadores ricos da Georgia, Carolina do Sul e do Alabama enviaram seus filhos em direção às novas terras e, entre 1800 e 1860, em torno de 600.000 a 1.000.000 de escravos foram transladados para o oeste.[57]

Foram os franceses e espanhóis os primeiros a trazerem mão de obra cativa para o Arkansas, mas foram os norte-americanos que, depois da compra da Louisiana, inundaram os territórios do sul. Entre 1819 e 1860, imigraram forçosamente cerca de cem mil cativos vindos dos velhos estados do sul. Entre 1840 e 1850, o Arkansas era o décimo terceiro estado em população cativa e, em 1860, o décimo segundo, à frente de Maryland, Delaware e Flórida.[58]

Alguns senhores, como William W. Woodfolk, transladaram seus escravos, acompanhados de suas famílias. Francis Terry transferiu seus cativos com suas respectivas famílias para as novas plantações no Arkansas. Muitas vezes eles passavam por uma, duas estações, às vezes, meses, sofrendo de péssima saúde e banzo, demorando a se adaptarem ao novo meio ambiente. Outros adoeciam e ficavam macambúzios. Amanda Trulock comentou a reação dos cativos numa carta a parentes: "Quando chegamos, nossos escravos não puderam

---

57 Joan E. Cashin. *A family venture: men and women on the southern frontier.* Nova York/Oxford: Oxford University Press, 1991, p. 49.

58 McNeilly, *op. cit.*, p. 46.

trabalhar por um tempo, estavam insatisfeitos e tinham perdido toda a ambição por qualquer coisa". Os senhores brancos viam nestas expedições aventura e oportunidade de negócios, porém, suas esposas, relatavam o aumento de encargos e obrigações e os escravos sentiam muito a ruptura de laços com seus familiares.[59]

Quadro 8. Origens da população branca no Arkansas, 1850-1860 (%)

Regiões	Estado de origem	Terras baixas 1850	Todo o Estado 1850	Terras baixas 1860	Todo o Estado 1860
Sul Setentrional	Tennessee	18	21	18	20
	Kentucky	17	16	10	16
	Missouri	10	16	7	14
	Virgínia	3	3	4	2
Sul Meridional	Mississipi	16	15	17	17
	Georgia	11	9	14	10
	Alabama	11	10	14	10
	Carolina do Norte	8	5	8	5
	Carolina do Sul	4	3	4	4

Fonte: McNeilly, *op. cit.*, p. 35

Embora muito férteis as terras do Arkansas, para se tornarem produtoras de algodão, exigiam drenagens que demandavam obras com razoável investimento de capital. Os escravos trabalhavam horas a fio sem descanso, muitas vezes, mais do que no velho sul. As *plantations* da família Armstrong, Trulock e Bozeman tinham em torno de 50 cativos. O senhor Armstrong tinha apenas 24 anos, quando chegou em Jefferson County, em 1848, vindo do Tennessee, levou consigo 46 cativos. Dois anos depois sua plantação foi avaliada em US$ 16.700. Sua esposa ficou em Nashville porque não gostava de viver na sociedade rústica do Arkansas. Deste modo, ele precisou do auxílio da família,

59 *Ibidem*, p. 51.

especialmente, da confiança do irmão Dave para gerenciar a fazenda, pois passava boa parte de suas horas de trabalho viajando, especulando e comprando terras e escravos. Algumas esposas faziam este papel, auxiliadas por cativos domésticos, outros, porém, colocavam a administração da fazenda nas mãos do filho mais velho.[60]

Em 1850, o senhor James Trulock tinha 49 cativos, plantava 72 acres de lavoura, sendo 22 acres pertencentes às suas terras e 50 arrendados. Construiu sua casa com os escravos e, no segundo ano, levantou a cozinha e um ambiente para defumar carnes. Seus cativos fizeram os tijolos, construíram a casa, o celeiro, o moinho e o armazém. Também viajava muito para fazer negócios em Nova Orleans e redondezas, tendo seu vizinho mais próximo a 3/4 de milha de distância.[61]

Os grandes plantadores adquiriam escravos através da herança de família, da compra, da especulação de terras, da prática da medicina e da advocacia. Outras formas de acumular capital possibilitavam o acesso ao grupo social dos plantadores. Ocupações como mineração, manufatura e comércio não eram muito desenvolvidas antes da guerra civil e poucos eram os meios para se acumular riqueza. Outra via de acesso eram as conexões sociais de família. Muitos tinham irmãos e primos que estavam no ramo do comércio, transportes e atividades adjacentes, formando redes familiares que congregavam recursos diversificados como escravos, terra e capital para a formação de sociedades que possibilitavam prosperarem conjuntamente. Muitas vezes o filho mais velho era o mais interessado ou o mais inclinado às lides agrícolas e recebia a plantação de herança, outro irmão recebia alguns escravos e o terceiro seguia a carreira de advocacia ou medicina. As moças recebiam alguns escravos e/ou terras com a finalidade de ajudar seus maridos a se fazerem economicamente, uma vez que esta sociedade era patriarcal.[62]

---

60 *Ibidem*, p. 57-59.

61 *Ibidem, loc. cit.*

62 *Ibidem*, p. 68-72.

Os filhos dos grandes plantacionistas tinham a esperança de receber apoio do pai. Em 1850, 25% dos plantacionistas com escravos, que tinham fazendas, foram avaliadas acima de 500 dólares, estavam na faixa dos vinte anos e metade deles era composta por solteiros. Muito embora a conjuntura econômica e a dedicação destes pioneiros possam ter auxiliado na acumulação de riqueza, sem dúvida, foram, em grande medida, herdeiros de ricos plantadores do leste.[63]

Segundo relatos de viajantes, ao longo dos rios do Arkansas muitos plantadores jovens e bem-de-vida eram vistos com idades que ficavam entre os vinte e trinta e tantos anos, muitos dos quais eram donos de 40 cativos e um patrimônio em torno dos 16.400 dólares.[64]

Nos anos de 1840, os irmãos Daniel e Richard Sessions imigraram para o condado de Chicot quando ainda eram solteiros e estavam com vinte e tantos anos, ambos possuíam uma significativa força de trabalho cativa e a localidade de suas plantações distava apenas 120 milhas acima do rio Mississipi a contar do condado de Adams. Em 1860, os dois estavam casados, possuíam três filhos e tinham triplicado o valor de seus patrimônios.[65]

Para iniciar uma *plantation* o agricultor precisava ter, no mínimo, 350 acres de terras aráveis e 200 acres de bosques, os quais custavam entre 5.000 a 15.000 dólares. Vinte escravos, 16.000 dólares. Implementos agrícolas como carroças, arados, moinho, 700 dólares. Um rebanho considerado básico com touros, vacas, cavalos, mulas e porcos, 1.200 dólares. Uma *plantatio*n básica não saía por menos de 25.000 dólares perto dos anos de 1840. Na década seguinte, custava muito mais.[66]

Muitos grandes plantadores tiveram histórias semelhantes, como Patrick Foster Jr., 21 anos, proprietário de 46 cativos e um patrimônio avaliado em 11.600 dólares, Henry A. Johnson, 22 anos, 80 cativos

---

63 *Ibidem*, p. 68-78.

64 *Ibidem*, *loc. cit.*

65 *Ibidem*, *loc. cit.*

66 *Ibidem*, *loc. cit.*

e 8.000 dólares em terras e Flowers McGregory, 30.000 dólares em terras e 24 escravos.[67]

Para se conseguir formar um capital mínimo, às vezes, alguns parentes se reuniam, como fizeram os Rusts, dois irmãos e um tio, do condado de Union, juntaram capital, escravos e construíam uma plantação. James Trulock tinha um sobrinho que negociava cativos, o qual foi contratado para gerenciar sua fazenda. Edward W. Wright, o terceiro maior plantacionista no condado de Union, tinha uma sociedade com um irmão que vivia de especulação de terras, um outro operava no mercado de cativos e o último gerenciava as plantações.[68]

Ao observar os censos manuscritos de população do período anterior à guerra civil, McNeilly anotou inúmeros casos de parentes que viviam próximos, nas vizinhanças, através da ocorrência repetida de sobrenomes. Ele não dá grande destaque à diferenciação econômica entre um irmão que tinha apenas 5 escravos e outro com grande escravaria. Para ele, a inserção social em segmentos de elite se dava de diversas formas, além das unicamente materiais. Conexões familiares, rede de parentela e de amigos ajudavam numa direção de mão dupla e numa relação de reciprocidade. Esta classe nascente de plantadores do Arkansas incluía também segmentos que nela orbitavam, através de um sistema de reciprocidade que os mantinham conectados. McNeilly conclui que a presença da família e da rede de parentela mostra que a imigração para o oeste foi, em grande medida, um empreendimento familiar.[69]

Outro caminho para se adquirir *plantations* era possuir uma profissão rentável. Advogados e médicos eram bem remunerados na fronteira e parte de suas rendas eram acumuladas para comprar terras e escravos. Os valores sociais e o *ethos* destes profissionais não diferiam muito dos da classe plantacionista. Uma das profissões mais lucrativas, sem dúvida, era a de advogado, que realizava serviços indispensáveis

67 *Ibidem, loc. cit.*

68 *Ibidem, loc. cit.*

69 *Ibidem*, veja também Cashin, *op. cit.*, p. 78-98.

àqueles que adquiriam terras, escravos e desejavam fazer investimentos. Após as colheitas de algodão era comum ver os advogados com muito dinheiro líquido nas mãos, resultado de serviços prestados.[70]

Jovens advogados vinham do leste com apenas um cavalo, uma mala de livros, muita ambição e uma carta de recomendação de alguma família importante de lá ou de uma conexão com banqueiros e/ou grandes representantes comerciais. Nos anos 1850, a fronteira do sudoeste possibilitava grandes oportunidades de trabalho e mobilidade social, os advogados chegavam com pouca idade, na média, vinte e poucos anos (apenas 10% deles tinham mais do que 40 anos), casavam-se com filhas de grandes plantadores e frequentavam a alta sociedade local.[71]

A medicina era outro campo lucrativo e conectado com a elite plantadora. As terras férteis e baixas do Arkansas produziam muitas febres e malária. Estes profissionais cuidavam de seus doentes trotando nas costas de um cavalo, de fazenda em fazenda, sendo, em geral, bem remunerados, orbitando as esferas mais altas da elite de Arkansas. Muitos decidiam reinvestir seus honorários na compra de terras e fazendas e, neste aspecto, não diferiam no que diz respeito aos valores e ideologia cultivados pela classe dos plantacionistas.[72]

Outros autores também apontam processo semelhante em outras regiões. Nos anos de 1830, o sucesso dos plantadores da região denominada Flórida do Meio (Middle Florida) dependeu, em grande medida, de como eles tiveram ou não acesso à mão de obra cativa, crédito, conhecimento e contatos no mundo dos negócios, como também, contatos políticos.[73]

Menos evidente, mas tão importante quanto se tornar membro e ser percebido como membro da classe plantacionista, era demonstrar

70 McNeilly, *op. cit.*, p. 75-77.

71 *Ibidem, loc. cit.*

72 *Ibidem, loc. cit.*

73 Edward E. Baptist. *Creating an old south: Middle Florida's plantation frontier before the civil war.* Chapell Hill/Londres: University of North Carolina Press, 2002, p. 35.

gestos e maneiras. Valorizava-se a educação formal, liderança cívica e as boas maneiras. Em relação aos maneirismos dos plantacionistas do leste, os de Arkansas não eram vistos como bem educados, mas em relação aos *yeoman*, eram muito mais escolarizados, assim como valorizavam a educação de seus filhos.[74]

No Brasil e na América Latina colonial, uma significativa historiografia enfatizou que os casamentos da elite buscavam arranjar matrimônios para suas filhas nativas entre os genros espanhóis e portugueses, uma vez que estas uniões eram vistas como estratégicas, pois tais genros possibilitariam inserção e acesso às casas mercantis espanholas e portuguesas; no entanto, em pesquisa anterior, encontrei que a ocupação da fronteira paulista produziu um novo rearranjo familiar no qual o capital agrário, forjado mediante a ocupação e cultivo de bens agroexportadores, desenhava uma nova configuração de formação de liderança de famílias de elite, onde o filho varão tendia a se tornar líder da família mediante a incorporação de novas terras ao patrimônio familiar de origem.[75]

As primeiras escolas e igrejas eram construídas pela iniciativa dos grandes plantadores. Amanda Trulock criou uma escola de gramática na sua casa e convidou as crianças da vizinhança para participarem. Michael Bozeman patrocinou a primeira escola da região. A elite do condado de Dallas fez muito mais, levantou duas escolas, uma militar para os meninos e outra, onde se aprendia música e artes, para as meninas. As mães se queixavam em cartas aos parentes do leste de que as crianças necessitavam de educação religiosa, pois poucas crianças foram batizadas na década de 1850 e sabiam de memória a oração do Senhor. A chegada da igreja demoraria pelo menos uma década na fronteira.[76]

Os plantadores levavam anos para criar uma comunidade com governo civil, escolas, igrejas e tudo mais. Em primeiro lugar, eles

74 McNeilly, *op. cit.*, p. 81-84.

75 Dora Isabel Paiva da Costa. "Revisitando a sucessão matrilinear: povoamento colonial, elite agrária e família na primeira metade do século XIX. Campinas, São Paulo". *Estudos de História*, Franca/Unesp, vol. 12, n. 2, 2005, p. 39-64.

76 McNeilly, *op. cit.*, p. 66-67.

construíam as casas, cultivavam os solos, faziam as primeiras colheitas e as vendiam. Anos depois, alguns desejavam expandir os negócios e passavam a adquirir mais terras e escravos. A criação de um governo civil levava anos até começar a construir ruas públicas, infraestrutura, escolas e igrejas.[77] Tinham o governo do condado em suas mãos, decidiam sobre praticamente tudo. "Muito mais por interesse próprio relacionado às pessoas ilustradas do que por obrigação de nobreza", interpreta McNeilly, "assumindo responsabilidades de liderança e de governo". Conclui que faltava refinamento e *equipage* das grandes elites de Charleston e Savannah, mas eles compensaram o que faltava com uma grande determinação em construir uma sociedade no Arkansas à imagem daquela venerável do velho sul.

Os plantacionistas da fronteira do Arkansas transplantaram a cultura e a sociedade do velho sul, baseada no trabalho escravo e agroexportação, mas, muito pouco foi feito em relação às boas maneiras e ao refinamento.

A imigração dos *yeomen*

No estudo sobre o Arkansas, McNeilly considerou como pequenos e médios proprietários aqueles detentores de pequenas e médias escravarias, ou seja, aqueles com menos de 10 cativos foram considerados pequenos e aqueles com 10 a 19, médios. Ambos segmentos compartilhavam da ideologia dos grandes plantadores, especialmente depois de 1850.[78]

Para o segmento dos *yeomen*, a viagem em direção ao Arkansas significava ter acesso à propriedade, à possibilidade de liberdade e independência. Imigravam em comboios formados por inúmeras famílias, pois era mais barata a viagem por terra do que pela navegação fluvial. A ajuda mútua e a segurança eram fatores primordiais a serem observados, por isso as famílias viajavam juntas. Desejavam

77 *Ibidem*, p. 51.

78 *Ibidem*, p. 57-59.

que ficassem para trás toda a hierarquia e a dependência aos quais estiveram submetidos.[79]

Dezenas de viajantes relataram em seus diários a existência de comboios com 70 a 100 carroças que, dependendo das distâncias a serem percorridas, levavam de seis semanas a dois anos, puxando-as por entre as montanhas, atravessando rios e vales, cuidando do gado para não dispersar. Não era tarefa fácil e precisava ser coordenada. Alguns realizaram a epopeia de viajarem sós, apenas com a família e uma carroça puxada por bois com seus pertences. Os pais de J. M. Bailey venderam sua fazenda no leste do Tennessee e imigraram levando duas carroças, uma puxada por dois bois e a outra por dois cavalos e tiveram sucesso na viagem que foi acompanhada apenas por sua família ao condado de Carroll.[80]

Os *yeomen* constituíam-se em pequenos e médios proprietários e começavam suas vidas adultas como prestadores de serviços para algum grande plantador. Faziam trabalhos de feitores e encarregados de serviços da lavoura. W. C. Coleman teve esta trajetória e, antes de comprar terras no Arkansas, foi administrador de uma grande plantação no Alabama de onde migrou para o condado de Ouachita e comprou 80 acres de terras já desmatadas e com algumas benfeitorias. Lá se localizavam outros iguais de seu nível socioeconômico. Os *yeomen* detinham entre 1 e 9 cativos, mas, algumas vezes, tinham à sua disposição apenas a mão de obra familiar. Outros tinham propriedades localizadas próximas às correntes de rios, o que tornava a lavoura comercial de pequena escala bastante viável. Eles próprios faziam de tudo, construíam suas casas, limpavam seus terrenos, plantavam e colhiam suas lavouras. Havia centenas de pequenos proprietários de terras que eram também donos de reduzidas escravarias. Cultivavam volumes modestos de algodão, mas, as vezes, conseguiam acumular um patrimônio respeitável. Um condado que mostrava bem esta

79 *Ibidem*, p. 41-42.

80 *Ibidem*, p. 44.

diversidade de segmentos socioeconômicos foi o de Phillips, no Arkansas.[81] Vejamos:

Tabela 10. Grupos sociais rurais no Condado de Phillips, Arkansas, 1850

	N	%
Quantidade total de domicílios	768	100
Domicílios com lavouras	408	53
Domicílios sem lavouras	213	28
Não fazendeiros	112	14
Plantacionistas (+ 20 cativos)	35	5

Fonte: McNeilly, *op. cit.*, p. 95.

Nesta tabela percebe-se o grau da diversidade dos segmentos sociais no condado de Phillips no ano de 1850. Enquanto os grandes plantacionistas se concentravam nas terras baixas, muito férteis, no sudeste do Arkansas, os pequenos proprietários estavam espalhados por todo o território. No centro geográfico de Arkansas havia uma miríade de diversidade de pequenos proprietários: alguns sem terra, mas com escravos, outros com terras, sem escravos, alguns com 2 ou 3 cativos, outros com 7 ou 9. Alguns possuíam um acre de terra com pouco gado e porcos, outros possuíam centenas de acres com 15 a 19 cativos. Para efeitos analíticos, McNeilly dividiu este grupo de pequenos proprietários em três segmentos:[82]

1. Fazendeiros (*yeomen farmer*) – donos de terras, sem cativos.
2. Fazendeiros escravistas (*slaveholding yeomen*) – fazendeiros donos de terras com pequena escravaria (1 a 9 cativos).
3. Pequenos plantacionistas (*small planters*) – donos de terras com escravaria de tamanho médio (10 a 19).

81 *Ibidem*, p. 93-94.

82 *Ibidem*, p. 96.

O mais populoso grupo foi o dos *yeomen* sem cativos o qual representava 70% da população, cultivava em média 27 acres de terra e deixava 129 sem cultivo. Dois cavalos e um touro puxavam troncos pesados e ajudavam no transporte de pessoas. Produziam, em média, 313 *bushels* de milho e 2 fardos de algodão. Detinham, em média, um quarto de seção que equivalia a 160 acres.

Uma linha sutil separava os *yeomen* sem cativos dos com pequenas escravarias. Segundo, McNeilly este era o típico *yeomen* que possuía menos de dez cativos e representava 20% de todo o grupo. Possuía uma média de quatro cativos e cultivava o dobro de terras, deixando sem cultivo o dobro de terras pertencente ao grupo dos *yeomen* sem cativos e produzia o dobro da produção de milho e o triplo da de algodão.[83]

Os pequenos plantacionistas representavam 10% de todo o grupo dos *yeomen*, possuindo entre 10 a 19 cativos e uma média de 13. Este segmento cultivava o dobro de terras em relação aos *yeomen* detentores de pequenas escravarias e o triplo em relação aos sem cativos. Produziam o triplo de algodão em relação aos *yeomen* donos de pequenas escravarias, bem como o triplo do milho em relação aos *yeomen* sem cativos.[84]

---

83 *Ibidem*, p. 93-99.

84 *Ibidem, loc. cit.*

Tabela 11. Perfil produtivo dos pequenos proprietários, 1850

Diversificação do segmento *yeomen*	N	%	Média de acres cultivados	Média de acres não cultivados	Média de cavalos	Média de touros	Média de milho (bushels)*	Média de algodão (fardos)	Média de cativos
Yeomen com terras, sem cativos	489	70	27	129	2	1	313	2	0
Yeomen com terras e com peq. escravaria (1-9)	142	20	48	230	3	3	622	6	4
Pequenos plantadores com terras e médias escravarias (10-19)	71	10	88	264	4	4	991	19	13
Total	702	100	-	-	-	-	-	-	-

Fonte: *Ibidem*, p. 96. Os condados levados em consideração foram Chicot, Phillips e Lafayette.
**Bushel* = medida para cereais correspondente a 36,37 litros.

A produção de milho supria a alimentação humana e dos porcos. A produção de algodão possibilitava aos produtores a inserção no mercado regional de compra e venda de algodão, o qual era em grande medida exportado. O milho auxiliava na reprodução imediata da condição material de vida e o algodão assinalava a presença dos produtores em circuitos mercantis.

Tabela 12. Proprietários não escravistas e a produção de algodão, 1850-1860

	1850			1860		
Condados	**N**	**% plantadores de algodão**	**Qtde. média de fardos**	**N**	**% plantadores de algodão**	**Qtde. média de fardos**
Chicot	39	64	6	45	41	3
Lafayette	136	14	3	**	55	3
Phillipps	316	29	2	605	25	2
Outros*	30%*	2*	59%*	3,6*	-	-

Fonte: *Ibidem*, p. 97.

* Estes números são estimativas.

** O condado de Lafayette foi dividido em 1853 para formar um novo condado.

Tabela 13. Pequenos proprietários, donos de 1 a 9 escravos e a produção de algodão, 1850-1860

	1850			1860		
Condados	**N**	**% plantadores de algodão**	**Qtde. média de fardos**	**N**	**% plantadores de algodão**	**Qtde. média de fardos**
Chicot	28	79	13	37	78	17
Lafayette	45	67	15	**	84	13
Phillipps	69	44	6	97	46	20
Outros*	53%*	10,5*	89%*	12*	-	-

Fonte: *Ibidem*, p. 98.

* Estes números são estimativas.

** O condado de Lafayette foi dividido em 1853 para formar um novo condado.

Tabela 14. Pequenos plantacionistas, donos de 10 a 19 escravos e a produção de algodão, 1850-1860

	1850			1860		
Condados	**N**	**% plantadores de algodão**	**Qtde. média de fardos**	**N**	**% plantadores de algodão**	**Qtde. média de fardos**
Chicot	14	64	17	21	80	29
Lafayette	24	70	6	**	71	35
Phillipps	33	70	19	47	76	44
Outros*	61%*	19*	73%*	34*	-	-

Fonte: *Ibidem*, p. 98.

* Estes números são estimativas.

** O condado de Lafayette foi dividido em 1853 para formar um novo condado.

Não há estimativas precisas sobre os brancos pobres porque os registros sobre esta população são escassos, imprecisos e de tipo impressionista. A sua presença perturbava os contemporâneos, segundo McNeilly. John Brown, plantador, advogado e especulador de terras observou a existência desta camada em suas constantes viagens. O viajante William Floyd anotou as privações destas populações que viviam entre o rio White e o condado de Prairie no Arkansas.[85]

Apesar da existência de uma grande distância do ponto de vista econômico entre a classe dos plantadores e a do grupo dos sem terra, McNeilly argumenta que havia frouxas distinções sociais entre os segmentos dos *yeomen*, e que os limites entre eles não eram bem definidos, especialmente antes da guerra civil, quando a pirâmide social tinha uma leve inclinação, sendo que os poucos do topo não estavam tão acima dos do meio.[86]

Para Mitchell esta quase indistinta hierarquia era uma questão de tempo, pois "[...] a longo prazo, as áreas de fronteira foram se

85 *Ibidem*, p. 99.

86 *Ibidem*, p. 114-115.

transformando de zonas esparsamente povoadas as quais apresentavam baixo nível de diferenciação social em direção a regiões mais densamente povoadas e ocupadas [...] por sociedades mais estratificadas".[87]

III. A ORGANIZAÇÃO SOCIAL E ECONÔMICA NA FRONTEIRA DO SUDESTE DO BRASIL

Os censos norte-americanos realizados no século XIX são em muitos aspectos mais completos do que os brasileiros. Os realizados em São Paulo variavam na sua feitura, de paróquia a paróquia.[88] Embora os censos de 1828 e 1835 de Araraquara apresentem informações sobre a produção física, nada apresentam sobre a riqueza e o patrimônio dos colonizadores. Resta ao pesquisador lançar mão de outro *corpus* documental e submetê-lo à crítica, ao escrutínio e análise. Os inventários *post-mortem* neste sentido se prestam à análise de como os diversos grupos sociais detiveram proporções de riqueza, e, em que medida houve transformações na composição da apropriação da desigualdade e crescimento da mesma.

Nesta seção apresento a estrutura de posse, distribuição da riqueza, organização da produção agrícola e pecuária, estrutura fundiária e a composição das populações livre e cativa. O objetivo é examinar até que ponto o povoamento da fronteira sudeste favoreceu o crescimento da riqueza e a mobilidade social. Para tanto, utilizaremos os inventários *post-mortem* e as listas nominativas de população, usando uma metodologia quantitativa e qualitativa de análise.

Na tabela 15, abaixo, analisamos o comportamento da riqueza gerada nos dois períodos focalizados através das participações das famílias na riqueza social "bruta" e "líquida" entre a primeira e a segunda geração. A metodologia utilizada refere-se à agregação dos

---

87 Robert D. Mitchell, *op. cit.*, 1977, p. 93.

88 Sobre fontes e uso da documentação veja: Eni de Mesquita Samara & Ismênia S. Silveira T. Tupy. *História e documento e metodologia de pesquisa.* Belo Horizonte: Autêntica, 2007; Carlos Bacellar. "Fontes documentais. Uso e o mau uso dos arquivos". In: Carla Bassanezzi Pinsky *et al* (orgs.). *Fontes Históricas.* São Paulo: Contexto, 2005.

valores dos montes-mores e montes-partíveis dos inventários, por período. Com este procedimento, avaliaremos se houve ou não crescimento na riqueza detida pelas famílias. Para tanto, usarei um procedimento que expurga o movimento inflacionário da moeda brasileira o qual poderia criar uma imagem fictícia e irreal do comportamento dos preços, por isso, transformei os valores da moeda brasileira em moeda inglesa, estável.[89]

Tabela 15. Crescimento da riqueza bruta e líquida, entre 1830-1851 e 1860-1881 (em moeda inglesa)

Períodos	Riqueza bruta			Riqueza líquida		
Qtde. de inventários (N)	**Soma dos valores**	**Médias**	**Riqueza *per capita***	**Soma dos valores**	**Médias**	**Riqueza *per capita***
1º Período (N = 30)	9.712,8	323,8	4,1	9.124,0	304,1	1,6
2º Período (N =112)	116.857,7	1.043,4	20,5	109.620,4	978,7	19,2

Fonte: Inventários *post-mortem* de Araraquara. Legenda: N = quantidade de inventários. O primeiro período corresponde aos anos 1830 a 1851 e o segundo, aos anos 1860 a 1881. O conceito riqueza *per capita* foi aferido em relação à população livre do censo de 1836, em Daniel Pedro Müller (*Ensaio d'um quadro estatístico da Província de São Paulo*. São Paulo: Governo do Estado de São Paulo, 1978), excluindo-se a população escrava, assim como em relação ao censo de 1872, em Maria S. Beozzo Bassanezzi (*São Paulo do passado: dados demográficos – Censo de 1872*. Campinas: NEPO/Unicamp, 1998, mimeo).

Na tabela 15 vemos que a fatia média da riqueza detida nas formas bruta e líquida aumentou em torno de 3 vezes entre uma geração a outra. A riqueza bruta expressa a soma dos valores dos montes-mores, enquanto a riqueza líquida representa a bruta, menos as dívidas passivas, os impostos, as despesas com o funeral, missas e legados pios. Além destes, agregaremos a variável população com objetivo de aferir

89 O método para conversão da moeda réis para libras esterlinas está no livro Westphalen, Bach e Krohn, *Centenário 1828-1928 apud* Kátia Mattoso. *Ser escravo no Brasil*. São Paulo: Brasiliense, 1982, p. 254-255.

se houve ou não aumento *per capita* da riqueza. Muito embora saibamos o quanto é problemático este tipo de indicador, quando não usado de forma judiciosa, o mesmo constitui em instrumento útil para comparar uma mesma variável em relação a dois ou mais períodos diferentes.

Não houve uma grande discrepância entre a riqueza bruta e líquida entre os dois períodos. Enquanto a riqueza bruta média atingia o valor de 323,8 unidades da moeda inglesa, a líquida chegava a 304,1. No segundo período *performance* semelhante ocorre, apresentando magnitude relativas a 1.043,4 e 978,7. As aproximações entre os valores das riquezas bruta e líquida traduzem o fato de que as famílias proprietárias, em conjunto, não estavam se endividando significativamente, como fora observado em relação a Vassouras, no vale do Paraíba.[90] Quando a instituição bancária não existia, as contas correntes de devedores e emprestadores apareciam arroladas nos inventários e, a partir delas, pode-se compreender o grau de interação econômica entre os diversos agentes. Deste modo, os empréstimos e adiantamentos realizados, vinculados ou não à produção agrícola, eram praticados por pessoas que detinham certa liquidez e capital, podendo ser disponibilizados para seus compadres em relações clientelísticas. Não encontramos nenhum registro de credores ou devedores de fora da região, o que mostra o grau de endogenia constituído por este mercado, sem conexões com outras regiões longínquas da América portuguesa ou hispânica.

Muito embora as riquezas bruta e líquida *per capita* aferidas não expressem o tamanho da posse de riqueza individual efetiva, os indicadores mostram que, apesar da população ter crescido mais ou menos o dobro (veja a tabela 15), tais variáveis aumentaram em cinco vezes, de 4,1 para 20,5, e, pouco mais de dez vezes, de 1,6 para 19,2, respectivamente. Em outras palavras, o ritmo de crescimento da riqueza estava manifestando um incremento muitas vezes maior do que o da população livre.

---

90 Stanley J. Stein. *Grandeza e decadência do café no Vale do Paraíba*. São Paulo: Brasiliense, 1961, p. 243-249.

Na tabela 16 observamos que a primeira geração apresentou 76 credores e 145 devedores, ou seja, havia o dobro do número de devedores em relação ao de credores. A segunda apresentou uma quantidade bastante semelhante entre uns e outros, isto é, 147 credores e 164 devedores, revelando uma tendência ao equilíbrio entre o montante de agentes tomadores e doadores de empréstimos. Em termos proporcionais, um terço (34%) da primeira geração se declarou credor de outros patrimônios, enquanto outros dois terços (66%), devedores.

Contudo, o valor médio emprestado entre a primeira e a segunda geração elevou-se quase doze vezes, de 6,8 para 80,9. Por outro lado, o valor médio da dívida passiva declarada, ou seja, aquelas pendências que, à época da confecção da partilha do inventário, ainda não tinham sido quitadas, correspondeu a um crescimento proporcionalmente semelhante ao valor médio da dívida ativa.

Tabela 16. Comportamento dos credores e devedores, 1830-1851 e 1860-1881 (em moeda inglesa)

Períodos	Quantidade de credores (N)	Credores (%)	Média ($)	Soma das dívidas ativas ($)
1830-1851	76	34	6,8	514,1
1860-1881	147	47	80,9	11.890,0
Períodos	**Quantidade de devedores (N)**	**Devedores (%)**	**Média ($)**	**Soma das dívidas passivas ($)**
1830-1851	145	66	3,6	526,1
1860-1881	164	53	48,9	8.015,9

Fonte: Inventários *post-mortem* de Araraquara

Tais índices referentes aos doadores e tomadores de empréstimos revelam um maior fluxo de moeda circulando entre um maior número de agentes, os quais, efetivamente, faziam parte deste mercado local e regional. Por outro lado, a estrutura de distribuição dos empréstimos apresentava-se bastante espalhada e dispersa, não revelando grandes concentrações do ponto de vista da quantidade de agentes emprestadores.

Este comportamento das finanças patrimoniais permite concluir que houve uma tendência à liquidação das dívidas existentes e ao incremento da riqueza social. Lélio Luiz de Oliveira, estudando os inventários da região de Franca, próxima à Araraquara, para o século XIX, concluiu que as dívidas ativas tiveram também uma participação maior do que as passivas.[91]

Estes resultados demonstram o papel, a capacidade e o dinamismo que as economias produtoras de alimentos, situadas em regiões de fronteira, tiveram em relação às possibilidades de crescimento econômico e a consequente mobilidade social.

A tabela 17, abaixo, mostra as proporções agregadas das legítimas e meações entre a primeira e a segunda geração. As legítimas eram os quinhões que cada herdeiro, fosse filho varão ou filha mulher, recebia por determinação legal, quando se tornava sucessor dos bens da família. A meação correspondia ao quinhão do cônjuge sobrevivente. Estas duas figuras jurídicas permitem avaliar em que medida os sucessores situados no primeiro e no segundo período alcançaram – em conjunto e do ponto de vista agregado – determinados patamares de riqueza ou declinaram na hierarquia social e econômica.

Segue um breve esclarecimento a respeito das medidas estatísticas utilizadas. A mediana de um conjunto de valores é o valor médio ou a média aritmética de dois valores centrais. É um indicador que junto com a média permite avaliar se os dados estão muito dispersos em relação à mesma. Por exemplo: se as medianas, ao longo de dois períodos diferentes, se mantêm próximas a um valor constante, significa que, mesmo que a média apresente um crescimento, tal valor mediano, porém, traduz que a grande maioria das ocorrências em relação àquela variável analisada (legítima ou meação), manteve-se como era no passado, ou seja, não apresentou crescimento para a maioria das ocorrências.

91 Lélio Luis Oliveira. *Economia e história em Franca – século XIX*. Franca: Unesp/FHDSS, 1997, p. 129-134.

Tabela 17. Tamanhos da riqueza bruta, líquida, das legítimas e meações, 1830-1851 e 1860-1881 (em moeda inglesa)

Períodos (N)	Médias		Medianas	
	Legítimas	Meações	Legítimas	Meações
1º Período (N=30)	54,6	83,9	28,6	23,9
2º Período (N=112)	196,8	246,6	48,6	98,4

Fonte: Inventários *post-mortem* de Araraquara. O 1º período equivale ao intervalo de tempo que vai de 1830 a 1851, enquanto o 2º vai de 1860 a 1881.
N = quantidade de inventários.

Tal comportamento da mediana descrito acima não aconteceu em relação às ocorrências de recebimento das legítimas e meações. Não somente as médias das legítimas e meações recebidas cresceram quase três vezes de uma geração a outra, como também as medianas tiveram incremento, porém, em ritmo menos acelerado. Isto significa que grande parte dos herdeiros logrou receber seus quinhões de herança em maiores proporções do que a geração anterior e, este conjunto de sucessores de unidades produtivas estava mais apto a dar continuidade à produção agrícola em patamares mais elevados de riqueza, possibilitando, em alguns casos, um acúmulo de riqueza tal que transbordava as necessidades imediatas de sobrevivência e possibilitava-os entrar no circuito do jogo instável do mercado de trocas voltado para maiores distâncias.

Após constatarmos que houve de fato um crescimento da riqueza, a pergunta que segue é que tipo de produção possibilitou tal crescimento? Se a produção destinada aos mercados locais e regionais não teve este papel, como a historiografia tem repetido, através da leitura de obras clássicas,[92] como é possível explicar tal incremento

92 Cf. Celso Furtado. *Formação econômica do Brasil*. 15ª ed. São Paulo: Companhia Editora Nacional, 1977, p. 106-109 Celso Furtado, ao analisar o desempenho da economia brasileira durante a primeira metade do século XIX, afirmou que seu crescimento só poderia acontecer se tivesse havido o aumento das exportações, e,

da riqueza. Chamo a atenção do leitor para o trabalho recente de Francisco Vidal Luna & Herbert Klein o qual demonstra a dinâmica e a grande vitalidade deste setor em algumas localidades da província de São Paulo, as quais usavam escravarias ainda na primeira metade do século XIX.[93]

Duas aproximações são necessárias: quantificar o crescimento das populações animal e humana. A contagem da produção animal permite avaliar se houve um substancial crescimento do excedente tal que possibilitou a inserção de produtores nos circuitos mercantis regionais. O escrutínio da população humana permite avaliar se houve um crescimento da presença da força de trabalho na criação e na lavoura. Não podemos esquecer que, neste período, a reprodução ampliada da riqueza se dava pela expansão física territorial e pela incorporação de maior número de instrumentos de trabalho e de braços, pois não há registros da presença de arados e outros instrumentos que pudessem aumentar a produtividade das unidades agrárias e criatórias. Por outro lado, sabe-se que a expansão vegetativa da população e a resultante da imigração poderiam anular os ganhos excedentes, uma vez que haveria uma maior quantidade de bocas a serem alimentadas.

A tabela 18 apresenta a produção de rebanhos de várias espécies de um período a outro. Muito embora as médias e as medianas não apresentem um aumento significativo para várias espécies de animais, cabe destacar o incremento médio da produção de gado

---

como isto não ocorreu, houve então um declínio do nível geral de renda naquele período, sendo o estancamento das exportações sua principal causa. Cf. Sérgio Buarque de Holanda. "São Paulo". In: Sérgio Buarque de Holanda (org.). "São Paulo". In: *História da Civilização Brasileira*. t. II, vol. 2: *Brasil Monárquico. Dispersão e Unidade*. São Paulo: Difel, 1982, p. 415-472. Ao tratar da capitania de São Paulo nas duas primeiras décadas do século XIX, mostrou uma região voltada para a pecuária e a cultura de víveres alimentícios de pouca comercialização, penalizada pela dificuldade dos transportes em razão da presença de estradas de difícil trânsito. A imagem retirada de sua narrativa nos leva a concluir a respeito de uma economia sem grande expressividade, amarrada por problemas graves de infraestrutura.

93 Francisco Vidal Luna e Herbert S. Klein. *Evolução da sociedade e economia escravista de São Paulo, 1750-1850*. São Paulo: Edusp, 2005, p. 107-136.

bovino. De modo geral, a quantidade total de cabeças produzidas das várias espécies aumentou duas, três ou quatro vezes, dependendo do tipo de animal, como se pode notar na tabela abaixo. O gado bovino teve um crescimento de 440%, o equino, 270%, o muar, 420%, o suíno, 129%, o caprino, 380% e o ovino, 460%.

Tabela 18. Produção e preços médios de rebanhos de várias espécies entre 1830-1851 e 1860-1881

Produção	Quantidade de animais											
	1830-1851						1860-1881					
	Vac.	Cav.	Muar	Suí.	Cap.	Ove.	Vac.	Cav.	Muar	Suí.	Cap.	Ove.
Mediana	7,5	2	0	0	0	0	7,5	2	0	0	0	0
Média	18	2,6	0,7	10,8	0	1	21,1	2,9	1,3	10,3	0,05	1,6
Totais	530	79	20	324	30	29	2.359	214	84	4.174	115	135
Crescimento (%)	-	-	-	-	-	-	440	270	420	129	380	460
Preço Médio (1)	19,3	5,1	2,3	2,2	-	-	48,1	8,9	8,0	5,7	-	-
Índice de Gini	0,48	0,09	0,0	0,35	-	-	0,60	0,14	0,12	0,48	-	-

Fonte: Stella Maria Macerani. *Expansão agro-pecuária, lei de terras e a crise do trabalho servil: Araraquara, 1830-1880.* Monografia (conclusão do curso de graduação em Ciências Econômicas) – FCLar/Unesp, 2001.

(1) O preço médio foi calculado em libras esterlinas por cabeça e por espécie de gado. Legenda: vac = vacum, cav = cavalar, muar = burro, jumento, mula, suí = porcos, cab = cabrum e ovel = ovelhum.

O que mais chama a atenção é o comportamento dos preços médios dos rebanhos. Nota-se que de um período a outro, após transformarmos os preços em libras esterlinas, todos apresentaram uma elevação significativa. Foi o gado muar o que teve a maior taxa de crescimento, três vezes e meia, seguido pelas espécies suína, bovina, duas vezes e meia cada uma. Os muares eram utilizados para o transporte de produtos, o bovino e o suíno para o consumo de carne, leite e couros. O aumento da produção física acompanhado do aumento do preço médio traduz uma pressão que a procura exercia sobre a oferta, de modo que, mesmo que a produção tenha acompanhado o crescimento populacional na região, a pressão sobre a demanda persistia, no sentido de elevar o preço médio dos animais e, é sintomático, especialmente daqueles destinados ao transporte de carga.

Outro indicador importante é o índice de Gini, o qual permite avaliar a concentração da produção de animais. Note que a produção estava bastante difundida em grande parte das unidades produtoras. Apesar do aumento do preço médio das espécies de animais de um período a outro, não se observou um processo de crescimento significativo da concentração deste tipo de produção.

Se as evidências mostram um crescimento, a pergunta que surge é: em que medida estes lavradores podem ser caracterizados como pequenos, médios ou grandes produtores? É possível observar uma estratificação neste grupo? Houve um processo de crescimento de diferenciação entre estes lavradores de um período a outro?

Na tabela 19, abaixo, escrutinamos a frequência de lavradores por estratos de grandeza de produtores onde a variável tamanho das escravarias é levada em consideração, como também os não proprietários de cativos. Procuramos identificar e analisar as participações de tais estratos no conjunto da riqueza local. Chamamos de "riqueza social" ao somatório de todos os valores patrimoniais das famílias.

No primeiro período, os proprietários mais pobres – os não possuidores de cativos –, mas que eram detentores de terras e bens de raiz, representavam 63% deste segmento, e, conjuntamente, retiveram 31,3% da riqueza, enquanto que no segundo, retiveram uma porção ainda menor da riqueza social, 10,8%, sendo notável o processo de pauperização deste segmento.

Os pequenos proprietários, i.e., aqueles donos de uma força de trabalho cativa equivalente a um conjunto que variava de 1 a 9 cativos, tiveram um crescimento populacional, muito embora tenham declinado em termos de participação na riqueza local. Enquanto a primeira geração abocanhou uma fatia de 46,1% de toda a riqueza, a segunda, com um contingente ainda maior, de 44% de pequenos proprietários, deteve uma parcela menor equivalente a 12,7% da riqueza. É notável o processo de pauperização sofrido por este grupo.

Os médios proprietários possuidores de uma força de trabalho que variava de 10 a 19 negros tiveram um comportamento ascendente não só em termos populacionais, mas também na participação proporcional da riqueza. Se antes este grupo controlava 22,6% da riqueza, depois, passou a fazê-lo na proporção de 36%. Nota-se que houve um processo de enriquecimento deste segmento.

Tabela 19. Tamanhos das escravarias e a participação das famílias proprietárias na riqueza social, 1830-1851 e 1860-1881(em moeda inglesa)

Tamanhos das escravarias	1º período				2º período			
	N	%	Valores em Libras Esterlinas	% na riqueza	N	%	Valores em Libras Esterlinas	% na riqueza
>40	0	0	0	0	1	0,02	20.524,06	15,4
20-39	0	0	0	0	2	1,8	33.577,07	25,2
10-19	1	3,4	2.021,49	22,6	12	11	48.062,52	36,0
1-9	10	33	4.126,24	46,1	49	44	16.883,70	12,7
0	19	63	2.803,68	31,3	48	43	14.360,26	10,7
Totais	30	100	8.951,41	100	112	100	133.407,62	100

Fonte: Inventários *post-mortem* de Araraquara.
N = quantidade de inventários.

Os proprietários de grandes escravarias (acima de 20 cativos) não se fizeram representar no primeiro período, enquanto no segundo, tal segmento, muito embora tenha tido uma pequena representação, em torno de 2%, abocanhou a parcela nada desprezível de 40,6% de toda a riqueza local.

Araraquara era uma região da província penalizada pelas péssimas estradas, distando-se 379km do porto de Santos, o que tornava os fretes caros e não competitivos em relação aos produtores próximos do litoral. Num intervalo de meio século, não logrou formar uma quantidade substantiva de unidades agrárias do tipo *plantation*. Entende-se por *plantation* unidades formadas por grandes escravarias com vinte ou mais cativos, grandes extensões de terras e monocultura voltada para a exportação. Muito embora três proprietários tenham declarado possuírem mais de vinte cativos, a produção de bens voltada para a exportação era ínfima e descontínua, caracterizando uma produção de açúcar dirigida aos mercados regionais.

Na tabela 20 temos a correlação entre os tamanhos das escravarias e os preços das terras presentes nos inventários, cujo objetivo é avaliar o comportamento do valor agregado à terra associado à presença da mão de obra cativa. Percebemos que houve uma correlação positiva entre o crescimento da variável quantidade de escravos e preços de terras. Isto significa que os ativos primordiais para a produção de valor – terra e trabalho – tiveram um comportamento consistente, agregando valor à terra, à medida em que a quantidade de braços disponíveis ao trabalho aumentava. Por outro lado, as propriedades menos valorizadas, destinadas ao manejo da mão de obra familiar e/ou agregada eram aquelas que tinham menor produção mercantil.

Tabela 20. Distribuição dos preços das propriedades de terras entre os não proprietários e os proprietários de pequenas, médias e grandes escravarias, 1830-1851

Preços em mil réis	Não proprietários		Pequenos proprietários		Médios proprietários		Grandes proprietários	
	N	%	N	%	N	%	N	%
100-1.000	9	64	5	83	0	0	0	0
1.001-5.000	5	36	0	0	0	0	0	0
5.001-10.000	0	0	1	17	1	100	0	0
10.001-20.000	0	0	0	0	0	0	0	0
20.001-40.000	0	0	0	0	0	0	0	0
40.001-80.000	0	0	0	0	0	0	0	0
Totais	14	100	6	100	1	100	0	0

Fonte: Inventários *post-mortem*.

N = quantidade de inventários (N = 21).

Para efeito de comparação, calculamos o preço médio das terras entre o primeiro e o segundo período. Cada propriedade avaliada no inventário teve seu valor transformado em moeda inglesa, a partir daí, calculamos o preço médio referente ao primeiro período, que foi 173,5 libras e, ao segundo, 425,5 libras. Houve um incremento de quase duas vezes e meia no preço médio das propriedades de terras declaradas. Estes resultados corroboram os da pesquisa da professora Ana Maria Martinez Correa, quando observou um incremento de 543%, em mil-réis, nos preços relativos das propriedades fundiárias, tomando por ano-base o de 1860 até o estabelecimento da lavoura de café, na década de 1890.[94] Contudo, não se pode esquecer que a década de 90 foi dominada por uma política altamente inflacionária.[95]

Na tabela 21 que segue abaixo, podemos notar que para o segundo período, a população geral de todos os segmentos de lavradores aumentou. É notável o crescimento da presença de lavradores de porte médio e grande, perfazendo um quinto do total (15 do conjunto de 71 = 21%). Sem sombra de dúvidas foi este seguimento que teve maior participação no significativo aumento da riqueza local. João Fragoso identificou a presença de capitais, em regiões de fronteira, resultantes de acumulação endógena, produto da inserção de comerciantes da praça mercantil do Rio de Janeiro no mercado interno de abastecimento de alimentos.[96] Ao apresentarmos a correlação entre preço de terras e tamanho das escravarias durante o segundo período, constata-se um incremento significativo da quantidade total de proprietários ou não proprietários de cativos por estratos. A distribuição desta população aparece em maior número e se espalha em direção às terras mais valorizadas.

94 Anna Maria Martinez Corrêa. *História social de Araraquara*. Dissertação (mestrado) - FFLCH/USP, São Paulo, 1967, p. 140.

95 Gustavo Franco. "A primeira década republicana". In: Marcelo Paiva Abreu (org.). *A ordem do progresso: cem anos de política econômica republicana (1889-1989)*. Rio de Janeiro: Campus, 1990, p. 11-30.

96 João Luís Ribeiro Fragoso. "A economia brasileira no século XIX: mais do que uma *plantation* escravista-exportadora". In: Maria Yedda Linhares (org.). *História Geral do Brasil*. Rio de Janeiro: Campus, 1990, p. 145-196.

Tabela 21. Distribuição dos preços das propriedades de terras entre os não proprietários e os proprietários de pequenas, médias e grandes escravarias, 1860-1881

Preços em mil réis	Não Proprietários		Pequenos Proprietários		Médios Proprietários		Grandes Proprietários	
	N	%	N	%	N	%	N	%
100-1.000	19	49	11	65	0	0	0	0
1.001-5.000	16	41	0	0	4	33,3	0	0
5.001-10.000	3	7,7	3	17,7	4	33,3	0	0
10.001-20.000	0	0	2	11,7	2	17,6	0	0
20.001-40.000	1	2,3	1	5,6	2	17,6	2	56,7
40.001-80.000	0	0	0	0	0	0	1	33,3
Totais	39	100	17	100	12	100	3	100

Fonte: Inventários *post-mortem*.
N = quantidade de inventários (N = 71).

Sem dúvida, o crescimento dos preços das terras foi resultado da incorporação de novas unidades produtivas voltadas aos cultivos alimentares, do aumento da produção animal e da criação de mulas para o transporte de carga no mercado interno regional. Estes indicadores expressam o poder econômico atrativo que esta região possuía em relação à população que produzia alimentos e animais para transporte.

Em estudo recente, Jorge H. C. de Oliveira observou um aumento de 409% nos valores médios das terras em Ribeirão Preto, distando apenas 90km de Araraquara, no momento imediatamente posterior à Convenção de Taubaté, na qual teve como política a valorização artificial do café brasileiro. Tal valorização o leva a concluir que "o mercado imobiliário de Ribeirão Preto que dependia da cotação do café para aumentar o volume de negócios, acabava por funcionar como um tipo de profecia autorrealizável, no sentido de que apenas o fato de iniciar um processo de valorização de café, fazia com que, antes mesmo de se obter resultados na valorização em si, o mercado imobiliário já começava a se valorizar, dado possivelmente ao otimismo para com a possibilidade de que efetivamente o esquema de controle de oferta [do café] surtisse efeito".[97] Mais adiante ele comenta que os preços de terras de Ribeirão Preto não chegaram a afetar os preços de Batatais, que dista 30km de Ribeirão, concluindo que, "não houve 'contaminação' da pujança econômica a nível regional, apesar de não ser absurdo pensarmos que houvesse esta possibilidade, dado o grande afluxo de capitais e os expressivos lucros advindos do café".[98]

O que explicaria a valorização de terras em Araraquara ainda no período escravista e anterior à produção cafeeira? Estaria a população humana crescendo em maior proporção do que a animal? Estaria a demanda por gêneros alimentícios crescendo em proporção maior do que a da oferta? Seria plausível interpretar tais evidências como o retrato de uma região constituída por "unidades produtoras caracterizadas pelo autoconsumo", por uma "economia pífia", "sem expressividade", como alguns historiadores têm descrito de forma genérica esta região? Se, como observamos acima, estavam sendo agregados valores cada vez maiores ao fator de produção terra, como explicar este processo de valorização a partir dos modelos interpretativos clássicos da história econômica, os quais tendem a não dar a importância devida ao estudo do setor produtivo voltado ao mercado interno, alegando falta de dinâmica e acumulação endógena? Se não houve contaminação de aumento do valor do preço da terra de Ribeirão Preto em relação a Araraquara, o que explica o incremento?

Na seção abaixo apresentaremos como a população de livres e cativos se estruturou em relação a variáveis como grupo etário, sexo e condição social, tendo como eixo de análise os dois períodos focalizados. O objetivo é identificar se a população tinha características singulares ou se ela se enquadrava dentro dos modelos típicos vinculados às economias de *plantation* ou de pequena produção comercial.

97 Jorge Henrique Caldeira de Oliveira. *Ribeirão Preto na República Velha: economia e riqueza através das transações imobiliárias*. Tese (doutorado) – FHDSS/Unesp, Franca, 2006, p. 106.

98 *Ibidem*, p. 106.

População, composição e imigração

O estudo dos componentes e da dinâmica populacional é um procedimento que possibilita acesso à compreensão de aspectos do comportamento econômico nas sociedades, em especial, das pré-industriais onde a tecnologia ainda não estava muito presente e a força de trabalho humana é fator primordial. Estudar a estrutura da população numa determinada região e período, significa estudar seus diversos componentes, estabelecer relações entre eles e com o todo onde se insere. Quantificamos a população presente nesta região nos dois recenseamentos realizados, em 1836 e em 1872. Examinemos as duas tabelas que seguem abaixo.

Tabela 22. População total por grupos etários e condição social, 1836

Faixas Etárias	População Livre		População cativa	
	Homens	**Mulheres**	**Homens**	**Mulheres**
Crianças 0-10	428 (34%)	397 (36%)	62 (26%)	57 (34%)
Adultos 11-50	703 (57%)	656 (59%)	165 (70%)	103 (62%)
Velhos 51-acima	118 (9%)	63 (6%)	7 (3%)	6 (4%)
Subtotais	1249	1116	234	165
Razão de masculinidade	112		146	
Totais Gerais	2365		399	

Fonte: Müller, *op. cit.*

Em 1836, o município possuía uma população total (livre e cativa) correspondente a 2.764 pessoas, sendo que a livre perfazia 83% e a cativa 17% da população a qual habitava 537 domicílios rurais, constituindo uma média de 5,2 habitantes por domicílio, uma das mais baixas do período em relação à província. Para termos uma ideia do que significa tal índice, se consideramos toda a população (livre e cativa), Bananal que era um município voltado para a produção de café para exportação, tinha uma média de 34, Franca, 12, Campinas, 7, e a cidade de São Paulo, 6.[99] Esta grandeza tendia a aumentar na medida em que a participação da população cativa crescia em relação à livre, quando as áreas de *plantations* encontravam-se mais consolidadas, pois o tamanho dos domicílios rurais em sociedades pré-industriais sinalizava a inserção destes em circuitos mercantis.

Quase meio século depois, em 1872, a região apresentou 7.128 indivíduos, sendo 5.711 (80%) de pessoas livres e 1.417 (20%) cativos. Desta vez, não temos informações sobre se houve ou não um aumento médio da população por domicílio rural, contudo, sabemos que a razão de masculinidade entre a população livre caiu de 112 para 106, e entre a cativa, de 142 para 120. Este resultado traduz que a proporção de homens continuou superando a de mulheres, porém, no segundo período, em níveis mais próximos ao do equilíbrio em relação à composição dos sexos, tanto em relação à população livre quanto à cativa. Tal equilíbrio revela uma organização de unidades agrícolas que se distanciavam do modelo de *plantations*, onde a razão de masculinidade supera, em muito, a proporção de mulheres.

Tabela 23. População total por grupos etários e condição social, 1872

Faixas etárias	Livres		Cativos	
	Homens	Mulheres	Homens	Mulheres
Crianças 0-10	943 (32%)	860 (31%)	138 (18%)	116 (18%)
Adultos 11-50	1649 (56%)	1703 (62%)	565 (71%)	443 (70%)
Velhos 51-acima	350 (12%)	177 (7%)	64 (8%)	79 (6%)
Subtotais	2949	2762	767	638
Razão de masculinidade	106		120	
Totais gerais	5711		1405	

Fonte: Bassanezzi, *op. cit.*

99 Daniel Pedro Müller. *Ensaio d'um quadro estatístico da Província de São Paulo*. São Paulo: Governo do Estado de São Paulo, 1978, p. 35-89.

Meio século depois da fundação da vila de São Bento de Araraquara a população livre aumentou em 241% e a cativa em 352%, a produção de gado *vacum* aumentou (veja tabela 18) em 440%, a cavalar em 270%, a muar em 420%, a suína em 130%, a *cabrum* em 380% e a *ovelhum* 460%. Em relação aos preços médios, o gado bovino subiu 250%, o equino 174%, o muar 348% e o suíno 260%. Vemos que a população humana aumentou em média 296% (241% + 352%: 2 = 296%). A população animal cresceu em 330% (440% + 270% + 420% + 130% + 380% + 460%: 6 = 330%), enquanto os preços médios cresceram em 258% (250% + 174% + 348% + 260%: 4 = 258%).

Concluo que muito embora a população animal tenha crescido mais do que a humana, os preços médios não se mantiveram em níveis do passado, apresentando uma elevação média significativa de 258%, mesmo quando medido em libras esterlinas, e esta elevação expressa a dinâmica do mercado interno regional de alimentos e de transporte de carga que esta região de fronteira periférica propiciou à economia nacional.

Rosane Monteiro concluiu em pesquisa recente que "[...] a estrutura fundiária apresentada por Araraquara, definiu as causas da expansão cafeeira tímida, gradual e concentrada. Os impostos sobre o café apontaram que a maior parte da produção cafeeira estava concentrada nas pequenas e médias propriedades [....]".[100] A autora está se referindo à última década do século XIX, quando o cultivo do café tornou-se expressivo. Araraquara continuou mesmo após a instauração do cultivo do café, na década de 1890, uma região onde predominava quantitativamente os pequenos e médios produtores.

Dora Costa, pesquisando os registros de terras desta região, encontrou que mais de 73% dos declarantes diziam possuir "partes de terras", enquanto 20% deles, sítios ou fazendas, e menos de 2%, sesmarias. Resultado surpreendente foi o relativo às formas de acesso

100 Rosane Carvalho Messias Monteiro. *O cultivo de café nas bocas de sertão paulista: mercado Interno e mão-de-obra no período da transição, 1830-1888*. São Paulo: Editora Unesp, 2003.

à terra, uma vez que 45% dos declarantes afirmaram ter adquirido terras por compra, enquanto que em Campinas e Ubatuba, regiões de povoamento mais antigo, as proporções foram de 37% e 27%, respectivamente, no mesmo período e no mesmo tipo de documentação.[101] Estes indicadores evidenciam que um significativo número de pessoas estava comprando terras em regiões fronteiriças, e a região de Araraquara representava este papel, nesta época, em maior proporção do que Campinas, onde, por esta ocasião, já havia sido instalada uma potente zona produtora de açúcar e café. Este comportamento intenso de compra de terras traduz o poder atrativo que esta região tinha em relação ao setor interno voltado à produção de alimentos e à ação especulativa que buscava produzir reserva de valor em relação à aquisição de terras.

Muito embora a população humana total tenha crescido quase três vezes entre os dois períodos, a estrutura da população apresentou tendência a um maior equilíbrio entre os sexos, demonstrando que a organização agrária se desenhou no sentido da constituição de uma sociedade dominada quantitativamente por pequenos e médios produtores familiares.

Por outro lado, o rebanho cresceu em maiores proporções do que a população, assim como o preço médio dos animais das unidades produtoras de gado. A valorização das terras se constitui em fenômeno simultâneo ao do processo de povoamento, imigração interna e do recrudescimento da demanda por víveres. Muito embora a população animal tenha crescido mais do que a humana, os preços médios não se mantiveram em níveis do passado, apresentando uma elevação média significativa de 258%, mesmo quando medido em moeda deflacionada, e este aumento traduz a demanda do mercado interno regional por alimentos e transporte de carga que esta

101 Dora Isabel Paiva da Costa. *Estudo sobre os Registros Paroquiais de Terras dos "Campos de Araraquara", 1855-66*. Relatório de Pesquisa apresentado ao Departamento de Economia da FCL/Unesp, Araraquara, mimeo., fev. 2004.

região, tão esquecida pelos estudos clássicos, propiciou à economia regional e nacional.

A obsessão de autores preocupados com o processo de modernização da estrutura produtiva no Brasil fez com que se preocupassem sobremaneira com o estudo das áreas de agroexportação, as quais eram vistas como o setor que poderia financiar o setor industrial, considerado moderno, deixando o setor interno produtor de alimentos sem o foco da atenção necessária para que pudéssemos entender o papel que os diversos segmentos sociais tiveram na construção da multifaceta e plural nação brasileira. Por sua vez, a região da fronteira sudoeste no Brasil demonstrou que, embora a sociedade colonial e imperial tenha se organizado através de estamentos e estas tenham se apropriado de forma desigual dos recursos naturais da fronteira, o espaço fronteiriço, ainda assim, possibilitou uma margem não só de autonomia, como apontou Alida Metcalf,[102] mas também, ascensão social e econômica através da inserção de segmentos menos favorecidos nos circuitos mercantis, quando as comparamos aos povoamentos mais antigos como os do nordeste do Brasil.[103]

Considerações parciais

Ao escrever seu *The Making of American Community*, o pesquisador Curti buscou testar hipóteses afirmadas por Frederic Turner no seu texto clássico de natureza ensaístico-interpretativa, no qual afirmou sobre a jovialidade do povoamento da fronteira do território de Wisconsin. Curti reafirmou esta assertiva em suas pesquisas empíricas e foi mais além. Demonstrou a diversidade de origem das nacionalidades dos pioneiros que povoaram a fronteira norte-americana. Este resultado não se assemelhou em nada em relação à fronteira paulista, onde o povoamento se fez mediante a procedência de

102 Alida Metcalf. *Family and frontier in Colonial Brazil. Santana do Parnaíba, 1580-1822.* Berkeley: University of California Press, 1992.

103 Ver nosso próximo artigo em andamento intitulado: "Composição e evolução da riqueza: uma análise comparativa entre o sudeste e o nordeste brasileiro, século XIX".

população que vinha de regiões circunvizinhas.[104] Só décadas mais tarde, quando a imigração europeia começa a povoar as fazendas de café, esta, em sua grande maioria, se manteve subordinada aos proprietários rurais na condição de trabalhadores assalariados e colonos. De modo diferenciado, os pioneiros da fronteira norte-americana, em grande medida, se tornavam *farmers*, isto é, fazendeiros que usavam mão de obra livre.

No tocante à procedência de origem, a fronteira norte dos EUA apresentou uma significativa entrada de imigrantes de várias nacionalidades, na sua maioria de origem europeia, enquanto que a fronteira do sul apresentou características mais próximas às do sudeste brasileiro, uma vez que a origem da população migrante tinha procedência das regiões vizinhas, mais próximas da localidade fronteiriça, tanto no caso do sudeste norte-americano quanto no do brasileiro.[105]

Nota-se, no entanto, que a fronteira norte dos EUA apresentou um rodízio de modo significativo de partidas de povoadores, enquanto que para a fronteira sulista norte-americana não encontramos informações para que possamos fazer algum tipo de comparação. A fronteira sudeste brasileira apresentou uma mobilidade significativa no tocante aos posseiros, como afirma a literatura clássica.[106] No entanto, não pudemos apontar uma quantificação para o Brasil, pois, como sabemos, os Registros Paroquiais de Terra se constituíram em documentação de natureza duvidosa, tendo em vista que, muitas vezes, foi resultado de falcatruas realizadas em cartórios por poderosos da elite local, como apontou Pierre Monbeig.[107] Do mesmo modo, não podemos afirmar que a não presença de moradores nas Listas

---

104 Para o povoamento de Campinas, Província de São Paulo, no início do século XIX, veja Paulo Eduardo Teixeira. *Formação de famílias livres em Campinas, 1774-1850*. São Paulo: Editora Unesp, 2011, p. 144-149.

105 *Ibidem*, p. 145-149.

106 José de Souza Martins, MARTINS, José de Souza. "Sociologia da frente pioneira". *Revista Mexicana de Sociologia*, vol. 35, n. 4, out.-dez. 1972, p. 765-772 e na sua obra *Imigração e a crise do Brasil agrário*. São Paulo: Pioneira, 1973.

107 Pierre Monbeig. *Pioneiros e fazendeiros de São Paulo*. 2ª ed. São Paulo: Hucitec, 1998.

Nominativas de um ano para outro tem o significado de partidas de posseiros para outros lugares, uma vez que não podemos ter certeza sobre a completude e a inteireza desta fonte, como são características das norte-americanas.

Quanto à distribuição de riqueza nas áreas de fronteira do norte em relação às de povoamento antigo, observou-se que foi surpreendentemente similar nos mesmos anos investigados, o que levou Curti a concluir que "embora os imigrantes originados de países mais pobres tenham detido uma proporção menor da riqueza, a diferença não é tão grande, e a forma geral de distribuição é a mesma para todos os grupos de diferentes origens de nascimentos". O autor reconhece que os imigrantes não falantes de língua inglesa da fronteira norte possuíam propriedades que tinham um valor médio menor do que dos imigrantes nascidos nos EUA e Inglaterra e que estavam mais vulneráveis à partida e à instabilidade em relação à fixação duradoura nas regiões fronteiriças.

É digno de nota que a densidade populacional, tanto da fronteira norte quanto da fronteira sul, foi bem maior do que a brasileira. Enquanto no ano de 1850 Arkansas, Louisiana, Missouri e Mississipi tiveram populações acima de 210 mil, 518 mil, 682 mil e 607 mil habitantes, perfazendo um índice de 4, 12, 9,9 e 12,9 habitantes por milha quadrada, a província de São Paulo, em 1836, possuía uma população total em torno de 327 mil habitantes, num território que tinha 6.402 milhas,[108] resultando numa densidade de 0,019 habitantes por milha quadrada. Enquanto Arkansas tinha uma densidade de 4,0 habitantes por milha, Louisiana 12, Mississipi 12,9 e Missouri 9,9.[109] Nota-se, no Brasil, uma população extremamente rarefeita, de baixa densidade nas fronteiras da Província de São Paulo, por volta do ano de 1836.[110] Neste sentido, enquanto a região do café no Brasil tinha construído 5.962km de ferrovias até 1890, a do algodão nos EUA ti-

108 Müller, *op. cit.*, p. 10.

109 McNeilly, *op. cit.*, p. 34.

110 Uma légua equivale a 0,33 milha e 6,6km.

nha implantado 23.384km. Na primeira região menos de uma pessoa por quilômetro quadrado se beneficiava com as ferrovias, enquanto no sul dos EUA, 3.384 usufruíam delas.[111]

Cabe ressaltar ainda certas semelhanças. Por exemplo, 79% da população escrava do Arkansas estava localizada em escravarias com até 10 cativos, perfazendo 4.699 unidades.[112] Os 21% restante estavam distribuídos em 1.298 unidades que iam da organização de 11 cativos até 200. Na província de São Paulo, Luna e Klein encontraram a presença de 81% desta população localizada em escravarias que iam até 9 cativos, totalizando 8.830 unidades.[113] Os 19% restantes estavam distribuídos em 2.073 unidades que iam de 10 até 299 cativos. Apesar de haver relativas semelhanças entre a distribuição da posse cativa, não se pode esquecer de apontar fatores como o tamanho menor do território de Arkansas em relação ao de São Paulo, a densidade populacional norte-americana maior e a rarefeita paulista, além de um sistema de rios navegáveis e a malha ferroviária, na primeira, como também uma estrutura produtiva inserida no valorizado mercado mundial de produtos primários exportáveis.

111 Richard Graham. "Slavery and economic development: Brazil and United States south in the nineteenth century". *Comparative Study of Society and History*, Cambridge, 1981, p. 626.

112 McNeilly, *op. cit.*, p. 81 e 91.

113 Luna & Klein, *op. cit.*, p. 162.

Palavras finais

Os processos de povoamento e colonização no Brasil e EUA experimentaram políticas resultantes de conflitos internos e externos. O começo do século XIX foi um período onde as forças do liberalismo político e econômico começavam a se consolidar no planeta, representando para os EUA a criação e experimentação de um novo sistema político, o qual pouco a pouco começava a ser implantado. Contemplou a convivência de uma variedade enorme de nacionalidades, línguas, religiões e culturas, ao mesmo tempo em que seu espaço físico territorial corria o risco de ser fragmentado por nações rivais, tais como a Espanha, o México, a França, a Inglaterra e as aguerridas tribos de nativos americanos. Os conflitos com estes povos eram uma constante e ameaçavam a soberania e as possibilidades de expansão e apropriação das terras a oeste, cobiçadas por particulares e pelo governo recém emancipado. Os dirigentes norte-americanos, sob pressão de grandes empresários ansiosos em transformarem terras em grandes fortunas e capitais, desenvolveram uma política de ocupação e povoamento administrada até certo ponto com sucesso pela União. Grandes empresários capitalistas sabiam do potencial que representava os territórios a oeste, os quais encontravam-se sob ameaça constante de potências rivais; neste sentido, a elaboração da doutrina do Destino Manifesto se colocava na ordem do dia da agenda das forças que configuravam o arranjo político que fundava a nova União.[1] Um conjunto variado de forças políticas coloniais forjou um país com forte espírito nacionalista e identidade, que pouco a pouco alicerçou a expansão territorial às custas de outros povos. Estava criada a identidade americana para Frederick J. Turner a qual nascera da conquista do oeste.[2] A cultura política hegemônica baseada na democracia liberal, em ideais republicanos e na participação política na base do condado, cimentou forças que se fortaleceram pela propaganda do modelo aberto de participação proposto. Os ideais disseminados de liberdade, autonomia e progresso individual eram mais fortes do que as divergências ideológicas, e atraíram milhões de imigrantes ansiosos em usufruí-los, contribuído assim para se tornarem pilares ideológicos da nação, não obstante a existência de inúmeras experiências de insucesso, motivadas pelas contradições geradas pelo próprio sistema, o qual segregava as populações mais pobres.

As formas mais democráticas de governo se concentraram nas áreas de onde a imigração se originou, do nordeste dos EUA e de alguns países europeus, lugares onde estes imigrantes entraram no país com maior capital cultural e financeiro, quando comparamos com a brasileira, e puderam ter contato com formas de atuação mais participativa. Críticos dos estudos da fronteira alegam que Frederick J. Turner analisou o papel desta e a criação da identidade norte-americana a partir de seu estado natal, o Wisconsin e, portanto, sua análise não serviria para outras regiões dos EUA, as quais não teriam tido experiência política semelhante, é o caso de Illinois, segundo o

1 O conceito destino manifesto é muito polêmico e possui várias críticas, dependendo da perspectiva que se tem. Cf. Thomas R. Hietala. *Manifest design: anxious aggrandizement in late Jacksonian America*. Ithaca: Cornell University Press, 1985; Frank Lawrence Owsley Jr. & Gene A. Smith. *Filibusters and expansionists: Jeffersonian manifest destiny, 1800-1821*. Tuscaloosa: University of Alabama Press, 1997; Pierre Lagayette (dir.). *La 'Destinée Manifeste' des Etats-Unis au XIXe siècle: aspects politiques et idéologiques*. Paris: Ellipse Édition, 1999.

2 Veja esta perspectiva em Owsley Jr. & Smith, *op. cit.*, p. 1-2.

estudo de John M. Faragher. Neste, a grande maioria, 3/4 dos povoadores da região de Sugar Creek, abandonou as terras. O rodízio ou a não permanência era um sintoma de falta de ajustamento ao modelo de povoamento. Muitos não conseguiram pagar suas dívidas com o governo, outros não tiveram acesso às terras cultiváveis e outros estavam distantes dos mercados compradores. Ainda para corroborar tais informações, segundo relatos de viajantes e observadores coevos, as populações pobres não entravam na contagem dos censos oficiais. A rusticidade e as condições adversas de moradia e sobrevivência levaram muitos pioneiros às doenças reumáticas decorrentes de grandes exposições ao frio intenso na lida com o campo.

A experiência de autogoverno foi bem sucedida em várias regiões da fronteira noroeste, resultado da presença de imigrantes que reivindicavam um modelo político mais aberto, da construção de um sistema público de escolas laicas que dava acesso às informações importantes para seu cotidiano profissional. O governo fazia sua parte e orientava a população de modo a criar núcleos de convergência de opinião e ação. Ao defender a liberdade de ideias criou um ambiente propício à implantação daquilo que era importante ao modelo republicano, o debate aberto, a participação política e a educação pública de massas. Ajudou a disseminar novos conceitos de prática e aperfeiçoamento profissionais. Estimulou a liberdade de imprensa, ajudando a divulgar e introduzir nos lares novas ideias políticas e culturais. As ações doutrinárias das igrejas também colaboraram, discutindo problemas da vida cotidiana destes pioneiros através de abordagens e métodos que colocavam a pessoa comum no centro do debate da prática teológica. O povo aprendeu a debater, a colocar suas ideias em público, a exercitar a audição de ideias alheias, a debater e propor ações comuns de interesse da maioria.

Uma vertente histográfica dá destaque especial ao enfoque institucional no qual a legislação e a política de imigração teriam importantes papéis na frutificação do mito turneriano. Para esta, a existência de grandes extensões de terras “livres” aparecia no imaginário brasileiro com um sinal negativo e como um "peso" que as regiões produtivas do litoral precisavam carregar, além do desprezo das elites brasileiras pelos mestiços, índios, negros, caboclos e matutos, os quais – diga-se de passagem – também foram desprezados pela cultura branca, protestante e anglo-saxônica. Na visão dos governantes norte-americanos a imigração deveria ser pensada no sentido de formar uma nação, no Brasil, nossos governantes pensavam-na como uma política de mão de obra a ser submetida aos grandes proprietários de terras.[3]

O sucesso da frutificação do mito turneriano, a meu ver, também deve ser buscado, sobretudo, na matriz ideológica que deu consistência objetiva e prática aos ideais republicanos e seus princípios, tais como liberdade de expressão, participação política e a importância dada à instrução pública através de um sistema de escolas e universidades financiadas pelo governo. Estas ideias estavam impregnadas nos corações e mentes dos dirigentes norte-americanos. Eles acreditavam nestes sonhos e na possibilidade de concretizá-los. Já o mesmo não pode ser dito da elite dirigente brasileira do século XIX.

No Brasil, o modelo de colonização organizado pelo Estado português e financiado pela associação de capitais privados, submetidos ao conceito mercantilista de política econômica, tinha nos mercados localizados no centro metropolitano o principal destino de sua ação,[4] a despeito da criação de interesses endógenos relativamente autônomos que, pouco a pouco, foram se consolidando.[5] Estes últimos

3 Lígia Osório Silva. *Fronteiras e outros mitos.* Tese (livre-docência) – IE/Unicamp, Campinas, 2001, p. 162-163.

4 Cf. o clássico de Fernando Novais. *Portugal e Brasil na crise do Antigo Sistema Colonial (1777-1808).* 2ª ed. São Paulo: Hucitec, 1983; e Antonio Carlos Robert de Moraes. *Território e História no Brasil.* 2ª ed. São Paulo: Annablume, 2005, p. 63-73.

5 Cf. o clássico de Maria Odila Leite da Silva Dias. "A interiorização da metrópole". In: *A interiorização da metrópole e outros estudos.* São Paulo: Alameda, 2005; João Luís Ribeiro Fragoso. *Homens de grossa aventura: acumulação e hierarquia na praça mercantil do Rio de Janeiro (1790-1830).* Rio de Janeiro: Arquivo Nacional, 1992; João Fragoso e Manolo Florentino. *O arcaísmo como projeto: mercado atlântico, sociedade agrária e elite mercantil em uma economia colonial tardia – Rio de Janeiro, c. 1790 – c.1840.* Rio de Janeiro: Civilização Brasileira, 2001.

se manifestaram nas contradições existentes no cotidiano das ações dos governos locais, criando espaços de autonomia que, não obstante conflituosos, desaguavam no horizonte dos interesses dos grupos poderosos, comprometidos com a Coroa.[6] Muitas vezes, este espaço de autonomia foi ocupado por interesses de grupos e de corporações locais que colidiam com os da metrópole. Os conflitos eram lançados aos interstícios do poder, não encontravam espaço para agir com publicidade e transparência, pois seria necessário um caldo cultural republicano que desse sustentação à abertura democrática ao debate público. Isto estava fora de cogitação. Ao contrário, o caldo cultural era senhorial, valorizava as soluções vindas de "iluminados", da hierarquia fundamentada na limpeza de sangue e nas relações sociais formadas por pessoas que circulavam nas elites. Não havia estímulo nem a prática do debate e da participação de cidadãos nas soluções de seus problemas cotidianos.

No equacionamento do problema da mão de obra, o Estado brasileiro imperial se estruturou através do fortalecimento da organização burocrática, criando um Estado forte, mais centralizado que o do passado colonial, buscando viabilizar reformas liberais às quais levaram ao poder oligarquias que lá permaneceram até os anos de 1930, através de um arranjo político que fortaleceu os grandes proprietários exportadores. Este grupo deu continuidade à política clientelística e ao voto de cabresto através dos quais postergou – deliberadamente – a integração de grupos sociais marginalizados do acesso à educação básica pública, laica e de qualidade.

O eleitorado pouco podia fazer no sentido da fiscalização de seu voto e da cobrança das promessas feitas em campanha pela classe política, pois a cooptação e o aliciamento se dava desde as altas esferas do poder até às classes médias que faziam parte da máquina burocrática. Os instrumentos institucionais dificultavam o acesso do

6 Cf. Avanete Pereira Souza. "Poder local e autonomia camarária no Antigo Regime: o Senado da Câmara da Bahia (século XVIII)". In: Maria Fernanda Bicalho; Vera Lúcia Amaral Ferlini (orgs.). *Modos de governar: idéias e práticas políticas no Império Português, séculos XVI a XIX*. São Paulo: Alameda, 2005, p. 311-325.

cidadão comum e de entidades civis à posição de cobrança e fiscalização de seu próprio governo.

Se as vorazes forças do mercado encontraram nos EUA freios advindos da ideologia republicana através da democracia participativa e do associativismo, no Brasil, as oligarquias herdeiras de práticas e valores senhoriais, segregaram o povo, pois não acreditavam na sua participação política e na possibilidade de que ele pudesse escolher seus próprios caminhos. O reconhecimento oficial e público da necessidade de implementar o adensamento da cidadania do tipo participativa só veio muito tarde, no final do século XX, com a promulgação da constituição "cidadã" de 1988.[7]

No campo das ideias e das práticas religiosas os EUA experimentaram, através da liberdade de credo, da grande diversidade de seitas e facções religiosas, a disputa acirrada de ideias e fiéis; promoveram intenso debate sobre temas centrais relativos à cultura religiosa, os quais transbordaram para a cultura política, criando, a meu ver, um grande espaço cotidiano de circularidade de novas ideias e de debate público entre os vários segmentos da população. Temas inovadores eram constantemente debatidos de forma mais aberta, tais como o do livre-arbítrio, da predestinação, da interpretação da "verdade religiosa", da separação da Igreja do Estado, da formação livre de lideranças pastorais, da importância da leitura e interpretação dos evangelhos, da participação de ministros leigos, da ênfase na igualdade espiritual, da estrutura democrática e do distanciamento da hierarquia rígida da Igreja Católica e Anglicana. Todos estes assuntos interagiam no cotidiano dos imigrantes que buscavam novos modelos de vida, transpareciam nos debates que ocorriam nas igrejas, nas famílias, nos jornais, nas escolas e na grande política.

A existência de congregações religiosas mais abertas estimulou milhões de imigrantes em busca de apoio e solidariedade presentes

---

7 Cf. Tânia Regina de Luca. "Direitos sociais no Brasil". In: Jaime Pinsky & Carla Bassanezzi Pinsky (orgs.). *História da cidadania no Brasil*. São Paulo: Contexto, 2005, p. 469-493.

na ação destas igrejas. Muitos encontravam-se perdidos e aflitos com a intensa concorrência que se estabelecia entre os indivíduos e com a busca acirrada pelo progresso material; sentiam-se desterritorializados, distantes das relações de parentesco e solidariedade nas quais estiveram inseridos nas aldeias e comunidades europeias e africanas antes da imigração. Estes imigrantes sentiam-se predispostos a ouvir o que os pastores tinham a lhes falar sobre suas angústias cotidianas, compartilhadas por muitos que viviam em situação semelhante. Os movimentos de revivamento da fé trouxeram aos espíritos aflitos a possibilidade de vivenciarem a circularidade de ideias provenientes de movimentos ligados ao Iluminismo e às reformas políticas e religiosas, as quais transformaram o homem comum norte-americano num fervoroso cidadão, religioso, nacionalista e patriota.

Enquanto isso na América portuguesa as ideias iluministas adentraram e se fixaram nas altas esferas hierárquicas da igreja católica, da administração pública e da elite estudantil que cursava faculdades de Direito. Não havia movimentos sociais significativos que disseminassem novas ideias no âmbito da população majoritariamente analfabeta. A cultura popular católica se nutria por visões místicas do chamado catolicismo tradicional, não estimulava os fiéis ao aprendizado das letras, da língua, da leitura de seus livros sagrados, nem à instrução nem alfabetização, que, quando existiam, eram dirigidas às elites. Para se ter uma ideia, até meados do século XX as missas ainda eram rezadas em latim no Brasil e o povo ficava alheio aos fundamentos da teologia católica, assistindo ao ritual pomposo da liturgia da missa que passava ao largo das necessidades do povo simples. A circularidade de ideias iluministas e reformistas se cristalizava em guetos da hierarquia burocrática civil, militar, eclesiástica e profissional, e quando chegava à recepção e audiência popular era manipulada pelas elites ansiosas em permanecerem no poder.

A grande massa dos católicos era analfabeta e praticava com certa irreverência outras seitas religiosas tais como a umbanda, o candomblé, o judaísmo camuflado, os quais eram reiteradamente reprimidos pelos tribunais eclesiásticos durante o período colonial e pela polícia, a partir do século XIX. O catolicismo tradicional de características familiar, social e popular estimulava a permanência de elementos místicos e festivos que vinham da tradição lusitana medieval e, por outro lado, interagia com muita flexibilidade aos costumes locais, através de práticas sociais como a do concubinato, da grande presença de filhos fora do casamento e de padres com proles e concubinas.[8]

A meu ver, a família das classes populares foi o segmento mais penalizado em todo o processo de povoamento e colonização, pois tinha muita dificuldade para se manter reunida, em estado de convivência estável. Pouca autonomia possuía, sem alfabetização, sem acesso à informação, à escolaridade pública restava-lhe viver em situações de grande instabilidade familiar, com a prole que muito cedo se tornava "arrimo de família" ou indigente.

Numa sociedade onde imperava o analfabetismo, o clientelismo, o voto de cabresto, entrar para o mercado de trabalho ainda na infância, a partir dos sete anos, era a situação mais comum para os filhos das famílias de poucos recursos. Os garotos iam para o campo auxiliar na lida agrícola ou, nas cidades, ajudar aos oficiais de sapateiros, ferreiros, marceneiros, carpinteiros e outros; as meninas ajudavam na cozinha, na limpeza das casas das famílias de maiores recursos ou na criação da prole senhorial. Esta situação perdurou até o século XX e, nos dias atuais, ainda se assiste a presença de crianças vagando nas ruas, longe das escolas, ora drogadas, ora manipuladas por adultos inescrupulosos, sob o olhar omisso do governo e conivente da população.

A maior dívida que o povoamento e a colonização trouxeram para a sociedade brasileira foi a ausência da estabilidade familiar da população pobre, fruto do descaso, da banalização, do modo como a elite e a sociedade encararam seu papel na formação da nação brasileira.

8 José Luiz de Castro. *Transgressão, controle social e Igreja no Brasil colonial, Goiás, século XVIII*. Goiânia: Editora da PUC-Goiás, 2011.

Referências

FONTES

Manuscritas

Arquivos dos Cartórios de Primeiro e Segundo Ofícios da Comarca de Araraquara: *Inventários "post-mortem"*.

Arquivo do Estado de São Paulo: *Listas Nominativas de Araraquara*, anos 1824 e 1850.

Arquivo do Estado de São Paulo: *Registros Paroquiais de Terras de Araraquara*, 1850-1866.

Publicadas

BASSANEZZI, Maria S. Beozzo. *São Paulo do passado: dados demográficos – Censo de 1872*. Campinas: NEPO/Unicamp, 1998, mimeo.

MÜLLER, Daniel Pedro. *Ensaio d'um quadro estatístico da Província de São Paulo*. São Paulo: Governo do Estado de São Paulo, 1978.

VASCONCELOS, Vasco Smith. *História da Província Eclesiástica de São Paulo*. São Paulo: Saraiva, 1957.

REFERÊNCIAS BIBLIOGRÁFICAS

ABRAMOVAY, Ricardo. *Paradigmas do capitalismo agrário em questão*. 2ª ed. São Paulo: Hucitec, 1998.

AMADO, Janaína. "Frontier in Comparative Perspective: The United States and Brazil". *Working Papers*, n. 188, Latin American Program, Smithsonian Institution, Washington D.C., 1990.

______. "Construindo mitos; a conquista do oeste no Brasil e nos Estados Unidos". In: PIMENTEL, Sidney Valadares; AMADO, Janaína (org.). *Passando dos limites*. Goiânia: Editora UFG, 1995.

______. "Região, sertão e nação". *Estudos Históricos*, Rio de Janeiro, vol. 8, n. 15, p. 145-152, 1995.

ANDERSON, M. J. *The american census: a social history*. New Haven: Yale University Press, 1988.

ANDERSON, Perry. *Linhagens do Estado Absolutista*. Porto: Afrontamento, 1984.

ARAÚJO, Emanuel. *Teatro dos vícios*. Rio de Janeiro: José Olympio, 1997.

ÁVILA, Arthur de Lima. *Território contestado: a reescrita da história do oeste norte-americano c. 1985-1995*. Tese (doutorado) – UFRGS, Porto Alegre, 2010.

AZZI, Riolando. *O catolicismo popular no Brasil*. Petrópolis: Vozes, 1978.

______. *A cristandade colonial: um projeto autoritário*. São Paulo: Paulinas, 1987.

BACELLAR, Carlos. *Os senhores da terra*. Campinas: CMU/Unicamp, 1997.

______. "Fontes documentais. Uso e o mau uso dos arquivos". In: PINSKY, Carla Bassanezzi *et al* (orgs.). *Fontes Históricas.* São Paulo: Contexto, 2005.

BAPTIST, Edward E. *Creating an old south: Middle Florida's plantation frontier before the civil war.* Chapell Hill/Londres: University of North Carolina Press, 2002.

BARLETT, Richard A. *The new country: a social history of american frontier, 1776-1890.* Nova York: Oxford University Press, 1974.

BARRINGTON MOORE, Jr. *As origens sociais da ditadura e da democracia.* Lisboa: Cosmos, 1967.

BASTIDE, Roger. *As religiões africanas no Brasil: contribuição a uma sociologia das interpenetrações de civilizações.* Trad. Maria Eloisa Capellato, Olívia Krähenbühl. São Paulo: Edusp, 1971.

______. *Estudos afro-brasileiros.* São Paulo: Perspectiva, 1973.

BELLOTO, Heloísa. *Autoridade e conflito no Brasil colonial: o governo de Morgado de Mateus em São Paulo (1765-1775).* São Paulo: Secretaria Estadual de Cultura/Ciências Humanas, 1978.

BEOZZO, José Oscar (org.). *História da igreja no Brasil.* Petrópolis: Vozes, 1980.

BERLIN, Ira. *Many thousands gone: the first two centuries of slavery in North America.* Cambridge, Mass.: Harvard University Press, 1998.

BETHELL, Leslie (org.). *América Latina colonial.* Vols. I e II. São Paulo: Edusp, 2004.

BILLINGTON, Ray A. "Frontiers. IN: WOODWARD, C. Vann (ed.) *The comparative approach to american history.* Nova York/Londres: Basic Book, 1968, p. 75-90.

BOLTON, Herbert Eugene. *The spanish borderlands: a chronicle of Old Florida and the Southwest*. New Haven: Yale University Press, 1920.

BOLTON, S. Charles. *Arkansas, 1800-1860: remote and restless*. Fayetteville: The University of Arkansas Press, 1998.

BOSCHI, Caio. *Os leigos e o poder: irmandades leigas e política colonizadora em Minas Gerais*. São Paulo: Ática, 1986.

BOXER, Charles R. *A igreja e a expansão ibérica*. Lisboa: Edições 70, 1981.

BRAUDEL, Fernand. *Gramática das civilizações*. São Paulo: Martins Fontes, 1989.

BRETTELL, C. B. "Emigration and Household Structure in a Portuguese Parish, 1850-1920". *Journal of Family History*, vol. 13, nº 1, 1990, p. 33-57.

CAMPOS, Maria Verônica. "Goiás na década de 1730: pioneiros, elites locais, motins e fronteira". In: BICALHO, Maria Fernanda & FERLINI, Vera Lúcia do Amaral (orgs.). *Modos de governar: idéias e práticas políticas no Império Português, séculos XVI a XIX*. São Paulo: Alameda, 2005.

CARRATO, José Ferreira. *Igreja, Iluminismo e escolas mineiras coloniais*. São Paulo: Nacional, 1968.

CARROLL, Mark M. *Homesteads ungovernable: families, sex, race and the law in frontier Texas, 1823-1860*. Austin, Texas: University of Texas Press, 2001.

CARUSO, John A. *The appalachian frontier: america's first surge westward*. Indianapolis: The Bobbs-Merril Company, 1959.

CARVALHO, Fábio Pereira de. "E tomarão lugar à mesa do reino de Deus: Eugene D. Genovese e o evangelho nas senzalas". *Revista Outros Tempos*, vol. 8, n. 12, dez. 2011, p. 189-204.

CARVALHO, José Murilo de. *A construção da ordem e o teatro das sombras*. 2ª ed. Rio de Janeiro: Editora UFRJ/Relume-Dumará, 1996.

______. "Mandonismo, coronelismo e clientelismo: uma discussão conceitual". *Dados*, vol. 40, n. 2, 1997.

______. *Os bestializados: o Rio de Janeiro e a República que não foi*. 3ª ed. São Paulo: Companhia das Letras, 1998.

CASHIN, Joan E. *A family venture: men and women on the southern frontier*. Nova York/Oxford: Oxford University Press, 1991.

CASTRO, José Luis de. *A organização da igreja na Capitania de Goiás, 1726-1824*. Goiânia: Editora da UCG, 2006.

______. *Transgressão, controle social e igreja católica no Brasil colonial: Goiás, século XVIII*. Goiânia: Editora da PUC-Goiás, 2011.

CHAYANOV, Alexander V. *La Organización de la unidad econômica Campesina*. Buenos Aires: Ediciones Nueva Visión, 1974;

CLEMENT, Richard W. *Books on the frontier: print culture in the American West, 1763-1875*. Washington D.C.: Library of Congress; Hanover: N.H., 2003.

CLINTON, Catherine. *The plantation mistress: women's world in the Old South*. Nova York: Pantheon, 1982.

COARACY, Vivaldo. *Memórias da cidade do Rio de Janeiro*. Rio de Janeiro: José Olympio, 1955.

CORNELL, L. L. "Hajnal and the household in Asia: a comparativist history of the family in preindustrial Japan, 1600-1870". *Journal of Family History*, vol. 12, nºs 1-3, 1990, p. 143-162.

____________. Household studies: a review essay. *Historical Methods*. vol. 19, nº 3, 1986, p. 129-134.

____________. Where can family strategies exist? *Historical Methods*. vol. 20, nº 3, 1987, p. 120 -123.

CORRÊA, Anna Maria Martinez. *História social de Araraquara*. Dissertação (mestrado) – FFLCH/USP, São Paulo, 1967.

CORREA, Marisa. "Repensando a família patriarcal brasileira". In: ARANTES, Antonio Augusto *et al* (orgs.). *Colcha de retalhos: estudos sobre a família no Brasil*. 3ª ed. Campinas: Editora da Unicamp, 1994.

COSTA, Dora Isabel Paiva da. *Herança e ciclo de vida: um estudo sobre família e população em Campinas, São Paulo, 1765-1850*. Tese (doutorado em História) – UFF, Niterói, 1997.

______. "Arranjos domésticos e formação de *plantations*". *População e Família*, São Paulo/CEDHAL/USP, vol. 3, 2000, p. 129-155.

______. "As mulheres chefes de domicílios e a formação de famílias monoparentais: Brasil, século XIX". *Revista Brasileira de Estudos de População*, Campinas – ABEP/NEPO, vol. 17, n. 12, jan/dez. 2000.

______. "Formação de famílias proprietárias e redistribuição de riqueza em área de fronteira: Campinas, São Paulo, 1795-1850". *História Econômica & História de Empresas*, Belo Horizonte, vol. VII, n. 2, 2004.

______. *Vestígios da história: estudo sobre os Registros Paroquiais de Terras dos Campos de Araraquara, 1855-1866*. Relatório de Pesquisa apresentado ao Departamento de Economia, FCL/Unesp, Araraquara, 2004.

______. "Revisitando a sucessão matrilinear: povoamento colonial, elite agrária e família na primeira metade do século XIX. Campinas, São Paulo". *Estudos de História*, Franca/Unesp, vol. 12, n. 2, 2005.

______. "Fronteira, mercado interno e crescimento da riqueza no Brasil, século XIX". *Anuario IEHS,* Buenos Aires, n. 23, mar. 2008.

______. "Fronteiras nas Américas: tamanho e composição dos domicílios no Oeste do Brasil e EUA na primeira metade do século XIX".

Revista de História Comparada, Rio de Janeiro – UFRJ, vol. 5, n. 1, 2011, p. 42-65.

COSTA, Emília Viotti da. "A política de terras no Brasil e Estados Unidos". In: *Da Monarquia à República.* 2ª ed. São Paulo: Ciências Humanas, 1979.

______. "Introdução ao estudo da emancipação política do Brasil". In: *Da Monarquia à República.* 2ª ed. São Paulo: Ciências Humanas, 1979.

COSTA, Iraci del Nero da. *Vila Rica: população (1719-1826).* São Paulo: IPE/USP, 1979.

COSTA, Wilma Peres. "Anotações para uma reflexão sobre os relatos de viagem e a questão da identidade nacional no Brasil". *Anais do XIX Encontro Regional de História: Poder, Violência e Exclusão.* São Paulo, ANPUH/USP, 8 a 12 de setembro de 2008. CD-ROM.

CUNHA, Euclides da. *Os sertões.* Rio de Janeiro, 1923.

CURTI, Merle. *The making of America community: a case study of democracy in a frontier county.* Stanford: Stanford University Press, 1959.

DAL LAGO, Enrico. "Patriarcalismo e paternalismo no sul dos EUA antebellum e no Mezzogiorno italiano oitocentista: Uma comparação entre proprietários de escravos e terratenentes". *Revista de História*, São Paulo – FFLCH/USP, n. 156, 2007, p. 193-225.

DAVIS, James E. *Frontier in America – 1800-1840: a comparative demographic analysis of the frontier process.* Glendale, CA: The Arthur H. Clark Company, 1977.

DEAN, Warren. "Latifundia and Land Policy". *Hispanic American Historical Review*, vol. 51, n. 4, set. 1974, p. 606-626.

DIAS, Maria Odila L. da Silva. *A interiorização da metrópole e outros estudos.* São Paulo: Alameda, 2005.

______. "Aspectos da Ilustração no Brasil". In: *A interiorização da metrópole e outros estudos.* São Paulo: Alameda, 2005.

DIAS, Renato da Silva. "Na África nasci, no Brasil me criei: a evangelização dos escravos nas minas do ouro". In: IVO, Isnara Pereira & PAIVA, Eduardo França (orgs.). *Escravidão, mestiçagens e histórias comparadas.* São Paulo: Annablume, 2008.

DOMINGUES NETO, Hilário. *Navegando o Mogi-Guaçu: a agroexportação cafeeira no oeste paulista e a formação de um mercado interno regional (1883-1903).* São Paulo: Editora Unesp, 2009.

EISENBERG, Peter L. *Modernização sem mudança: a indústria açucareira em Pernambuco, 1840-1910.* Trad. João Maio. Rio de Janeiro/Campinas: Paz e Terra/Unicamp, 1977.

______. "O surto do açúcar e o tamanho do fogo: Campinas, São Paulo, 1767-1829". In: *Homens esquecidos: escravos e trabalhadores livres no Brasil – séculos XVIII e XIX.* Campinas: Editora da Unicamp, 1989, p. 323-325.

FALCON, Francisco. *A época pombalina: política econômica e monarquia ilustrada.* São Paulo: Ática, 1982 (Série Ensaios, n. 83).

FAORO, Raimundo. *Os donos do poder: formação do patronato político brasileiro.* 6ª ed. Porto Alegre: Globo, 1984.

FARAGHER, John Mack. *Sugar Creek. Life on the Illinois Prairie.* New Haven: Yale University Press, 1986.

FARIA, Sheila de C. *A Colônia em movimento: fortuna e família no cotidiano colonial.* Rio de Janeiro: Nova Fronteira, 1998.

FAUSTO, Boris. *História do Brasil.* São Paulo: Edusp, 2007.

FERLINI, Vera Lúcia Amaral. "A questão agrária no pensamento reformista luso-brasileiro do século XVIII: estrutura fundiária, legislação territorial e proposta de mudanças". In: BICALHO, Maria

Fernanda & FERLINI, Vera Lúcia do Amaral (orgs.). *Modos de governar: idéias e práticas políticas no Império Português, séculos XVI a XIX.* São Paulo: Alameda, 2005.

FERNANDES, Edson. *Fronteira e população: um estudo sobre a formação de famílias no povoamento da região sudoeste de São Paulo, século XIX.* Tese (doutorado) – FHDSS/Unesp, Franca, 2008.

______. *Obstáculos à burocratização de uma vila no sertão paulista, século XIX.* Mimeo. Inédito.

______. *Escolas, alunos e professores no sertão paulista, século XIX.* Mimeo. Inédito.

FERRO, Marc. *História das colonizações: das conquistas às independências, séculos XIII a XX.* São Paulo: Companhia das Letras, 1999.

FIGUEIREDO, Luciano. "Mulheres nas Minas Gerais". In: DEL PRIORE, Mary (org.). *História das mulheres no Brasil.* São Paulo: Contexto, 1997.

FINGER, John R. *Tennessee frontiers: three regions in transition.* Bloomington: Indiana University Press, 2001.

FLANDERS, Ralph. *Plantation slavery in Georgia.* Chapell Hill: University of North Carolina Press, 1933.

FLINT, Timothy. *The history and geography of the Mississippi Valley.* Cincinnati: E. H. Flint & L. R. Lincoln, 1832.

FLORENTINO, Manolo & GOÉS, José Roberto. *A paz das senzalas: famílias escravas e tráfico atlântico, Rio de Janeiro, c. 1790-c. 1850.* Rio de Janeiro: Civilização Brasileira, 1997.

FLORENTINO, Manolo & FRAGOSO, João Luís Ribeiro. *O arcaísmo como projeto: mercado atlântico, sociedade agrária e elite mercantil em uma economia colonial tardia – Rio de Janeiro, c. 1790 – c.1840.* Rio de Janeiro: Civilização Brasileira, 2001.

FORGATY, John. "The comparative method and the nineteenth century regions of recent settlement". *Historical Studies*, n. 19, 1981.

FRAGOSO, João Luís Ribeiro. "A economia brasileira no século XIX: mais do que uma *plantation* escravista-exportadora". In: LINHARES, Maria Yedda (org.). *História Geral do Brasil*. Rio de Janeiro: Campus, 1990.

______. *Homens de grossa aventura: acumulação e hierarquia na praça mercantil do Rio de Janeiro (1790-1830)*. Rio de Janeiro: Arquivo Nacional, 1992.

FRAGOSO, João L. Ribeiro; BICALHO, Maria Fernanda; GOUVÊA, Maria de Fátima (orgs.). *O Antigo Regime nos trópicos: a dinâmica imperial portuguesa (séculos xvi-xviii)*. Rio de Janeiro: Civilização Brasileira, 2001.

FRANCO, Gustavo. "A primeira década republicana". In: ABREU, Marcelo Paiva (org.). *A ordem do progresso: cem anos de política econômica republicana (1889-1989)*. Rio de Janeiro: Campus, 1990.

FRAZIER, Donald & PACE, Robert. *Frontier Texas: history of a boarderland to 1880*. Abilene, Texas: State House Press, 2004.

FRAZIER, Franklin. *The negro family in Chicago*. Chicago: The University of Chicago Press, 1966.

FREYRE, Gilberto. *Casa-Grande & Senzala*. 6ª ed. Rio de Janeiro: José Olympio, 1946.

FURTADO, Celso. *Formação econômica do Brasil*. 15ª ed. São Paulo: Companhia Editora Nacional, 1977.

GAUER, Ruth Maria Chimó. "Fundamenta-se um moderno pensamento jurídico brasileiro". In: CANCELLI, Elizabeth (org.). *Histórias de violências, crime e lei no Brasil*. Brasília: Editora UnB, 2004.

GEBARA, Ademir. *O mercado de trabalho livre no Brasil*. São Paulo: Brasiliense, 1986.

GENOVESE, Eugene D. *A Terra Prometida*. São Paulo: Paz e Terra, 1988.

GHIRARDELLO, Nilson. *A formação dos patrimônios religiosos no processo de expansão urbana paulista, 1850-1900*. São Paulo: Editora Unesp, 2010.

GIUCCI, Guillermo; DAVID, Maurício Dias (org.). *Brasil – EUA: antigas e novas perspectivas sobre sociedade e cultura*. Rio de Janeiro: Leviatã, 1994.

GODOY, Joaquim Floriano. *A Província de São Paulo*. São Paulo: Fundap/Imprensa Oficial, 2007.

GONÇALVES, Regina Célia. *Guerras e açúcares: política e economia na Capitania da Parayba, 1585-1630*. Bauru: Edusc, 2007

GRAHAM, Richard. *Clientelismo e política no Brasil do século XIX*. Rio de Janeiro: Editora UFRJ, 1997.

______. "Slavery and economic development: Brazil and United States south in the nineteenth century". *Comparative Study of Society and History*, Cambridge, 1981.

GRAY, Lewis C. *History of Agriculture in the Southern United States to 1860*. Gloucester, Mass.: Peter Smith, 1958.

GUEDES, Roberto. *Egressos do cativeiro: trabalho, família, aliança e mobilidade social. Porto Feliz, São Paulo, c. 1798 – c.1850*. Rio de Janeiro: Mauad X, 2008.

GUEDES, Sebastião Neto Ribeiro. "Análise comparativa do processo de transferência de terras públicas para o domínio privado no Brasil e EUA: uma abordagem institucionalista". *Revista de Economia*, vol. 32, n. 1, ano 30, 2006, p. 7-36.

GUIMARÃES, Alberto Passos. *Quatro séculos de latifúndio.* 5ª ed. Rio de Janeiro: Paz Terra, 1981.

HAREVEN, T. "The history of the family and the complexity of social change". *American Historical Review*, vol. 96, nº 1, 1991, p. 95-124.

HENRETTA, James A.; BRODY, David; DUMENIL, Lynn. *America: a concise history.* 2ª ed. Vols. 1-2. Boston/Nova York: Bedford/St. Martin's, 2002.

HERSKOVITS, Melville. *The mith of the negro past.* Boston: Beacon Press, 1958.

HESPANHA, António Manuel. "A constituição do Império português. Revisão de alguns enviesamentos correntes". In: FRAGOSO, João; BICALHO, Maria Fernanda; GOUVÊA, Maria de Fátima (orgs.). *O Antigo Regime nos trópicos: a dinâmica imperial portuguesa, séculos XVI-XVIII.* Rio de Janeiro: Civilização Brasileira, 2001.

_______. "Governo, elite e competência social: sugestões para um entendimento renovado da história das elites". In: BICALHO, Maria Fernanda & FERLINI, Vera Lúcia do Amaral (orgs.) *Modos de Governar: idéias e práticas políticas no Império Português, séculos XVI a XIX.* São Paulo: Alameda, 2005.

HIETALA, Thomas R. *Manifest Design: anxious aggrandizement in late Jacksonian America.* Ithaca: Cornell University Press, 1985.

HINE, Robert V. & FARAGHER, John M. *The american west: a new interpretative history.* New Haven & Londres: Yale University Press, 2000.

HOBSBAWM, Eric. *A era do capital.* Rio de Janeiro: Paz e Terra, 1977.

HOLANDA, Sérgio Buarque de. "Introdução". In: *Obras Econômicas de Joaquim José de Azeredo Coutinho (1794-1804).* São Paulo: Companhia Editora Nacional, 1966.

_____. "Movimentos da população em São Paulo no século XVIII". *Revista do IEB*, n. 1, 1966, p. 55-111.

_____. *Caminhos e Fronteiras*. 2ª ed. Rio de Janeiro: José Olympio, 1975.

_____. *Monções*. 2ª ed. São Paulo: Alfa-Ômega, 1976.

_____. *Raízes do Brasil*. 15ª ed. Rio de Janeiro: José Olympio, 1982.

_____. *O extremo oeste*. São Paulo: Brasiliense, 1986.

_____. "A herança colonial, sua desagregação". In: HOLANDA, Sérgio Buarque (org.). *História Geral da Civilização Brasileira*. 5ª ed., t. II, vol. 1. São Paulo: Difel, 1982.

_____ "São Paulo". In: *História da Civilização Brasileira*. T. II, vol. 2: *Brasil Monárquico. Dispersão e Unidade*. São Paulo: Difel, 1982.

HOORNAERT, Eduardo. "A Igreja Católica do Brasil Colonial". In: BETHELL, Leslie (org.). *América Latina Colonial*. São Paulo: Edusp/ Imprensa Oficial, 1997.

JOY, Mark S. *American Expansionism, 1783-1860*. Londres/Nova York: Pearson Longman, 2003.

KARNAL, Leandro. *História dos Estados Unidos*. São Paulo: Contexto, 2007.

KERTZER, David & BRETTELL, Caroline. "Advances in Italian and Iberian Family History". *Journal of Family History*, vol. 12, ns. 1-3, 1987, p. 87-120.

KLEIN, Herbert S. *The population history of the United States*. Cambridge, UK: Cambridge University Press, 2004.

KUZNESOFF, Elizabeth A. "A família na sociedade brasileira: parentesco, clientelismo e estrutura social (São Paulo, 1700-1980)". *Revista Brasileira de História*, São Paulo, 9 (17), 1989, p. 37-63.

LACOMBE, Américo J. "A Igreja no Brasil Colonial". In: HOLANDA, Sérgio Buarque de (org.). *História Geral da Civilização Brasileira*. T. I, vol. 2: *Administração, Economia e Sociedade*. São Paulo: Difel, 1977.

LAGAYETTE, Pierre (dir.). *La 'Destinée Manifeste' des Etats-Unis au XIXe siècle: aspects politiques et idéologiques*. Paris: Ellipse Édition, 1999.

LANNA, Anna Lúcia Duarte. *A transformação do trabalho*. Campinas: Editora da Unicamp, 1988.

LASLETT, Peter. "Família e domicílio como grupo de trabalho e grupo de parentesco: comparações entre áreas da Europa Ocidental". In: MARCÍLIO, Maria Luiza (org.). *População e sociedade*. Petrópolis: Vozes, 1984.

LEAL, Vitor Nunes. *Coronelismo, enxada e voto*. 4ª ed. São Paulo: Alfa-Ômega, 1978.

LEEF, Nathaniel. *Economic structure and change, 1822-1947*. Londres: George Allen & Unwin Publishers, 1982.

LEONZO, Nancy. *As Companhias de Ordenanças na Capitania de São Paulo: das origens ao governo de Morgado de Mateus*. São Paulo: Coleção do Museu Paulista, 1977.

LEVI, Darrel. *A família Prado*. São Paulo: Cultura, 1977

LEWIN, Linda. *Política e parentela na Paraíba: um estudo de caso de oligarquia de base familiar*. Rio de Janeiro: Record, 1993

LIBBY, Douglas Cole. "Repensando o conceito do paternalismo escravista nas Américas". In: PAIVA, Eduardo França & IVO, Isnara Pereira (orgs.). *Escravidão, mestiçagem e histórias comparadas*. São Paulo: Annablume, 2008, p. 27-39.

LIMA, Nísia Trindade. *Um sertão chamado Brasil: intelectuais e representação geográfica da identidade nacional*. Rio de Janeiro: Revan/Iuperj-UCAM, 1999.

LIMA, Rui Cirne. *Pequena história territorial do Brasil*. Porto Alegre: Sulina, 1954.

LOPES, Maria Aparecida de Souza & GUTIÉRREZ, Horácio. "Legislación agrária y tenencia de la tierra en el Brasil decimonónico". In: ORTELLI, Sara & HERNANDES SILVA, Hector Cuauhtémoc (orgs.). *América en la Época de Juarez: La Consolidación del liberalismo – procesos políticos, sociales y econômicos (1854-1872)*. México: Universidade Autônoma "Benito Juarez" de Oaxaca, Universidad Autônoma Metropolitana, 2007, p. 321-350.

LUNA, Francisco V. & KLEIN, Herbert. *Evolução da sociedade e economia escravista de São Paulo, 1750-1850*. São Paulo: Edusp, 2005.

MACERANI, Stella Maria. *Expansão agropecuária, lei de terras e a crise do trabalho servil: Araraquara, 1830-1880*. Monografia (conclusão do curso de graduação em Ciências Econômicas) – FCLar/Unesp, 2001.

MACHADO, Cacilda. *A trama das vontades: negros, pardos e brancos na construção da hierarquia social do Brasil escravista*. Apicuri: Rio de Janeiro, 2008.

MANOEL, Ivan Aparecido. *Igreja e educação feminina: uma face do conservadorismo – 1859-1919*. São Paulo: Editora Unesp, 1996.

MARCÍLIO, Maria Luíza. *Crescimento demográfico e evolução agrária paulista, 1700-1836*. Tese (livre-docência) – FFLCH/USP, São Paulo, 1974.

______. *Caiçara: estudo de demografia histórica e história social de Ubatuba*. São Paulo: Paulinas/Cedhal, 1986.

______. *História da escola em São Paulo e no Brasil*. São Paulo: Imprensa Oficial, 2005.

MARINS, Paulo César Garcez. "A cidade colonial na América portuguesa: morfologia urbana, atores sociais e presença do Estado (Salvador, séculos XVI - XVIII)". In: CARVALHO, Margarida Maria de; LOPES, Maria Aparecida de Souza; FRANÇA, Suzani Vieira Lemos (orgs.). *As cidades no Tempo*. São Paulo: Olho d'Água/ Capes/Prodoc, 2005.

MARTINS, José de Souza. "Sociologia da frente pioneira". *Revista Mexicana de Sociologia*, vol. 35, n. 4, out.-dez. 1972, p. 765-772.

______. *Imigração e a crise do Brasil agrário*. São Paulo: Pioneira, 1973.

______. *Fronteira: a degradação do Outro nos confins do humano*. São Paulo: Hucitec, 1997.

MATHEWS, Donald G. *Religion in the old south*. Chicago: University of Chicago Press, 1977.

MATOS, Maria Lúcia Bastos Saraiva. *A evolução histórica do Direito Tributário*. Disponível em: <http://www.direitonet.com.br/A-evolucao-historica-do-Direito-Tributário>. Acesso em: 25 set. 2009.

MATTOSO, Kátia. *Ser escravo no Brasil*. São Paulo: Brasiliense, 1982.

MAXWELL, Kenneth. *Marquês de Pombal: o paradoxo do Iluminismo*. Rio de Janeiro: Paz e Terra, 1996.

McDANIEL, A. "The power of culture: a review of the idea of Africa's influence on family structure in Antebellum America". *Journal of Family History*, vol. 15, nº 2, 1990, p. 225-238.

McNEILLY, Donald. *The old south frontier: cotton plantations and the formation of Arkansas Society, 1819-1861*. Fayetteville: The University of Arkansas Press, 2000.

MEINING, D. W. *The Shaping of America: continental America, 1800-1867*. vol. 2. New Haven: Yale University Press, 1993.

MELLO, João Manuel Cardoso de. *O capitalismo tardio*. São Paulo: Brasiliense, 1982.

MELLO E SOUZA, Antonio Candido de. "The Brazilian Family". In: SMITH, T. L.; MARCHAND, A. (eds.). *Brazil: portrait of half a continent*. Nova York: Dryden Press, 1951, p. 292-311.

______. *Os parceiros do Rio Bonito*. 5ª ed. São Paulo: Duas Cidades, 1979.

MELLO E SOUZA, Laura de. "Formas provisórias de existência: a vida cotidiana nos caminhos, nas fronteiras e nas fortificações". In: NOVAIS, Fernando (dir.). *História da Vida Privada no Brasil: cotidiano e vida privada na América portuguesa*. São Paulo: Companhia das Letras, 1997.

MESGRAVIS, Laima. "Os aspectos estamentais da estrutura social do Brasil colônia". *Estudos Econômicos*, São Paulo, vol. 13, n. especial, 1983, p. 799-811.

METCALF, Alida. *Family and frontier in Colonial Brazil: Santana do Parnaíba, 1580-1822*. Berkeley: University of California Press, 1992.

MINTZ, S. & PRICE, R. *O nascimento da cultura afro-americana: uma perspectiva antropológica*. Rio de Janeiro: Pallas, 2003.

______. "Frontiers and a brazilian community". In: WEBER, David & RAUSCH, Jane M. (eds.). *Where culture meets: frontiers in Latin America history*. Wilmington, Delaware: Jagner Books, 1994.

MITCHELL, Henry H. *Black Preaching: a recovery of a powerful art*. Nashville: Abingdom Press, 1990.

MITCHELL, Robert D. *Commercialism and frontier: perspectives of the early Shenandoah Valley*. Charlotesville: University of Virginia Press, 1977.

______. "The north american past: retrospect and prospect". In: MITCHELL, Robert D. & GROVES, Paul A. (eds.). *North America: the historical geography of a changing continent.* Totowa, N.J.: Rowman and Littlefield, 1987.

MONBEIG, Pierre. *Pioneiros e fazendeiros de São Paulo.* 2ª ed. São Paulo: Hucitec, 1998.

MONDY, Robert W. *Pioneers and preachers: stories of the old frontier.* Chicago: Nelson-Hall, 1980.

MONTEIRO, Rosane Carvalho Messias. *O cultivo de café nas bocas de sertão paulista: mercado interno e mão-de-obra no período da transição, 1830-1888.* São Paulo: Editora Unesp, 2003.

MOOG, Clodomir Vianna. *Bandeirantes e pioneiros: Paralelo entre duas culturas.* 7ª ed. Rio de Janeiro: Civilização Brasileira, 1964.

MORAES, Antonio Carlos Robert de. *Território e história no Brasil.* 2ª ed. São Paulo: Annablume, 2005.

MOTT, Luís. "Cotidiano e vida religiosa: entre a capela e o calundu". In: NOVAIS, Fernando (dir.). *História da Vida Privada no Brasil.* vol. 1: *Cotidiano e vida privada na América Portuguesa.* São Paulo: Companhia das Letras, 1997.

MOTTA, José Flávio. *Corpos escravos, vontades livres: posse de cativos e família escrava em Bananal.* São Paulo: Annablume, 1999.

MOTTA, Márcia Maria Menendes. *Nas fronteiras do poder: conflitos de terras e direito agrário no Brasil de meados do século XIX.* Rio de Janeiro: Vício Leitura/Arquivo Público do Estado do Rio de Janeiro, 1998.

NASCIMENTO FILHO, Carmelo Ribeiro do. *A fronteira móvel: os homens livres pobres e a produção do espaço da Mata Sul da Paraíba (1799-1881).* Dissertação (mestrado em Geografia) – UFPB, João Pessoa, 2006.

NAXARA, Márcia Regina Capelari. "'Encantos' e 'Conquistas' do Oeste: desvendar fronteiras e construir um lugar político". In: GUITÉRREZ, Horácio; NAXARA, Márcia; LOPES, Maria A. de S. (org.). *Fronteiras: Paisagens, personagens, identidades.* Franca/São Paulo: Unesp/ Olho d'Água, 2003.

______. *Cultura e sociedade no Rio de Janeiro (1808-1821).* São Paulo: Nacional, 1977.

NAZZARI, Muriel. *O desaparecimento do dote: mulheres, famílias e mudança social em São Paulo, Brasil, 1600-1900.* São Paulo: Companhia das Letras, 2001.

NOVAIS, Fernando A. & MOTA, Carlos Guilherme. *A independência política do Brasil.* 2ª ed. São Paulo: Hucitec, 1996.

NUGENT, Walter. "Frontiers and empires in the late nineteenth century". *The Western Historical Quarterly*, vol. 20, n. 4, nov. 1989, p. 393-408.

OLIVEIRA, Jorge Henrique Caldeira de. *Ribeirão Preto na República Velha: economia e riqueza através das transações imobiliárias.* Tese (doutorado) – FHDSS/Unesp, Franca, 2006.

OLIVEIRA, Lélio Luis. *Economia e história em Franca – século XIX.* Franca: Unesp/FHDSS, 1997.

OLIVEIRA, Lúcia Lippi. *Americanos: representações da identidade nacional no Brasil e nos EUA.* Belo Horizonte: Editora UFMG, 2000.

OSSWALD, H. "Dowry, norms and household formation: a case study from north Portugal". *Journal of Family History*, vol. 15, nº 2, 1990, p. 201-224.

OWSLEY JR., Frank L. *Plain Folk of Old South.* 3ª ed. Baton Rouge: Louisiana State University Press, 1982.

OWSLEY JR., Frank L.; SMITH, Gene A. *Filibusters and Expansionists: Jeffersonian manifest destiny, 1800-1821*. Tuscaloosa, Alabama: The University of Alabama Press, 1997.

PALACIOS, Guillermo. *Cultivadores libres, Estado y crisis de la esclavitud em Brasil en la época de la Revolucion Industrial*. Mexico: Fondo de Cultura Economica, 1998.

PEREIRA, Luiz Carlos Bresser. *As revoluções utópicas*. Petrópolis: Vozes, 1979.

PETRONE, Maria Thereza Schorer. *A lavoura canavieira em São Paulo*. São Paulo: Difel, 1968.

PORTO, Costa. *O sistema sesmarial*. Brasília: Editora UnB, 1979.

PRADO JR., Caio. *Formação do Brasil contemporâneo*. 18ª ed. São Paulo: Brasiliense, 1983.

PRADO, Maria Lígia Coelho. *América Latina no século XIX: tramas, telas e textos*. 2ª ed. São Paulo: Edusp, 2004.

QUEIROZ, Maria Isaura Pereira de. "O mandonismo local na vida política brasileira". *Anhembi*, 24 (71-72), 1956.

______. "O coronelismo numa interpretação sociológica". In: FAUSTO, Boris (org.). *História Geral da Civilização Brasileira*. 2ª ed. Tomo III, vol. 1. São Paulo: Difel, 1977, p. 155-190.

______. "Identidade nacional, religião e expressões culturais: a criação religiosa no Brasil". In: SACHS, Viola *et al* (orgs.). *Brasil & EUA: religião e identidade nacional*. Rio de Janeiro: Graal, 1988.

QUEIROZ, Suely Reis de. "Algumas notas sobre a lavoura do açúcar em São Paulo no período colonial". In: *Anais do Museu Paulista*, vol. XXI, 1967.

RAMOS, Donald. "Marriage and family in Colonial Vila Rica". *Hispanic American Historical Review*, Durham/N.C.: Duke University Press, vol. 55, n. 2, 1975, p. 200-225.

REALE, Miguel. *A filosofia em São Paulo.* 2ª ed. São Paulo: Edusp/ Grijalbo, 1976.

REGO, José Lins do. *Menino de engenho*. Rio de Janeiro, 1971.

REIS FILHO, Nestor Goulart. *Contribuição ao estudo da evolução urbana no Brasil (1500-1700)*. São Paulo: Pioneira, 1968.

RIBEIRO, Arilda Inês de Miranda. *A educação feminina durante o século XIX: o Colégio Florence de Campinas, 1863-1889*. Campinas: CMU, 1996.

______. *A educação da mulher no Brasil colônia*. São Paulo: Arte e Ciência, 1997.

______. *Vestígios da educação feminina em Portugal*. São Paulo: Arte e Ciência, 2002.

RIBEIRO, Darcy. *Teoria do Brasil*. Rio de Janeiro: Paz e Terra, 1972.

RIBEIRO JÚNIOR, José. *Colonização e monopólio no nordeste brasileiro: a companhia Geral de Pernambuco e Paraíba (1759-1780)*. São Paulo: Hucitec, 1976.

RICARDO, Cassiano. *A marcha para o oeste: a influência na Bandeira na formação social e política do Brasil*. 2. vols. Rio de Janeiro: José Olympio, 1940.

ROLIM, Frei Antonio. "Em torno da religiosidade popular". *REB*, 25, 1965.

RUSSEL-WOOD, A. J. R. "Governantes e agentes". In: BETHENCOURT, F. & CHAUDHURI, K. (orgs.) *História da Expansão Portuguesa*. vol. III. Lisboa: Círculo de Leitores, 1998, p. 169-192.

______. "Políticas de fixação e integração". In: BETHENCOURT, F. & CHAUDHURI, K. (orgs.) *História da Expansão Portuguesa*. vol. II. Lisboa: Círculo de Leitores, 1998, p. 126-150.

SAMARA, Eni de Mesquita. *A família brasileira*. São Paulo: Brasiliense, 1983.

______. "Tendências atuais da história da família no Brasil". In: *Pensando a família no Brasil: da colônia à modernidade*. Rio de Janeiro: Editora UFRRJ/Espaço Tempo, 1987, p. 25-36.

______ & COSTA, Dora Isabel Paiva da. "Family, patriarchalism and social change in Brazil". *Latin American Research Review*, vol. 32, n. 1, 1997, p. 212-225.

______ & TUPY, Ismênia S. Silveira T. *História e documento e metodologia de Pesquisa*. Belo Horizonte: Autêntica, 2007.

SANTOS, Ana Maria *et al. História do Brasil: de terra ignota ao Brasil atual*. Rio de Janeiro: Logon Informática, 2002.

SANTOS, Paulo F. "Formação de cidades no Brasil colonial". *Actas do V Colóquio Internacinal de Estudos Brasileiros*, vol. V. Coimbra, 1968.

SCHWARTZ, Stuart B. *Burocracia e sociedade no Brasil colonial*. Trad. Maria Helena Pires Martins. São Paulo: Perspectiva, 1979.

______. *Segredos internos: engenhos e escravos na economia colonial*. São Paulo: Companhia das Letras, 1999.

SECRETO, Maria Veronica. *Fronteiras em movimento: o oeste paulista e o sudeste bonarense na 2ª metade do século XIX*. Tese (doutorado em História Econômica) – IE/Unicamp, Campinas, 2001.

SEWELL JR., William H. "Marc Bloch and the logic of Comparative History". *History and Theory*, vol. 6, n. 2, 1967, p. 208-218.

SILVA, Lígia Osório. *Terras devolutas e latifúndio: efeitos da Lei de 1850*. Campinas: Editora da Unicamp, 1996.

______. *Fronteiras e outros mitos*. Tese (livre-docência) – IE/Unicamp, Campinas, 2001.

SILVA, Maria Beatriz Nizza da. *Ser nobre na Colônia*. São Paulo: Editora Unesp, 2005.

SILVA, Maria da Conceição. *Catolicismo e casamento em Goiás, 1860-1920*. Tese (doutorado) – FHDSS/Unesp, Franca, 2004.

SLATTA, Richard. *The whys and wherefores of comparative history*. Out. 2003. Disponível em: <www.usembassy.at/en/download/slatta.pdf>.

SLENES, Robert W. *Na senzala, uma flor: esperanças e recordações na formação da família escrava*. Rio de Janeiro: Nova Fronteira, 1999.

SMITH, Robert. "Colonial towns of spanish and portuguese America". *Journal of the Society of Architectural Historians*, Filadélfia, vol. 14, n. 4, 1955.

SOARES, [Álvaro] Teixeira. *O Marquês de Pombal*. Brasília: Editora UnB, 1983. Série Temas Brasileiros.

SOARES, Mariza de Carvalho. *Devotos da cor: identidade étnica, religiosidade e escravidão no século XVIII*. Rio de Janeiro: Civilização Brasileira, 2000.

SODRÉ, Nelson Werneck. *Oeste: ensaio sobre a grande propriedade pastoril*. Rio de Janeiro: José Olympio, 1941.

SOUSA, Avanete Pereira. "Poder local e autonomia camarária no Antigo Regime: o Senado da Câmara da Bahia (século XVIII"). In: BICALHO, Maria Fernanda & FERLINI, Vera Lúcia do Amaral (orgs.). *Modos de governar: idéias e práticas políticas no Império Português, séculos XVI a XIX*. São Paulo: Alameda, 2005.

SOUZA, Rosa Fátima de. *Templos da civilização: a implantação da escola primária graduada no Estado de São Paulo (1890-1910)*. São Paulo: Editora Unesp, 1998.

______. *História da organização do trabalho escolar e do currículo no século XX: ensino primário e secundário*. São Paulo: Cortez, 2008.

STEIN, Stanley J. *Grandeza e decadência do café no Vale do Paraíba*. São Paulo: Brasiliense, 1961.

STOLCKE, V. *Cafeicultura*. São Paulo: Brasiliense, 1986

SWEET, William Warren. *The story of religion in America*. Nova York: Harper & Bros., 1939.

TAUNAY, Afonso. *História da cidade de São Paulo no século XVIII*. São Paulo, 1934.

TAVARES, João de Lyra. *Apontamentos para a história territorial da Parahyba*. Edição fac-similar. Coleção Mossoroense, vol. CCXLV, 1982.

TEIXEIRA, Paulo Eduardo. "O processo migratório na formação de Campinas: 18765-1830". *Revista Brasileira de Estudos Populacionais*, vol. 19, n. 1, jan./jun. 2002, p. 75-93.

______. *O outro lado da família*. Campinas: Editora da Unicamp, 2004.

______. *Formação de famílias livres em Campinas, 1774-1850*. São Paulo: Editora Unesp, 2011.

TELAROLLI, Rodolfo. *Para uma história de Araraquara (1800-2000)*. Araraquara: Laboratório Editorial, 2003.

THOMPSON, Edward P. "A economia moral da multidão". In: *Costumes em comum*. São Paulo: Companhia das Letras, 1998.

TORRES, João Camilo de Oliveira. *História das idéias religiosas no Brasil*. São Paulo, 1968.

TURNER, Frederick J. *The significance of the frontier in American History.* North Stratford, N.H: Irvington Publishers, 1893, Reprint Series, H – 214.

VAINFAS, Ronaldo. *Trópico dos pecados: moral, sexualidade e Inquisição no Brasil.* Rio de Janeiro: Campus, 1988.

VANGELISTA, C. *Os braços da lavoura.* São Paulo: Hucitec, 1991.

VIANA, Oliveira. "Os novos territórios". In: *Ensaios inéditos.* Campinas: Editora da Unicamp, 1991.

VILLALTA, Luís Carlos. "O que se fala e o que se lê: língua, instrução e leitura". IN: NOVAIS, Fernando (dir.). *História da vida privada no Brasil.* Vol. 1: *Cotidiano e vida privada na América portuguesa.* São Paulo: Companhia das Letras, 1997.

WAGENEN, Michael Scott Van. *The Texas Republic and the Mormon Kingdom of God.* Colege Station: Texas A & M University Press, 2002.

WEBB, Walter. *The great plains.* Nova York: Grosset & Dunlap, 1931.

WEBER, Adna F. *The growth of the cities in the nineteenth century.* Nova York: Columbia University Press, 1899.

WEBER, Regina. "Estudos étnicos e historiografia". In: *Anais eletrônicos do 22º Simpósio Nacional de História*, UFPB, João Pessoa, 2003.

______. "Imigração e identidade étnica: temáticas historiográficas e conceituações". *Dimensões – Revista de História da UFES,* Vitória, n. 18, 2006, p. 236-250.

WERNET, Augustin. *A igreja paulista no século XIX: a reforma de D. Antonio Joaquim de Melo (1851-1861).* São Paulo: Ática, 1987.

WEST, Elliott. *The way to the West: essays on central plains.* Albuquerque: University of New Mexico Press, 1997.

WHITE, Richard. *"It's your misfortune and none of my own": a history of the american West*. Norman: University of Oklahoma Press, 1991.

WILKIE, James W. *The Mexican Revolution: federal expenditures and social change since 1910*. Berkeley/Los Angeles: University of California Press, 1967.

WRIGHT, Gavin. *The political economy of the Cotton South: households, markets and wealth in the nineteenth century*. Nova York: Norton, 1978.

Agradecimentos

Este trabalho foi resultado de bolsa de Pós-Doutoramento fornecida pela linha de fomento Novas Fronteiras da Fapesp, durante o ano letivo de 2006 a 2007, na Universidade de Stanford, Estado da Califórnia, nos Estados Unidos da América.

Agradeço ao professor Dr. Herbert Klein a supervisão e a oportunidade de poder compartilhar seminários, experiências e conversas. Ao professor Dr. Richard White pelas conversas instigantes em seu gabinete, ao professor Dr. Hugo Moortgart, pelo auxílio com os programas de banco de dados utilizados neste trabalho e pelas conversas agradáveis.

Ao *staff* do Center for Latin-American Studies – Bolivar House – pela calorosa acolhida.

Quero agradecer também à banca examinadora desta tese de livre-docência composta pelos professores doutores Horácio Gutiérrez, Elizabeth Cancelli, Lígia Osório Silva, Ivan Aparecido Manoel e Cláudio Gomide pelos comentários, sugestões e críticas.

Em especial, meus agradecimentos vão para o parecerista da Fapesp que leu o trabalho com a preocupação de acrescentar algo positivo e construtivo ao texto quando ainda se constituía em relatório científico preliminar, e sugeriu inúmeros acréscimos e revisões.

Finalmente sou grata à Fapesp pelo financiamento das despesas de viagem, seguro-saúde e custos de edição, sem os quais se tornaria impossível a publicação deste trabalho.

Muito embora esta investigação acadêmica tenha sido beneficiada por diversos diálogos intelectuais, assumo integralmente a responsabilidade pelas análises e conclusões contidas nesta obra.

Esta obra foi impressa em São Paulo no inverno de 2014. No texto foi utilizada a fonte Lucida Std, em corpo 9,7 e entrelinha de 15,7 pontos.